21世纪经济与管理应用型规划教材

工商管理系列

ERP原理与应用

（第二版）

The Theory and Application of
Enterprise Resource Planning 2nd edition

邱立新　编著

图书在版编目(CIP)数据

ERP 原理与应用/邱立新编著.—2 版.—北京:北京大学出版社,2018.5
(21 世纪经济与管理应用型规划教材·工商管理系列)
ISBN 978-7-301-29431-4

Ⅰ.①E… Ⅱ.①邱… Ⅲ.①企业管理—计算机管理系统—高等学校—教材 Ⅳ.①F270.7

中国版本图书馆 CIP 数据核字(2018)第 061058 号

书　　　名	ERP 原理与应用(第二版) ERP YUANLI YU YINGYONG
著作责任者	邱立新　编著
责 任 编 辑	赵学秀
标 准 书 号	ISBN 978-7-301-29431-4
出 版 发 行	北京大学出版社
地　　　址	北京市海淀区成府路 205 号　100871
网　　　址	http://www.pup.cn　　新浪微博:@北京大学出版社
电 子 信 箱	em@pup.cn
电　　　话	邮购部 62752015　发行部 62750672　编辑部 62752926
印 刷 者	三河市博文印刷有限公司
经 销 者	新华书店
	787 毫米×1092 毫米　16 开本　19.5 印张　418 千字 2013 年 5 月第 1 版 2018 年 5 月第 2 版　2022年 1 月第 3 次印刷
印　　　数	4001—5000 册
定　　　价	38.00 元

未经许可,不得以任何方式复制或抄袭本书之部分或全部内容。
版权所有,侵权必究
举报电话:010-62752024　电子信箱:fd@pup.pku.edu.cn
图书如有印装质量问题,请与出版部联系,电话:010-62756370

丛书出版前言

《国家中长期教育改革和发展规划纲要(2010—2020年)》指出,目前我国高等教育还不能完全适应国家经济社会发展的要求,学生适应社会和就业创业能力不强,创新型、实用型、复合型人才紧缺。所以,在此背景下,北京大学出版社响应教育部号召,在整合和优化课程、推进课程精品化与网络化的基础上,积极构建与实践接轨、与研究生教育接轨、与国际接轨的本科教材体系,特策划出版"21世纪经济与管理应用型规划教材"。

"21世纪经济与管理应用型规划教材"注重系统性与综合性,注重加强学生分析能力、人文素养及应用性技能的培养。本系列包含三类课程教材:通识课程教材,如《大学生创业指导》等,着重于提高学生的全面素质;基础课程教材,如《经济学原理》《管理学基础》等,着重于培养学生建立宽厚的学科知识基础;专业课程教材,如《组织行为学》《市场营销学》等,着重于培养学生扎实的学科专业知识以及动手能力和创新意识。

本系列教材在编写中注重增加相关内容以支持教师在课堂中使用先进的教学手段和多元化的教学方法,如用课堂讨论资料帮助教师进行启发式教学,增加案例及相关资料引发学生的学习兴趣等;并坚持用精品课程建设的标准来要求各门课程教材的编写,力求配套多元的教辅资料,如电子课件、习题答案和案例分析要点等。

为使本系列教材具有持续的生命力,我们每隔三年左右会对教材进行一次修订。我们欢迎所有使用本系列教材的师生给我们提出宝贵的意见和建议(我们的电子信箱是 em@pup.cn),您的关注就是我们不断进取的动力。

在此,感谢所有参与编写和为我们出谋划策、提供帮助的专家学者,以及广大使用本系列教材的师生,希望本系列教材能够为我国高等院校经管专业的教育贡献绵薄之力。

北京大学出版社
经济与管理图书事业

再 版 前 言

　　企业管理信息化始于 20 世纪 60 年代，经历了 60 年代的 MRP、70 年代的闭环 MRP、80 年代的 MRP Ⅱ 及 90 年代的 ERP。ERP 概念在中国渐行渐广泛、渐行渐成熟，目前已经成为中国企业信息化管理不可缺少的软件平台，受到了企业界、学术界以及广大社会人士的普遍关注。

　　应该说 ERP 在中国取得了一定的成功，这一点我们不仅可以从一些大中型企业成功实施 ERP 的个案中得到验证，而且可以从就业市场对 ERP 人才的需求以及软件公司迅速崛起与发展的轨迹中得到验证。随着信息技术的不断发展和 ERP 管理思想的进一步深化，以物联网、云计算为代表的新兴 IT 技术与现代管理理论交叉融合，形成新一代 ERP 管理系统，支持多种企业信息系统协同运行，多个主体协同工作的非平衡开放系统，使企业运营管理达到更高的层次与境界；管理者可通过计算机和手机实现"随时管理""随处管理"的目标。相信在中国制造 2025 战略背景下，ERP 在中国一定会有更广阔的发展前景，因为 ERP 系统是实现工业 4.0 的基础，这一点是许多学者与企业人士的共识。

　　ERP 课程处于管理学与信息系统的交叉领域，它既是典型的企业信息系统，又是企业各个阶层的管理者都离不开的管理运营平台。从组成来看，ERP 系统包括了计算机硬件技术、软件技术、数据库技术和网络技术等内容。从业务数据的采集和加工到信息的形成和使用，都离不开基于计算机技术的 ERP 系统的支持。从本质上来看，ERP 系统又是一种典型的管理思想。ERP 的计划驱动管理方式对整个组织的机构、岗位、业务流程的设置和规范都提出了新的要求，对业务数据的采集、统计报表的编制和传输，以及企业领导的管理和决策都提供了方便高效的工具支持，对组织的员工素质也提出了更高的要求。

　　ERP 系统涉及企业的方方面面，内容十分丰富，笔者在吸取了许多资深学者论著知识的基础上，结合多年 ERP 教学经历与实践经验撰写而成。第 1 版出版后，本书得到了多所高校师生的大力支持并使用了该教材，同时也提出了许多宝贵意见，在此表示深深的感谢！同时，针对兄弟院校师生提出的建议，笔者对教材进行了修订，编写了第 2 版：改版补充完善了物料需求计划的编制过程和案例输出信息；修订了能力需求计划编制案例中的代码错误；补充了采购模式和库存管理模式，丰富了供应链管理知识结构；对车间生产任务管理流程进行完善，补充了系统流程各环节案例表单，增强感性理解；增加了作业排序和生产作业控制章节内容，突出 ERP 计划与控制教学重点；考虑到教材的篇幅，删除了财务管理和成本管理章节；删除沙盘模拟部分，补充完善电子模拟部分，优化了 ERP 电子化模拟实验；更新了篇中案例和课后案例分析；增加了一些知识链接。虽然进行了改版，但在短时间内也难以满足所有师生提出的建议，有些创造性主题建议需要较长的时间消化和融合，敬请了解！

全书共分 13 章，第 1—9 章主要介绍了 ERP 的发展历程、基本概念和基础数据、ERP 计划方法与管理内容，重点介绍了 ERP 系统的主生产计划、物料需求计划、能力需求计划的基本原理以及供应链管理、生产车间管理的业务流程及功能模块。第 10 章 ERP 项目管理，主要介绍了 ERP 项目管理的各个阶段的主要工作内容，包括项目立项、项目计划、项目实施、项目控制和项目评价，重点阐述了 ERP 项目实施的关键因素和时间框架以及 ERP 实施的可靠路线。第 11 章企业流程管理与信息集成，介绍了与 ERP 项目实施密切相关的企业流程管理和 ERP 系统内外集成。第 12 章 ERP 电子模拟实验，以金蝶 ERP 软件系统为背景，模拟企业生产管理过程。第 13 章 ERP 发展趋势，介绍了物联网 ERP、云计算 ERP、商务智能 ERP 的基本概念、技术基础和功能特点。

教材采用"导入案例+理论+篇中案例+实验+案例分析+思考题"的六个环节教学模式。通过"导入案例"引发学生思考，提出问题；结合"篇中案例"，提炼出原理，让学生能够更好地理解 ERP 知识；金蝶 ERP"实验"让学生亲自体验 ERP 系统功能；利用"案例分析"拓展思路，深化了解；回归课后"思考题"，能够更好地巩固 ERP 理论知识，掌握 ERP 考试要求。六环节教学模式旨在普及 ERP 教育，提升学生的 ERP 理论及应用技巧，帮助企业建立遴选 ERP 应用人才的标准。

本书主要有以下几个特点：

第一，考虑与其他课程之间内容的衔接，避免内容重复。ERP 本身包含了许多管理理论知识，内容极其丰富，不可能在一本书中全面阐述其基本原理，本科学生特别是管理类专业学生设有相关课程，对管理理论知识有一定的基础，因而在本书中有些知识点设计为自学，既保留了本课程体系的完整性，又满足了非管理类学生的阅读需求。

第二，增加企业流程重组和信息集成相关内容，以便加强对 ERP 管理思想的理解。ERP 最大的优势是集成的系统、优化的流程、协同的工作流。ERP 系统实施与企业流程重组是密切相关的，掌握流程管理的实施策略有助于 ERP 项目的推进与实施。

第三，增加教学案例，实现教材结构的优化和创新。根据当前高等教育课程改革的思路，以"导入案例+理论+篇中案例+实验+案例分析+思考题"的教学模式，运用轻松幽默的语言对 ERP 的产生、发展，ERP 系统功能原理、实施运行进行阐述，结合 ERP 软件实验加深理解，最后再通过章节案例能够使学生最大限度地掌握知识。

第四，采用理论教学和实践操作为一体的教学方式进行编写，实现理论与实践的无缝对接。本书在第 3 章专门阐述了 ERP 的计划方法与管理内容，为学习 ERP 知识打下一定的基础,同时在后续的相关章节中陆续介绍了 ERP 系统的管理功能,通过与 ERP 软件功能进行对比,可以全面地了解目前 ERP 主要解决哪些管理问题,还有哪些问题没有解决。

  本书全部章节由邱立新撰写、设计与统稿。本书在撰写过程中参考吸收了许多学者的研究成果,比如孙滨丽老师、周玉清老师、罗鸿老师、杨建华老师、张涛老师的著作,同时也参考了国内外有关文献和资料,在此谨向这些文献和资料的作者表示诚挚的谢意。感谢为本书提供案例和实例资料的有关人士。同时对金蝶软件公司提供的帮助表示感谢!

  本书可作为高等院校管理工程、工业工程、物流管理、信息管理及其他相关专业的选用教材,也可供企业信息管理人员和咨询顾问、IT 业界的信息技术管理人员、企业管理决策人员和社会读者参阅。本书各章配有思考题和案例分析,以及案例分析要点和教学课件,可供教学参考。

  由于作者水平所限,书中内容不免有欠妥之处,敬请读者赐教。

邱立新

2018 年 3 月 19 日

qlx@ qust. edu. cn

目 录
contents

第 1 章　初识 ERP / 001
    1.1　企业问题追溯　/ 002
    1.2　ERP 的发展历程　/ 004
    1.3　ERP 实现企业管理创新　/ 013

第 2 章　ERP 基本概念和基础数据 / 018
    2.1　基本概念　/ 019
    2.2　基本数据管理　/ 034

第 3 章　ERP 计划方法与管理内容 / 042
    3.1　企业目标与计划　/ 043
    3.2　ERP 计划方法　/ 044
    3.3　ERP 管理内容　/ 049

第 4 章　经营规划和销售与运作规划 / 075
    4.1　经营规划　/ 076
    4.2　销售与运作规划　/ 076

第 5 章　主生产计划 / 085
    5.1　主生产计划的作用与对象　/ 086
    5.2　主生产计划的编制与维护　/ 093

5.3 主生产计划的评估 / 104

5.4 主生产计划和最终装配计划 / 107

第 6 章 物料需求计划 / 113

6.1 MRP 的基本要素 / 114

6.2 MRP 的展开过程 / 116

6.3 MRP 的主要输出信息 / 123

6.4 MRP 的运行与维护 / 124

第 7 章 能力需求计划 / 131

7.1 能力需求计划概述 / 132

7.2 能力需求计划编制 / 134

7.3 能力需求计划调整与控制 / 143

7.4 高级计划排产 / 147

第 8 章 供应链管理 / 155

8.1 采购管理 / 156

8.2 销售管理 / 160

8.3 库存管理 / 167

第 9 章 车间管理 / 175

9.1 车间管理概述 / 176

9.2 车间生产任务管理 / 179

9.3 作业排序 / 185

9.4 生产作业控制 / 193

9.5 车间管理子系统与其他子系统间的关系 / 196

第 10 章 ERP 项目管理 / 200

10.1 项目管理概述 / 201

10.2 项目立项 / 203

10.3 项目计划 / 205

10.4　项目实施　/ 209

10.5　项目控制　/ 217

10.6　项目评价　/ 220

第 11 章　企业流程管理与信息集成　/ 230

11.1　业务流程及其建模　/ 231

11.2　业务流程管理　/ 236

11.3　企业信息集成　/ 245

第 12 章　ERP 电子化模拟实验　/ 253

12.1　案例背景　/ 254

12.2　模拟运营　/ 259

第 13 章　ERP 发展趋势　/ 279

13.1　物联网 ERP　/ 280

13.2　云计算 ERP　/ 284

13.3　商务智能 ERP　/ 287

参考文献　/ 299

第 1 章

初识 ERP

学习目标和要求

学习目标和要求
1. 理解 ERP 概念最初含义和在发展中的演变;
2. 了解企业在不同历史时期面临的管理困境;
3. 了解 MRP、闭环 MRP 和 MRP Ⅱ 的含义及区别;
4. 了解 ERP 的管理思想以及对企业管理创新的推动作用。

导入案例

广东万和股份有限公司成立于 1993 年 8 月,前身是生产电器的代工企业——桂洲城西电器厂。经过 20 多年的不懈努力,万和已发展成为国内生产规模最大的热水器和厨房电器产品专业制造龙头企业。然而,万和的发展之路并非一帆风顺,有过起伏,有过跌宕。

20 世纪 90 年代末,在经历创业初期的原始资本、技术和人才的积累后,万和进入了高速发展期。随着业务量的增大,万和对各部门间信息交流的时效性、准确性提出更高的要求。不可思议的是,万和总部与各分厂之间居然通过一个"铁盒"来实现财务信息共享。每天,工厂把账单装入铁盒→上锁→运输;总部取出账单审阅→反馈信息→上锁→运输。如何提高信息处理效率?

当时,由于计算机技术的飞速发展,会计电算化在国际上呈现广泛普及之势。经过反复商讨、利弊权衡,1999 年,管理层最终决定引进一款国外软件——四班 ERP 来解决销售、采购和库存管理等问题。然而,由于前期准备不充分,决策带有一定盲目性,加之国内制造业间的流程管理未实现标准化,四班 ERP 无法很好地对接万和的业务,第一次信息化尝试以失败告终。

第一次信息化尝试使万和的管理层和员工都意识到，信息技术与业务的融合绝非易事！总结第一次信息化的经验，技术实施团队发现四班 ERP 这套国外软件根本不适应万和企业的发展需要。经过慎重对比地域和成本优势，万和在 2002 年开始引进金蝶 K3 系统。实施金蝶 K3 系统后，各部门纷纷组织员工学习和实践。经过一段时间的磨合，员工的工作效率明显提高。然而，从宏观层面来看，效果还是不尽如人意。2003—2009 年，随着万和逐渐成长为跨区域、多法人的集团型企业，金蝶 K3 系统动态协同性差的弊端越加明显。

2009 年，在综合各部门意见的基础上，公司毅然决定放弃金蝶，引入新的 ERP 系统——用友 U9 系统。通过用友 U9 系统的多组织企业互联网应用平台，万和将分散在各地的分公司、经销商、供应商、物流公司和工厂等整合在同一平台内，实现信息的集成和共享，为企业上下游供应链和产业链的协同奠定了基础。

资料来源：中国管理案例共享中心案例库。

ERP 是 Enterprise Resource Planning 的缩写，中文含义是"企业资源计划"。它代表着当前在全球范围内应用最广泛、最有效的一种企业管理方法，这种管理方法的理念已经通过计算机软件得到了体现，因此，ERP 也代表一类企业管理软件系统。

自从 1981 年沈阳第一机床厂从德国工程师协会引进了第一套 MRP Ⅱ（Manufacturing Resource Planning，中文含义是"制造资源计划"）软件以来，MRP Ⅱ/ERP 在中国的应用与推广已经历了 30 多年的风雨历程。在这 30 多年中，ERP 曾被视为灵丹妙药，也曾遭到猛烈的抨击，如今它又被人们重新认识，受到普遍关注，而且应用 ERP 的企业越来越多，这是为什么？

感觉到的事物，不一定理解它，只有理解了的事物，才能够更深刻地感觉它。我们在本章先来解开这些谜团。

1.1 企业问题追溯

1.1.1 制造业与竞争

财富从哪里来，财富来自自然资源、生产制造和服务。但是，未经过加工的自然资源是价值低的或者没有用的，服务也必须和生产制造联系起来才能增加财富。只有生产制造才是增加财富的核心手段。

生产制造广泛地被人们用来增加财富。人们买来原材料和零部件，或把原材料加工成零部件，再把零部件装配成产品，或者是车床，或者是汽车，或者是飞机，或者是各种各样的日用品，总之，比起原材料来，这些产品极大地增值了。我们重视制造业，就是因为它是创造财富的主要方式，是国民经济的支柱产业。

由于现代技术特别是交通和通信技术的发展,地球变得越来越小。一个制造业公司,总部可能在欧洲,原材料要到美洲去采购,加工在我国的海南,客户却在东南亚、美国和加拿大。这需要协调每一个环节。但是,一些世界级的制造企业却可以利用以先进的交通和通信技术以及计算机为工具的计划控制系统,把这些事情做得很好。

这些世界级的企业和我们有什么关系吗?我国地大物博,人口众多,我国有原料、有市场,我国的企业不出国门就可以生存发展,就可以评为省优、部优……但是,现在情况不同了,关起门来过日子的时代一去不复返了。在全球化市场竞争中已经没有一块受保护的领地。任何企业要想生存就必须赢得激烈的竞争。而且,所有的企业在竞争中必须面对"优胜劣汰,适者生存"的统一尺度。

全球制造业第一次大分工,结果中国成为世界工厂。制造业耗费了大量人力、物力,利润却不到三成。一款 iPod 音乐播放器,美国的企业和工人直接或间接获取的附加值总计 196 美元,占到商品最终价值的 66%;日本提供了部分关键的零部件,其获取的附加值为 99 美元,占商品最终价值的 33.1%;而中国的代工企业仅获得 4 美元,占 iPod 商品售价 299 美元的 1.3%。

金融危机的爆发,使很多行业受到了前所未有的影响和冲击,国际分工将进一步深化,产业重组进一步加深。全球制造业第二次大分工,中国将处于什么位置?这是一场没有退路、无处躲藏的竞争,使得我们的企业即使要在自己的土地上求生存也必须挺身而出去迎接挑战。更何况我们的企业也要"打"到外面去。总而言之,在新的形势下,企业要生存、要发展,就必须以主动的姿态参与全球市场竞争并赢得竞争。

要赢得竞争,就要知己知彼。那么,今天世界级企业的竞争优势是什么呢?容易看到的是产品和技术,而深层次的东西则是管理的理念和工具!ERP 是什么?就是这些世界级的企业正在使用的管理工具。

1.1.2 制造业悖论

悖论,是逻辑学上的一个名词,它反映逻辑上的一种不可调和的两难境地。人们把这个名词用在制造企业管理中,反映了某些问题是如何严重地困扰着制造业的管理者们。让我们来看以下一些问题:

(1)如何满足多变的市场需求?
(2)如何准确、及时地做出客户承诺?
(3)如何处理紧急的客户订单?
(4)如何保持均衡的生产计划和活动?
(5)如何准确、及时地了解生产情况?
(6)如何管理供应商?
(7)如何避免物料短缺?
(8)如何避免库存积压?
(9)如何提高产品质量?

(10) 如何降低产品成本？

(11) 如何及时做好财务分析，真正地发挥财务管理的计划与控制作用？

这些都是制造业中常见的问题。在这些问题中隐藏着一些制造业悖论。

市场需求是多变的，但人们总是希望生产计划和活动是稳定的。生产计划已经安排好，但是突然接到了紧急订单，对客户订单的承诺也往往难以兑现。那么，能够以相对稳定的生产计划和活动来应对多变的市场需求吗？

在许多企业中，一方面仓库里积压着价值几千万的库存，而另一方面在生产过程中却又时时出现物料短缺！那么，能够做到既没有库存积压又没有物料短缺吗？

通常人们认为，低成本和高质量是不可兼得的。要得到高质量的产品，就要付出高成本，反过来，要追求低成本，那么产品的质量就得将就些。能够在实现高质量的同时实现低成本吗？

在一个企业中，不同职能部门往往有着相互矛盾的目标。例如，为了高水平地满足客户需求，市场营销部门和销售部门希望保持比较高的产品库存量。为了保证生产过程的顺利进行，生产部门希望保持比较高的原材料库存量。但财务部门为了降低成本，则希望库存量尽可能地低。能够使企业的各个职能部门以统一的观点和共同的语言来考虑和处理问题吗？

这些悖论可以消除吗？要消除悖论就要消除产生悖论的条件。如何才能消除产生悖论的条件？ERP 给你最好的回答！成功实施 ERP 可以使企业管理状况明显改善，给企业带来巨大的经济效益和社会效益。ERP 最大的优势是集成的系统、优化的流程、协同的工作流。ERP 是如何消除上述悖论的？具体的解决方法将在后续相关章节中陆续涉及。

知识卡片

悖 论

悖论是一个逻辑学的名词。其定义可以这样表述：有一个被承认是真的命题为前提，设为 b，进行正确的逻辑推理后，得出一个与前提互为矛盾命题的结论非 b；反之，以非 b 为前提，亦可推得 b。那么命题 b 就是一个悖论。当然非 b 也是一个悖论。简单地说，悖论就是自相矛盾的命题。

1.2 ERP 的发展历程

ERP 的发展和成长是企业管理人员在实践中不断探索计算机技术和如何体现企业管理规律的结果，把客观上本来就存在的企业业务流程的内在联系，借助计算机这个工具加以规范化和条例化，成为企业适用的管理信息系统。ERP 的发展大体经历了以下四

个阶段:

(1) 20世纪60年代中期:从订货点法到MRP,解决了控制库存问题;

(2) 20世纪70年代中期:闭环MRP,解决了计划与控制问题;

(3) 20世纪80年代初期:MRPⅡ,解决了物料与资金信息集成问题;

(4) 20世纪90年代初期:ERP,解决了在经济全球化的环境下,提高企业竞争力问题。

1.2.1 物料需求计划

物料需求计划(Material Require Planning,MRP)是针对制造业广泛应用的订货点法的缺点和不足而产生的,它通过新概念与管理方式的引入,改善了企业库存管理的状况。为充分理解MRP在库存管理方面的作用,需要先了解一下订货点法的原理和不足。

1. 订货点法

20世纪40年代初期,西方经济学家通过对库存物料随时间的推移而使用和消耗的规律进行研究,提出了订货点的方法和理论,并将其运用于企业的库存计划管理之中。当时工业企业的库存量控制方式普遍采用订货点法,即企业所需各种物料均设置一个最大库存量和安全库存量。最大库存量是综合考虑库存容量、库存占用资金、合适的进货周期等因素而设置的,安全库存量使企业在一些突发事件发生时,能保证企业正常生产的需要。物料的实际库存量不能小于安全库存量。由于物料的供应都需要一定的时间周期,所以物料的订货应在安全库存量之上提前一定的时间进行,这个时间点称为订货点,当所订物料到达时,物料消耗恰恰达到安全库存量,物料得到了及时的补充,并达到最大库存量,保证了物料供应的连续性。订货点控制模型必须确定两个参数:订货点与订货批量,其示意图如图1-1所示。

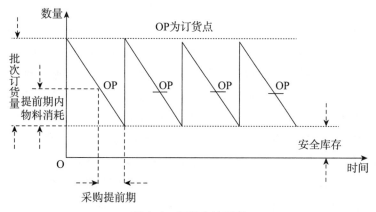

图1-1 订货点法原理

在稳定消耗的情况下,订货点是一个固定值。当消费加快时,如果保持订货点不变,就会消耗安全库存;为了保持一定的安全库存,就必须增加订货量来补充消耗了的安全库存；如果不增加订货量，又不消耗安全库存，就必须提高订货点，这样，订货点就不再是一个常数。对需求量随时间变化的物料，由于订货点会随着消费速度的快慢而升降，无法设定一个固定的订货点，因此订货点法只适用于稳定消耗的情况，如日用消费品生产。

综上所述，订货点法的不足之处是它没有按照物料真正需用的时间来确定订货日期，因此往往会造成较多的库存积压。于是人们提出了这样的问题："怎样才能在规定的时间、规定的地点、按照规定的数量得到真正需用的物料？"换句话说，就是库存管理怎样才能符合生产计划的要求？这是当时生产与库存管理专家们不断探索的中心问题。

案例 1-1

课堂上有位老师带来 10 只鸟，他用报纸把鸟身盖起来，只露出鸟的两只腿来，让学生猜各是哪一种鸟。有个学生对老师的做法不以为然，在下面嘀嘀咕咕，老师看见了很不高兴，把他叫到讲台上怒气冲冲地问道：你叫什么名字？学生伸起一条腿，把裤管拉起来，回答说：你猜？

这虽然是个笑话，但却指出了"只通过一个方面，想要了解总体"的困难！只看脚，很难知道它是什么鸟。在订货点法中，为了控制库存只考虑"量"，不考虑时间、需求、生产、财务等方面，这种片面的方法必然带来问题。

资料来源：李震.ERP 原理、应用与实践.北京：清华大学出版社，2012.

2. MRP

20 世纪 60 年代中期，美国 IBM 公司的约瑟夫·奥列基博士提出了把企业产品中的各种所需物料分为独立需求和相关需求两种类型的概念，并按时间段确定不同时期物料需求，产生了解决库存物料订货的新方法，即 MRP 法。

独立需求的物料是指这些物料的需求量和需求时间与其他物料的需求量和需求时间无直接关系，如最终产品、备品备件等。与此相反，相关需求的物料是指这些物料的需求量和需求时间与其他物料的需求量和需求时间有着直接的关系，即产品结构关系，一个低层物料的需求量和需求时间取决于上一层部件的需求量和需求时间，部件的需求量和需求时间又取决于子组装件的需求量和需求时间，以此类推，直至最终产品的需求量和需求时间。比如，生产 100 台台灯，一个台灯由一个灯架、一个底座、一个灯泡组成，因此完成这项生产任务需要多少灯架、多少底座和多少灯泡都是由生产的台灯的数量来决定的。因此，台灯的数量属于独立需求，而它的具体组成——灯架、底座和灯泡的需要量就属于相关需求，其需求量和需求时间取决于企业计划生产的产品数量和交货期。MRP 就是按照产品结构的层次从属结构关系，以产品的零件为计划对象，以最后完工日期为计划基准来倒排计划，按物料需要时间来供应所需物料的方法。MRP 的原理将在本书的第 6 章阐述。

在 MRP 中，独立需求型物料，如上述例子中台灯的订货计划由市场需求决定，用主生产计划来体现。而相关需求型物料的订货计划通过 MRP 展开的产品结构，按从属关系和数量关系，经运算确定。

所以 MRP 回答了以下几个问题：根据主生产计划回答将生产什么；利用物料清单回答要用到什么；依据库存信息回答此物现在多少；经 MRP 运算后提出还缺多少，何时供应。其中，主生产计划、物料清单、库存信息称为 MRP 的三个基本要素，而主生产计划起到主导作用。MRP 的处理逻辑如图 1-2 所示。

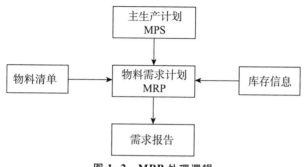

图 1-2　MRP 处理逻辑

案例 1-2

红领集团成立于 1995 年，是一家以生产经营中高端服装、服饰系列产品为主的大型民营服装企业集团。2003 年以来，红领集团以 3 000 多人的西装生产工厂为试验室，在大数据、互联网、物联网等技术支撑下，开始了工业化和信息化融合发展的不懈探索，形成独特的 C2M(Customer to Manufacturer，消费者对工厂)＋O2O(online to offline)，"红领模式"，建立起订单提交、设计打样、生产制造、物流交付一体化的酷特互联网平台，有效实现了消费者与制造商的直接交互，消除了中间环节导致的信息不对称和种种代理成本，彻底颠覆了现有的商业规则和生产模式，创造了全新的商业理念，实现了实体经济与虚拟经济的有机结合，初步探索出了传统制造业转型升级的新路径。

红领模式不正是物料需求计划的理念吗？

1.2.2　闭环 MRP

从 MRP 的处理逻辑可以看出，当具备了主生产计划、物料清单和库存信息三个方面的数据时，便可以运行和编制 MRP，解决物料的相关需求问题。但这里存在一个问题，MRP 系统要能正常运行，首先需要有一个相对稳定、现实可行的主生产计划。但是，客观世界总是不断变化的，企业内外信息也在不断变化。人们不能阻止它变化，只能及时调整计划去适应客观变化。换句话说，计划的可执行性必须符合客观实际，信息必须及时地上下内外沟通；既要有自上而下的目标和计划信息，又要有自下而上的执行和反馈信息。这里，客观变化包括企业外部市场需求的变化，也包括企业内部生产能力和各种资源的变化。于是，为提高物料需求计划的有效性，人们对 MRP 进行了改进，在 MRP 的基础上增加了能力需求计划（CRP）、车间作业管理（SFC）和采购管理（PM）等功能，并及时得到来自生产能力的反馈信息，从而形成了一个闭环的、完整的计划与控制系统，即闭环 MRP。

闭环 MRP 理论认为主生产计划与物料需求计划的可执行性，应充分考虑企业生产能力的约束，在满足生产能力需求的前提下，才能保证物料需求计划的执行。在这种思想要求下，企业必须对投入与产出进行控制，也就是对企业的能力进行检验、执行和控制。

案例 1-3

孙子在"地形篇"中提出："知彼知己，胜乃不殆，知天知地，胜乃不穷。"这句话的意思是：知道敌我双方的详细情况，那么就一定会胜利而不会失败；了解天时地利，胜利就不可穷尽。在"谋攻篇"中，孙子提出："知彼知己者，百战不殆；不知彼而知己者，一胜一负；不知彼不知己，每战必殆。"这句话不仅强调了信息是取胜的关键，而且还指出，如果不充分掌握信息和情报，了解敌我双方的情况，那么只会是一胜一负，甚至每战必败。

了解企业的生产能力是接受订单、确定生产计划的重要依据。

资料来源：于忠民等.企业基层管理实务.济南：山东大学出版社，2004.

到了 20 世纪 70 年代，闭环 MRP 得到了进一步的推广应用，MRP 给企业带来的经济效益受到企业界的普遍认可，因而对当时美国企业管理思想的变革和管理水平的提高起了很大的作用和积极的影响。

1.2.3 制造资源计划

闭环 MRP 虽然是一个完整的计划与控制系统，但是它还没有说清执行计划以后给企业带来什么效益；这效益又是否实现了企业的总体目标。企业的经营状况和效益要用货币形式来表达。70 年代末，MRP 系统已推行将近 10 年，一些企业又提出了新的课题，要求系统在处理物料计划信息的同时，同步地处理财务信息。就是说，把产品销售计划用金额表示以说明销售收入；对物料赋予属性以计算成本并方便报价；用金额表示能力、采购和外协计划以编制预算；用金额表示库存量以反映资金占用……总之，要求财务系统能同步地从生产系统获得资金信息，随时控制和指导经营生产活动，使之符合企业的整体战略目标。为了做到这点，必须在闭环 MRP 的基础上，把企业的宏观决策纳入系统，就是说，把说明企业远期经营目标的经营规划（Business Plan）、说明企业销售收入和产品系列的销售与运作规划（Sales and Operations Planning，SOP）纳入系统。这几个层次确定了企业宏观规划的目标与可行性，形成一个小的宏观层闭环，是企业计划层的必要依据。同时，又必须把对产品成本的计划与控制纳入系统的执行层，要对照企业的总体目标,检查计划执行的效果。这样,闭环 MRP 进一步发展,把物料流动同资金流动结合起来,形成一个完整的计划体系——制造资源计划(Manufacturing Resources Planning),为了有别于 MRP 的缩写而采用 MRP Ⅱ 来表示。

MRP Ⅱ 是通过以下两种方式把物流和资金流的信息集成起来的:

(1) 为每个物料定义标准成本和会计科目,建立物料和资金的静态关系。

(2) 为各种库存事务,即物料的移动(实际的或逻辑的)或数量、价值的调整,建立凭证,定义相关的会计科目和借贷关系,以说明物流和资金流的动态关系。

物流信息和资金流信息的统一,通俗地说,就是把"实物账"和"财务账"统一起来,这本是财会人员的普遍愿望,MRP Ⅱ 用简单的原理和软件工具实现了这个愿望。只要企业各个业务部门的人员能严格执行 MRP Ⅱ 的工作规程,按照规定及时输入正确的信息,有关各个部门的资金占用、库存物料的价值、在产品成本、各项费用支出、现金收支等信息就都可以随时掌握和查询。MRP Ⅱ 的逻辑流程如图 1-3 所示。

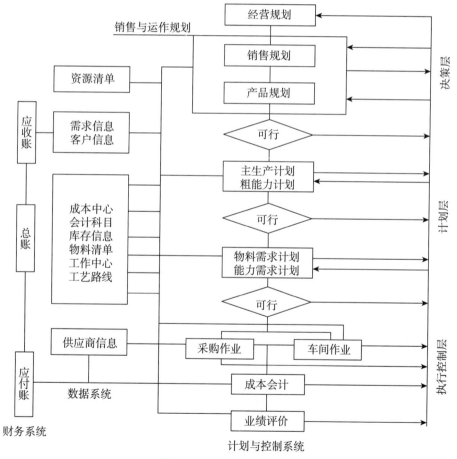

图 1-3　MRP Ⅱ 逻辑流程

流程图右侧是计划与控制的流程,包括了宏观决策层、计划层和执行控制层,可以理解为经营计划管理的流程。中间是基础数据,储存在计算机系统的数据库中,并且反复调用。这些数据信息的集成,把企业各个部门业务沟通起来,可以理解为计算机数据库系统;左侧是主要的财务系统,这里只列出应收账、总账、应付账。各个连线表明信息的流向及相互之间的集成关系。流程图上最后一个框图是"业绩评价",即对实施MRPⅡ系统的成绩和效果进行评议,以便进一步改进提高。作为一项系统工程,MRPⅡ闭环系统同美国著名质量管理学家戴明教授提出的戴明环的闭环系统即计划—执行—评价—改进(PDCA),是一致的。

  MRPⅡ中的资源,指人力、物料、设备、能源、资金、空间和时间。它不仅包括了人们常说的"人、财、物",而且包括了往往被人们忽视的时间资源。时间是一种对每个人都是平等的但又是买不到、不能补偿的资源。任何作业都要消耗时间资源,讲计划、生产率、交货率、交货期、提前期都含有时间的因素。讲竞争,就是同竞争对手抢时间。因此,现代管理总是把时间看成一种重要的资源。各种资源在MRPⅡ系统中都是以"信息"的形式来表现的。通过信息集成,对企业有限的各种制造资源进行有效周密的计划,合理利用,以提高企业的竞争力,这就是MRPⅡ制造资源计划命名的初始意念。

1.2.4 企业资源计划

  企业资源计划(Enterprise Resource Planning,ERP)是由美国加特纳公司(Gartner Group Inc.)在20世纪90年代初首先提出的,那时的ERP概念的报告还只是根据计算机技术的发展和供应链管理,推论各类制造业在信息时代管理信息系统的发展趋势和变革,其宗旨就是将企业各方面的资源,包括人、财、物、产、供、销等,充分调配和平衡,使企业在激烈的市场竞争中全方位地发挥足够的能力从而取得最好的经济效益。当时因特网的应用还没有普及。随着实践和发展,ERP至今已有了更深的内涵。

  1. ERP的功能标准

  (1)超越MRPⅡ范围的集成功能。ERP基于MRPⅡ,又超越了MRPⅡ。在管理功能上的主要超越有产品数据管理(PDM)、工程项目管理、流程类制造管理、设备管理、仓库管理、质量管理、实验室管理、运输管理、供应管理,还有财务管理、固定资产管理、市场研究与开发、销售与分销管理、人力资源管理、综合计划与统计、投资项目管理、高层决策支持管理、应用技术支持管理、政策法规文件管理等。

> **知识卡片**
>
> **产品数据管理**
>
>   产品数据管理(Product Data Management,PDM)是一种用来管理所有与产品相关信息和所有与产品相关过程的技术。通过PDM系统的有效实施与管理,可及时提供给设计人员正确的产品数据,避免烦琐的数据查找,提高设计效率;保证产品设计的详细数据能有序存取,提高设计数据的再利用率,减少重复劳动;有效控制工程更改,决策人员可

以方便地进行设计审查;可以进行产品设计过程控制,提供并行设计的协同工作环境;有利于整个产品开发过程的系统集成。

(2)支持混合方式的制造环境。既可支持离散型制造环境又可支持流程型制造环境;按照面向对象的业务模型重组业务过程的能力以及在国际范围内的应用。

(3)支持能动的监控能力,提高业务绩效。在整个企业内采用计划和控制方法、模拟功能、决策支持能力和图形能力。

(4)支持开放的客户机/服务器计算环境。

资料阅读

ERP 产生原因

有些专家认为,ERP 系统的产生应该分别从技术、业务和战略三个方面去寻找原因。一项全球性的调查显示:36%的企业认为是技术原因,例如 Y2K 问题、传统系统的维护问题等是采用 ERP 系统决策的主要原因;30%的企业认为是业务原因,例如经济全球化决策、市场竞争激烈等;18%的企业认为是职能原因,例如流程自动化、流程重新设计等;16%的企业认为是成本原因,例如降低成本、财务问题等。

还有一些专家认为,由于三个重要的原因,导致从 MRP Ⅱ 演变成了 ERP 系统,这三个重要原因分别是:第一,为了集成财务数据。作为企业的高层主管,总是希望随时清楚地了解企业的经营效果。财务部门有自己的利润数据,销售部门有自己的销售数据,不同的业务部门都可能提供不同版本的企业收益。但是,ERP 系统可以创建一个基于数据库的唯一经营效果版本。第二,为了使业务流程标准化。制造企业常常发现不同的业务单元使用不同的计算机系统和方法来制造同样的产品。使这些业务流程标准化和使用集成的计算机系统可以大大节省时间、提高生产效率并减少调查工作。第三,为了使人力资源信息标准化。在许多企业的业务单元,往往没有一个集成的、简单的 HR 系统来跟踪雇员工作时间以及与他们沟通、了解福利和服务状况等。ERP 系统可以解决这些难题。

2. ERP 的管理思想

ERP 是在 MRP Ⅱ 的基础上并综合了其他类型的企业管理信息系统发展起来的,是企业信息化的一个新里程碑,或者说是企业信息化发展的新阶段。ERP 又是一个集成的概念,在功能上实现一个企业具有的各类资源的系统与综合管理,在技术上是现代管理方法与现代信息技术在企业经营管理中的综合应用。ERP 的主要目标是利用现代信息技术与管理方法,改革企业的管理模式与管理手段,以提高企业在市场上的竞争能力。ERP 的管理思想主要体现在以下几个方面:

(1) ERP 的核心管理思想是供应链管理。供应链是由物料获取并加工成中间件或成品送到用户手中的一些企业和部门的业务活动及其相互关系构成的网络。供应链管理则是指通过加强供应链中各活动和实体间的信息交流和协调,增大物流和资金流的流量和流速,并使其保持畅通,实现供需平衡。ERP正是基于供应链的管理思想,把客户需求和企业内部的制造活动以及供应商的制造资源整合在一起,体现了完全按用户需求制造的思想,这使得企业适应市场与客户需求快速变化的能力增强。另外,ERP将制造企业的制造流程看作一个在全社会范围内紧密连接的供应链,其中包括供应商、制造工厂、分销网络和客户等;同时,将分布在各地所属企业的内部划分成几个相互协同作业的支持子系统,如财务、市场营销、生产制造、质量控制、服务维护、工程技术等,还包括对竞争对手的监控管理。ERP系统提供了可对供应链上所有环节进行有效管理的功能,这些环节包括订单、采购、库存、计划、生产制造、质量控制、运输、分销、服务与维护、人事管理、实验室管理、项目管理、配方管理、市场信息管理、高层决策支持管理、电子商务、资本运营和投资管理、各种制度及标准管理等。通过这些子系统的紧密联系以及配合与平衡,实现全球范围内的多工厂、多地点的跨国经营运作。

(2) ERP系统同企业业务流程重组(Business Process Reengineering,BPR)是密切相关的。信息技术的发展加快了信息传递速度和实时性,扩大了业务的覆盖面和信息的交换量,为企业进行信息的实时处理、做出相应的决策提供了极其有利的条件。为了使企业的业务流程能够预见并响应环境的变化,企业的内外业务流程必须保持信息的敏捷通畅。正如局限于企业内部的信息系统是不可能实时掌握瞬息万变的全球市场动态一样,多层次臃肿的组织机构也必然无法迅速实时地对市场动态变化做出有效的反应。因此,为了提高企业供应链管理的竞争优势,必然会带来企业业务流程、信息流程和组织机构的改革。BPR旨在消除部门隔阂,强调面向业务流程管理,以客户为中心,将决策建立在业务流程执行的地方,减少无效劳动和提高对客户的反应速度。BPR的原则就是从市场竞争全局出发,在供应链系统概念的基础上实现的快速响应和敏捷流畅。在调整企业内外业务流程的基础上,还把供应商、制造工厂、分销网络、客户等纳入一个紧密的供应链中,强调整体全局最优而不是单个环节或作业任务的最优。ERP就是按照这样一种基本思想将优化的业务流程写在程序里,并能够随着企业业务流程的变化而相应地调整,能把传统MRP Ⅱ系统对环境变化的"应变性"(Active)上升为ERP系统通过网络信息对内外环境变化的"能动性"(Proactive)。BPR的概念和应用已经从企业内部扩展到企业与需求市场和供应市场整个供应链的业务流程和组织机构的重组。

(3) ERP采用了现代信息技术的最新成就。ERP是现代企业管理思想、管理模式和信息技术的有机统一。现代信息技术的发展为ERP提供了强大的技术支持。ERP系统除了已经普遍采用的诸如图形用户界面技术(GUI)、结构化查询语言(SQL)、关系数据库管理系统(RDBMS)、面向对象技术(OOT)、第四代语言/计算机辅助软件工程、客户机/服务器和分布式数据处理系统等技术之外,还实现了更为开放的不同平台互操作,采用适用于网络技术的编程软件,加强了用户自定义的灵活性和可配置性功能,以适应不同行业用户的需要。网络通信技术的广泛应用,使ERP系统得以实现供应链管理的信息集成。

综上所述,ERP 是在 MRP Ⅱ 的基础上结合现代社会、经济、经营思想和 IT 技术而产生的,它一方面强调供应链管理,从整个社会的角度进行企业资源优化;另一方面重视提高企业的柔性、敏捷性、集成性、全球性和对 JIT(准时制生产)、BPR(企业流程再造)等的支持。ERP 是先进的管理思想和理念的结晶及体现,是信息时代企业实现现代化、科学化管理的有力工具,从某种意义上也可以说是衡量企业管理现代化的一个标尺。

知识链接

准时制生产

按《APICS 字典》(APICS 是 American Production and Inventory Control Society 的缩写,即美国生产库存管理协会)的解释:"准时制生产(just-in-time,JIT)是使制造业达到卓越的一种哲理,其基本点是有计划地消除所有的浪费,持续不断地提高生产率。这贯穿于成功地执行为生产最终产品所要求的所有活动之中,包括从工程设计到发货的整个过程以及从原材料到产成品的各个阶段。强调零库存,即只在需要时才有必要的库存;以零缺陷为目标改善产品质量;通过减少准备时间、队列长度和批量缩短提前期;改进操作过程;并且以最小成本来实现这些目标。从广义来说,JIT 可应用于各种类型的制造业,车间任务型、流程式以及大批量重复生产型的企业均可应用。"

ERP 的进一步发展将在本书的最后一章进行介绍。

案例 1-4

联想电脑公司作为国内最大的民营计算机企业,在激烈的生存竞争过程中逐渐建立起一套具有联想特色的现代化生产管理系统。该公司在 1996 年内部现代化建设的基础上全面实施 MRP Ⅱ。为了更有效地降低劳动成本,减少不必要的库存,减少超量生产的浪费,又应用 JIT 的管理方法,对物流管理、车间作业管理实施实时调控,在 MRP Ⅱ 系统中,吸收 JIT 看板系统的思想和方法:备料按装配所需生产;严格控制整机在线储备量;最大限度地降低产品品种更换时间,将相同的机型、类似机型安排在相近的生产周期生产,实现整个生产过程的标准化、同步化;设立 PQC 进行生产过程质量控制;实行小批量策略等。该公司认为,MRP Ⅱ 的宏观计划与 JIT 实时微观调控相结合,并在生产实践中不断地寻找适时的最佳的生产管理模式的过程是动态的、适时的、无休止的。

资料来源:http://www.mba163.com/glwk/erp/200512/14663_11.html.

1.3 ERP 实现企业管理创新

ERP 是以管理思想为基础,建立在信息技术之上,基于业务流程优化和管理模式创新的一整套管理系统,其目的就是要以市场和客户需求为导向,进行企业内外资源(包括人力、资金、信息、物料、设备、时间、方法等)的优化配置,实现企业整体的信息流、物流、资金流、价值流和业务流的有机集成,为企业加强管理、提高运营效率提供保障,为企业领导科学决策提供依据,并有效提高企业的盈利能力,建立竞争优势,提高市场竞争力。ERP是网络技术与管理理念在企业中完美结合的典范,代表了各类制造业在信息时代管理革命的发展趋势,它对传统的管理系统来讲是一场革命。应用ERP就是直接使企业同国际市场接轨,可以摆脱传统管理模式的羁绊而迅速跃进到现代化管理的轨道上,而ERP对企业管理的变革也是全方位的。

1. 经营思想的变革

网络技术的广泛应用,导致竞争加剧,市场已进入微利时代,企业间的竞争更多地表现为管理水平的竞争以及建立在管理基础上的品牌、质量、附加值、成本、核心技术能力、市场能力等方面的全方位竞争。ERP的管理思想是建立在系统工程、决策论、行为科学、劳动心理学等现代学科的基础之上,它形成的管理思想是在全社会范围内最大限度地利用已有资源来取得最高的利润。在ERP管理思想的引导下,企业的竞争观念将进行新的调整:

(1)把竞争对手当作合作伙伴。在信息技术高速发展的条件下,任何一家企业的资源都只能保持某种核心优势,如果能与竞争对手把各自的核心优势结合起来,做到优势互补,必将形成共同的竞争力,达到"双赢"的目的。

(2)生产企业与供应商、批发商和零售商结成供应链。形成供应链后,生产商与供应商、批发商和零售商紧密合作,协调运作,对市场的适应能力将会大大提升,改变过去各自为政、散兵游勇式作战的经营方式。供应链可将各方的核心优势力量集中起来,通过协同竞争,达到"群赢"的效果。

(3)形成新的生产观念。在生产方面,应从过去以"产品为核心"转变成以"满足顾客的需求"为核心,因为产品只是满足需求的一种形式,企业只有充分地把握用户的需求,最终创造用户的需求,才能最大限度地实现企业的经营目标。

2. 营销战略的变革

ERP的核心管理思想是供应链管理。供应链管理是指通过加强供应链中各活动和实体间的信息交流和协调,增大物流和资金流的流量和流速,并使其保持畅通,实现供需平衡。ERP正是基于"供应链"的管理思想,把客户需求、供应商的资源和企业的生产活动集成在一起,形成了一个完整的企业供应链,并对供应链上的所有环境进行有效的管理。供应链管理是以市场需求为导向,以客户需求为中心,以核心企业为龙头,以提高市场占有率、提高客户满意度和获取最大利润为目标,以协同商务、协同竞争和双赢原则为运作模式,通过企业现代化管理方法和手段,实现对信息流、物流、资金流、价值流和业务流的有效规划与控制,从而把客户、分销商、供应商和制造商联成一个完整的网络结构,形成一个极有竞争力的战略联盟。

3. 管理目标的变革

ERP 的管理目标是面向企业供应链的增值效益,在企业的供应链上,除物料流、资金流、信息流外,最根本的是要有增值流。各种资源在供应链上流动,应是一个不断增值的过程。在此过程中,ERP 要求消除一切无效劳动,在每一环节做到价值增值,因此,供应链的本质应是增值链。供应链上每一环节增值与否、增值的大小都会成为影响企业竞争力的关键因素。实施 ERP 的企业通过加强供应链中各活动和实体间的信息交流和协调,增大物流和资金流的流量和流速,并使其保持畅通,实现增值效益,提高企业竞争力。而传统管理是要求各部门做好"本部门的本职工作"再与各级领导统筹协调,但由于任务的多样性、复杂性,经常造成各部门各行其是,影响到企业的整体效益。

4. 业务流程与组织机构的变革

为了提高企业供应链管理竞争优势,必须系统地考虑整个供应链的业务流程和组织机构,进行业务流程重组,重构面向流程管理的"扁平化"的组织模式。

每个企业的生产经营过程都是由一系列工作过程组成的,这就是企业的业务流程,也称为工作流。企业的业务流程是一个把输入要素转换为输出要素的过程。企业的输入要素包括企业的人员素质状况,企业的生产资料、能源与设备状况,企业的固定与流动资金情况,以及企业的技术资料、产品数据、市场信息、生产决策等状况。企业输出要素有产品的品牌、数量质量和技术资料等状况;企业的盈利,员工的薪酬、纳税等状况;生产资料与生产设备的积累状况等。企业的输入输出过程实质上是企业的物流、资金流和信息流合理流动的过程。按照系统的观点分析和处理生产经营活动的物流、资金流和信息流是企业管理创新的关键。企业业务流程的重组一方面保证了供应链上各环节、各合作伙伴之间的信息畅通和高效工作;另一方面是为了适应从传统的职能管理向流程管理的转变。打破职能分割,按企业流程改造企业的管理模式,减少管理的层次,建立"扁平化"的组织结构,将决策点定位在业务流程执行的地方,这不仅降低了管理成本,更重要的是提高了组织的运转效率和对市场的反应速度。

ERP 最大的优势是集成的系统、优化的流程、协同的工作流。ERP 的实施影响着组织形式的巨大变革,最终就是要运用网络技术来彻底改造业务流程,创造新的工作方式,带动组织价值体系的重新塑造、组织结构的重新构造和组织激励机制与评价系统的重新建立,从而使整个企业组织脱胎换骨。

5. 管理方法与管理手段的变革

ERP 应用工业工程、计划与控制、质量保证体系、物流与布置、工作研究、工程经济等原理于管理上,这些先进的管理方法在 ERP 的应用软件中都有所体现,如滚动计划,物质 A、B、C 管理法等。ERP 的管理手段是计算机网络,网络把地球变成真正意义上的"地球村",全球范围内的商务活动都通过因特网整合在一个共同的虚拟市场,由此使得商务信息发布与获得的速度、企业与客户联系的速度、商业交易的速度、产品研发的速度、售后服务的速度等都有了革命性的变化。

本章小结

经济和市场的国际化,使得技术上和管理上落后的中国企业,再不可能依靠国家或地区的贸易保护而生存,而不得不面对与发达国家的技术先进、管理卓越、实力雄厚的跨国企业直接竞争的严峻形势。与此同时,企业还面临诸多难以调和的管理困境。

ERP 是建立在信息技术基础上,利用现代企业的先进管理思想,全面地集成了企业的所有资源信息,并为企业提供决策、计划、控制与经营业绩评估的全方位和系统化的管理平台。ERP 的发展大体经历了 MRP→闭环 MRP→MRP Ⅱ→ERP 四个阶段。

企业应用 ERP 可以摆脱传统管理模式的羁绊而迅速跃进到现代化管理的轨道上,而 ERP 对企业管理的变革也是全方位的。

思考题

1. ERP 适合中国国情吗?为什么 ERP 会受到人们理性的关注?
2. 库存积压和物料短缺同时存在是一种在制造企业中常见和棘手的问题。ERP 能够解决这个问题吗?
3. 什么是订货点法?订货点有哪些局限性?今天订货点法还有应用价值吗?
4. 市场多变和均衡安排生产是制造业面临的一个基本矛盾。ERP 如何解决这个矛盾?
5. 简述 MRP 的工作原理。
6. 说明 ERP 与 MRP Ⅱ 的主要区别。
7. ERP 能为企业解决哪些问题?
8. 通过自己查阅资料,结合教材中的内容,谈一下你对 ERP 的理解。

案例分析

举一个广为流传的吃饭请客的例子,来帮助理解 ERP。

一天中午,丈夫在外给家里打电话:

"亲爱的老婆,晚上我想带几个同事回家吃饭可以吗?"(订货意向)

妻子:"当然可以,来几个人,几点来,想吃什么菜?"

丈夫:"6 个人,我们 7 点左右回来,准备些酒、烤鸭、番茄炒蛋、凉菜、蛋花汤……你看可以吗?"(商务沟通)

妻子:"没问题,我会准备好的。"(订单确认)

妻子记录下需要做的菜单(MPS 计划),具体要准备的东西:鸭、酒、番茄、鸡蛋、调料……(BOM 物料清单)

发现需要:1 只鸭,5 瓶酒,4 个鸡蛋……(BOM 展开)

炒蛋需要 6 个鸡蛋,蛋花汤需要 4 个鸡蛋。(公用物料)

打开冰箱一看(库房),只剩下 2 个鸡蛋。(缺料)

来到自由市场。

妻子:"请问鸡蛋怎么卖?"(采购询价)

小贩:"1个1元,半打5元,1打9.5元。"

妻子:"我只需要8个,但这次买1打。"(经济批量采购)

妻子:"这有一个坏的,换一个。"(验收、退料、换料)

回到家中,准备洗菜、切菜、炒菜……(工艺路线)

厨房中有燃气灶、微波炉、电饭煲……(工作中心)

妻子发现拔鸭毛最费时间(瓶颈工序,关键工艺路线),用微波炉自己做烤鸭可能来不及(产能不足),于是决定在楼下的餐厅里订现成的(产品委外)。

下午4点,接到儿子的电话:"妈妈,晚上几个同学想来家里吃饭,你帮忙准备一下。"(紧急订单)

"好的,你们想吃什么,爸爸晚上也有客人,你愿意和他们一起吃吗?"

"菜你看着准备吧,但一定要有番茄炒鸡蛋,我们不和大人一起吃,6:30左右回来。"(不能并单处理)

"好的,肯定让你们满意。"(订单确认)

"鸡蛋又不够了,打电话叫小店送来。"(紧急采购)

6:30,一切准备就绪,可烤鸭还没送来,急忙打电话询问:"我是李太太,怎么订的烤鸭还不送来?"(采购委外单跟催)

"不好意思,送货的人已经走了,可能是堵车吧,马上就会到的。"

门铃响了。"李太太,这是您要的烤鸭。请在单上签一个字。"(验收、入库、转应付账款)

6:45,女儿的电话:"妈妈,我想现在带几个朋友回家吃饭可以吗?"(有紧急订购意向,要求现货)

"不行呀,女儿,今天妈妈已经需要准备两桌饭了,时间实在是来不及,真的非常抱歉,下次早点说,一定给你们准备好。"

(ERP的使用局限,要有稳定的外部环境,要有一个起码的提前期)

……

送走了所有客人,疲惫的妻子坐在沙发上对丈夫说:"亲爱的,现在咱们家请客的频率非常高,应该再买些厨房用品了(设备采购),最好能再雇个小保姆。"(连人力资源系统也有缺口了)

丈夫:"家里你做主,需要什么你就去办吧。"(通过审核)

妻子:"还有,最近家里花销太大,用你的私房钱来补贴一下,好吗?"(最后就是应收货款的催要)

可见,我们的日常生活也蕴涵了ERP的管理思想。只要你再向前迈一步,就能进入ERP的知识殿堂!

资料来源:陆安生.ERP原理与应用.北京:清华大学出版社,2010.

第 2 章

ERP 基本概念和基础数据

学习目标和要求

1. 掌握物料清单、工艺路线、工作中心等基本概念；
2. 熟悉物料主文件的基本内容，理解 ERP 基础数据管理的重要性；
3. 了解物料清单的构建方法和物料清单在 ERP 系统中的作用；
4. 了解 ERP 的主要基础数据，理解静态数据和动态数据的含义。

导入案例

某公司 ERP 项目实施了大半年，项目最后却以失败告终。到底是 ERP 软件问题，还是 ERP 实施出了问题呢？李经理召集全体项目组成员和 ERP 厂商代表开了个会议。厂商实施顾问说，不是 ERP 软件的功能达不到，而是企业的基础管理太差了，达不到 ERP 的实施要求。正如没有打好基础就直接在沙堆上建高楼大厦，发生倒塌是必然的事情。

厂商实施顾问的这种事不关己和推卸责任的态度让经理愤愤不平。李经理在同部下的谈话中愤愤不平道："ERP 不就是用来提高企业管理水平的吗？为什么厂商的实施顾问要把 ERP 实施失败全推到企业基础管理薄弱上来呢？"

这是一个很有趣的提问。什么是企业基础管理呢？上 ERP 系统需要什么样的基础管理呢？

资料来源：http://blog.sina.com.cn/s/blog_6be2ab150102wd52.html。

要正确理解 ERP 理论、使用 ERP 软件、应用 ERP 系统，就必须先对 ERP 相关的基本概念有全面的了解。讲解 ERP 概念其实也是对 ERP 基础数据和基本原理的讲解，它们是密切相关、相互融合的整体，是成功实施 ERP 系统的前提和基础。人们常用"三分技术、七分管理、十二分数据"来形容 ERP 系统,可见,数据管理的重要程度。

2.1 基本概念

2.1.1 物料主文件

ERP 系统中,物料一词有着广泛的含义,它是所有产成品、半成品、在制品、原材料的总称。

物料主文件的作用是标识和描述用于生产过程中的每一物料的属性和信息。它是 ERP 系统的最基本的文件之一。物料主文件数据所包含的各项数据字段都是物料的属性与参数(见表 2-1)。这些数据字段在 ERP 中被设计、工程、销售、计划、采购、仓库、制造、财务会计等各个业务部门用来进行不同业务的需求计算、处理和使用。

物料主文件的内容包括物料属性和物料编码。

1. 物料属性

(1) 设计管理有关的数据:图号、物料名称、重量、体积、生效日期、失效日期、配方(原料、成分)号等。

(2) 物料管理有关的数据:物料分类、采购员代码、计量单位、批量、订货规则、安全库存量、最低或最高存量等。

(3) 计划管理有关的数据:计划员代码、自制/外购、提前期、计划期、产出率(日产率)、安全提前期、需求时界和计划时界等。

(4) 销售管理有关的数据:销售员代码、关键客户、计划价格、折扣计算、佣金等。

(5) 产品成本有关的数据:账号、材料费、人工费、外协费、间接费、累计成本、标准成本、实际成本、采购费等。

(6) 质量管理有关的数据:批号、待验期等。

2. 物料编码

物料编码(物料代码)的设计与编制是 ERP 运行数据的基础,是计算机系统对物料的唯一识别代码。不同软件的叫法很不统一,也有叫项目号、物品号、识别码、物件号、零件号等,但都是用一组代码来代表一种物料。物料编码的编制需要注意以下几点:

(1) 唯一性。物料编码最基本的要求是物料号的唯一性(或称不二义性)。所谓唯一性就是说,同一种物料,不论出现在什么产品上,只能用同一个代码;而不同的物料,哪怕只有极微小的区别也不能用同一个代码。通俗地讲就是"一个人不能起两个名字,两个人不能用同样的名字"。如果一个零件经过修改,就必须更改编码(可以加一个说明版次的后缀),并说明它的有效期,以免造成管理上的混乱。

(2) 字段类型。物料号多为字符型,字段长度有一定限制,各个软件规定不一,但一般为 6—20 位(空格也算位数)。物料号的位数过长会增加系统的存储空间,增加录入时间,而且容易出现差错。确定物料号时还要考虑所选协同软件的其他查询功能,若软件

表 2-1 物料主文件

编码	名称	物料编码	物料名称	计量单位	物料属性	是否质检	提前期（天）固定	提前期（天）变动 周数	提前期（天）变动 基数	计划方式	供需政策	供应周期	供应量 固定供应量	供应量 最低供应量	供应量 供应倍数
01	产成品	0101	电动车 M100	台	自制/销售/MPS	是	5	1	120	R	LP	—	—	—	—
		0102	电动车 M120	台	自制/销售/MPS	是	5	1	120	R	LP	—	—	—	—
02	半成品	0201	电动机	个	自制/销售/生产耗用/MPS	是	3	1	200	R	LP	5	—	300	300
		0202	车胎	个	自制/销售/生产耗用/MPS	是	2	1	120	R	LP	3	—	300	300
		0203	辐圈	个	委外/销售/生产耗用/MPS	是	2	1	120	R	PE	—	—	—	—
		0204	钢管	千克	外购/销售/生产耗用/MPS	是	3	1	120	R	PE	—	—	—	—
		0205	油漆	千克	外购/销售/生产耗用/MPS	是	2	1	120	R	PE	—	—	—	—
		0206	钢丝	米	外购/销售/生产耗用/MPS	是	2	1	120	R	PE	—	—	—	—

可以通过其他代码(如分类码、分组码)查询,则在物料号中不必考虑过多的标识段,以免重复并增加字段长度。对那些在各类商场销售的产品,编码要遵守中国物品编码中心有关条码设置的规定(如厂商识别、商品项目、校验码等)。

(3) 应用自动识别技术。在物料编码问题上一定要结合条码技术应用。随着条码技术的发展,二维条码可以包含物料的更多信息(如批号、工艺记录、作业的指导性信息等),现阶段已经在国内一些企业(如汽车制造)得到普遍应用。此外,无线射频识别(RFID)技术在 ERP 系统数据采集应用方面,将随着这些装备设施成本费用的下降,在一些行业逐步普及应用。

(4) 集团统一编码。对一个集团性质的企业,不仅要保证一个分公司、一个工厂物料编码的唯一性,而且要从集团全局的角度,考虑整个集团所有产品和物料编码的唯一性,建立物料编码标准。举例来说,一个以家电为主导产品的集团企业,有几家分公司生产不同类型的制冷产品,如电冰箱、空调机、冷柜等,它们之间有共用的物料是很自然的事。这时编码的唯一性就不能仅仅限于一种产品类型,而是要全集团统一考虑。因为不同分公司产品的备件往往是在一个地区仓库里集中管理,而不是按分公司分别设立的,如果不是从集团总体考虑物料编码,则备件仓库中可能出现重号的问题,造成管理上的混乱。

另外,如果集团对大宗物资采用集中采购,则集团所属各企业必须对这类物资使用相同的物料号,以便汇总。

(5) 不同图纸的同一性。如果一家企业从不同的国家引进技术图纸(比如分别从日本和德国引进机床制造技术),来源不同的产品图纸中,极可能有图号不同但零件(材质、形状、精度等)完全相同的物料,对这种情况需要注意。如果几种产品是经常同时生产,最好予以重新编号,以便汇总安排加工计划和采购计划,减少无效作业。

(6) 区别零件与毛坯。传统的做法,往往在零部件的毛坯(铸坯或锻坯)上铸上零件的图号,如汽车发动机箱体铸件等,因为铸件是要单独订货和存储的,并单独计算成本和结算,不能同加工后的零件混为一谈。这时,必须把毛坯的编码同加工后的零件编码区别开来,铸件可后缀字母或数字。

2.1.2 物料清单

1. 物流清单的概念

物料清单(Bill of Material,BOM)是产品结构的技术性描述文件,有时又被称为产品结构表,在某些工业领域,可能又被称为"配方"或"要素表"。

物料清单表明了产品的组件、子件、零部件和原材料之间的结构关系,包括每个组装件所需的各个下属部件的数量。每种型号的产品都有自己唯一的物料清单,它决定了构成一个产品所需的全部零部件及其装配关系。很多产品的结构非常复杂。在 BOM 中,每一种物料都与其他物料存在联系,或包含或从属,一种物料与它所有的从属物料之间建立的这种联系称为关系。一个关系可以定义成"父项/从属子项"的形成,并给出从属子项的数量,同时,一个关系中的某个从属子项也可以在其他关系中充当"父项",从而形成了物料之间的层次从属关系。如在图2-1中,每个眼镜由一个镜架、两片镜片、两颗螺钉组成;而每个镜架又由一个镜框、两个镜腿、两个鼻托、四颗螺钉组成。关于一个产品的所有"父项/从属子项"关系的集合,称为"产品结构"。BOM就其实质而言是一份反映产品结构的技术文件。

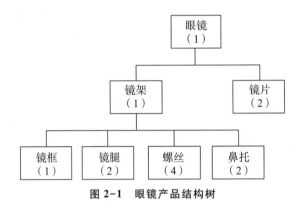

图 2-1 眼镜产品结构树

为了便于计算机识别,常常把产品结构图转化成规范的数据格式,即物料清单。表2-2就是眼镜产品结构相对应的物料清单。

表 2-2 眼镜产品的物料清单

层次	物料代码	物料名称	用量	计量单位	子件损耗率	固定/变动
1	0101	镜架	1	个	0	变动
1	0102	镜片	2	片	0.05	变动
2	0201	镜框	1	个	0	变动
2	0202	镜腿	2	个	0	变动
2	0203	螺丝	4	个	0.05	变动
2	0204	鼻托	2	个	0.05	变动

2. 物料清单的主要构成要素

(1) BOM层次(Level)。物料清单是按反工艺路线进行编制的。物料的层次反映出产品加工次序,底层是原材料,次低一层是毛坯件,再向上是半成品,最顶层是产成品,也即第0层。参与最后装配的外购零部件处在第一层。

(2) 物料编码(Item or Part No)。物料编码是按照一定的编码规则编排的物料顺序号。编码规则有多种方法,比如阿拉伯数字法、英文字母法、暗示法、混合法等。物料编码具有唯一性。

(3) 物料描述(Item Description),也叫物料名称,是对物料特征的描述,比如手机、钢板、导线等。

(4) 规格或型号(Type)。一种产品可能有多种规格，不同规格的物料，即使只有微小的差别，也被视为另一种物料，要分别计算产品成本，产品规格为物料中最小单位，有的 ERP 系统将"名称+规格=物料描述"在一个字段里处理。

(5) 计量单位(Unit of Measure)。计量单位为克、千克、个、套、升、包等，一种物料可能同时拥有多个计量单位，一般以最小单位作为基本单位，即库存单位。在采购或者销售时，在 ERP 软件中可以进行计量单位的转换。

(6) 标准用量(Standard Quantity)。BOM 表上的标准用量可分投入量和产出量。产出量是构成产成品的净用量。同一种产品在不同的生产阶段，标准用量设置可以不同，投入量与产出量的关系为：投入量=产出量×(1+废品率)。材料用量设定最好用投入量，如果生产过程损坏了一些零件，就可以开具散料单补领零件。

(7) 版本(Revision)。BOM 存在多种版本，常见的比如电子行业的 PCB 版。随着产品的升级，它的版本也不断升级，所以需要版本来给予控制。

(8) 有效时间(Effective Date)。有的 ERP 系统设置了有效时间，如从某年某月某日到某年某月某日有效，如果过了这个日期就失效了。

主物料清单是企业中唯一有效的物料清单，各个部门根据需求，由主物料清单生成设计 BOM、制造 BOM、计划 BOM、成本 BOM、维修 BOM 等类型，当主生产计划员需要一份计划清单或车间需要一份领料单时，这两份不同的文件均可由主物料清单产生出来。

3. 物料清单的作用

物料清单是一种树型结构，通常称为产品结构树。在传统管理环境下，企业产品结构是以图纸的形式设计与表达出来的。原料采购与产品生产都是以设计图纸为依据进行的，但这种图纸计算机是无法识别的。如果需要计算机进行管理，比如计算机应该采购的原料量并生成采购部门需要的物料需求计划，或安排生产或进行成本核算，必须让计算机能读懂产品设计的内容，因此需要将设计图纸重新描述，以计算机能识别的方式进行描述，物料清单就是完成这个任务的。

(1) 物料清单构建了企业共享数据平台。企业业务数据经过整合存储在计算机系统里，成为企业新的业务平台——ERP 管理系统，在 ERP 中的核心系统 MRP 运行中，物料清单是其中的关键数据，没有物料清单，MRP 无法运行，企业内部数据的集成化管理就无从谈起，而物料清单的设计与管理也是 ERP 系统运行中的难点，因为企业产品数据过于复杂，BOM 数据描述的精细程度受到一定的限制，因此需要对 BOM 进行合理的设计和科学的管理。

(2) 物料清单是沟通企业各项业务的纽带。物料清单是企业主要业务活动的基础数据，通过该数据统一并协调各业务环节的工作内容，比如：

- 设计部门是 BOM 的设计者与使用者；
- 工艺流程设计需要用到 BOM 中的物料信息；

- 生产需要 BOM 并结合工艺路线指导生产过程；
- 成本核算业务需要 BOM 中的数据计算最终产品的成本；
- 采购业务需要 BOM 计算物料需求计划，在此基础上制订采购计划；
- 销售业务需要 BOM 信息向用户提供产品结构信息并进行售后维修与服务工作。

4. 物料清单的种类和输出形式

前面提到过，BOM 可以用于多个部门，不同部门使用 BOM 的目的也不尽相同。因此，为了适应这种多部门的需求，BOM 可以有多个不同的种类和多种输出形式。

（1）工程设计 BOM。工程设计 BOM 是产品设计人员的设计输出结果，是企业重要的基础技术文档之一，它完整地描述了产品和零组件之间的结构关系和组装数量，是企业开展各项工作的起源，也是企业各项工作的目标。

（2）工艺规划 BOM。工艺规划 BOM 建立在工程设计 BOM 的基础上，是综合考虑企业现有生产能力后增加各种工艺参数后的工作成果，是实现工程设计 BOM 的一种可操作的工艺技术文档。与工程设计 BOM 相比，工艺规划 BOM 中增加的数据包括原材料、辅料、加工方法、加工设备工具和加工顺序等，确定物料是自制件还是采购件的购置属性等。

（3）生产制造 BOM。如果在工艺规划 BOM 中增加了原材料的用料定额，确定了原材料、零组件的采购、外协、加工和装配的提前期，那么这种 BOM 可以作为安排生产制造作业计划的依据。这种可以用来生成、管理和控制业务计划的 BOM 被称为生产制造 BOM。

（4）成本 BOM。如果 BOM 中包括了材料费用、人工费用和制造费用等标准成本数据，则该 BOM 可以用来进行成本核算，该 BOM 也被称为成本 BOM。表 2-3 所示的 BOM 中包含了眼镜的整个费用清单，因此，该清单是眼镜的成本 BOM。

表 2-3 眼镜的成本 BOM

层次	物料代码	物料名称	用量	计量单位	材料费用	人工费用	制造费用	本项合计
1	0101	镜架	1	个	0	16.00	1.25	17.25
1	0102	镜片	2	片	3.00	24.00	2.00	29.00
2	0201	镜框	1	个	2.00	10.00	1.20	13.20
2	0202	镜腿	2	个	1.20	9.00	1.50	11.70
2	0203	螺丝	4	个	0.05	0	0	0.05
2	0204	鼻托	2	个	0.10	4.50	1.30	5.90

（5）计划 BOM。计划 BOM 主要用于产品的预测，尤其用于不同的产品组合而成的产品系列。产品系列本身并不是真正的产品，但需要一个物料编码，其结构通常是单层清单，构成项目通常按该项在产品系列中所占比例表示，如图 2-2 所示。

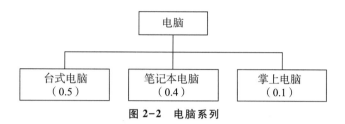

图 2-2 电脑系列

假定现在计划生产电脑 1 000 台,按图 2-2 所示的物料清单计算,各种电脑生产的数量分别是:

台式电脑生产数量 = 1 000 × 0.5 = 500(台)

笔记本电脑生产数量 = 1 000 × 0.4 = 400(台)

掌上电脑生产数量 = 1 000 × 0.1 = 100(台)

这样总的生产计划通过计划 BOM 展开,其过程与 MRP 使用普通物料清单的展开过程相似,产品从系列产品到具体产品,每种产品的比例之和等于 1。

(6) 模块化 BOM。在 BOM 中,如果最终产品项目的通用件的数量较多,零组件之间的排列组合就会特别复杂,如果企业给每一种产品配置制定一个物料清单的话,物料清单就会大到难以管理与使用的程度,这种情况可以采取模块化的方式进行管理。模块化的方式就是把最常使用的组合作为一个模块在各个产品项目中调用,该模块也被称为模块化 BOM。

比如,计算机生产过程中,最后配置阶段所用到的部件如表 2-4 所示。

表 2-4 计算机标准组件

组件	CPU	内存	硬盘	显示器	光驱	USB 插口	鼠标	机箱
可替代项	单核	1G	60G	12 寸	VCD	2 个	金属壳	迷你型
	双核	2G	80G	16 寸	只读 VCD	4 个	塑料壳	先锋型
	4核	4G	160G	18 寸	读写 VCD	6 个	组合壳	畅想型
			240G	22 寸				
组件	数据线组	音响	电视接收卡	显卡	键盘	网卡	电源设备	声卡
必备否	必备	非必备	非必备	必备	必备	必备	必备	必备

在表 2-4 中,根据配件的性质,将配件分为三类:通用件、基本组件、可选件。

如果对上述组件所能组成的计算机每种最终产品制订生产计划,则需要对每种产品制定物料清单,理论上需要制定的物料清单的数量为:2×3×4×4×3×3×3×3×1×1×1×1×1×1 = 7 776 种(还不包括可选组件),但利用模块 BOM 将产品物料按模块划分,再对基本组件中每个可选件的用量进行预测,预测该可选件需求量占总需求的百分比,就可以得到每种配件的需求量了。组件划分如图 2-3 所示。

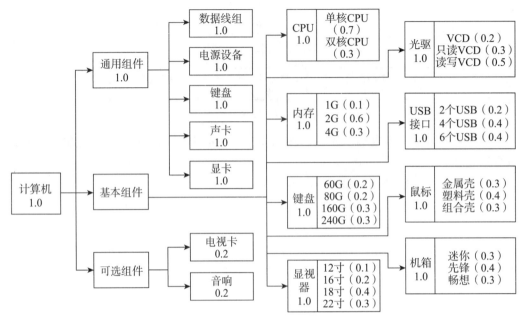

图 2-3　计算机的模块化物料清单

在模块化 BOM 编制过程中,首先用到了将产品各组件划分成不同的模块的方法,每个模块相当于一个组件的类别,这个类别的名称通常不是真实的物料,相当于物料清单中的虚拟项,该项与产品之间存在一个对应比例关系,同一个模块中,很多组件都存在多个可选项,这些可选项根据用户的需求形成个性化的产品,这时根据预测确定每种可选项所占比例(此处用到了计划 BOM 的计算方法),将每个可选项需求量按预测比例与总产品量相乘计算出具体需求量。所以在模块化物料清单中,用到了虚拟项方法、模块划分方法和计划物料清单中的方法。模块化物料清单是一种综合性的划分方法。

根据不同业务对物料清单的需求不同,物料清单有不同的输出形式。

(1)缩排式物料清单。缩排式物料清单是按照产品结构的层次关系展开物料的,通常在层次属性或子件代码属性处显示该物料在产品结构中所处的层次,有一目了然的效果。缩排式物料清单是物料清单的主要形式,它对产品结构以及相关信息进行比较完整的描述,因此数据来源会涉及多个相关文件,如物料主文件、工艺文件等,汇总的信息可以包括物料结构信息、物料基本信息以及工艺信息等,这些信息在软件中可能分几个表格输出。

(2)反查式物料清单。有时在管理中需要某种物料的上级物料信息,如追查某物料的直接父项物料,或追查某物料所有父项物料直至顶层物料,这时需要用反查式物料清单。

反查式物料清单用来查询任何一个物料在哪些产品中用到,它是自下向上搜寻所有产品的物料清单,列出它的直属父项物料(单层反查)直至最顶层的最终产品(多层反查)。

反查式物料清单的原理在 ERP 系统中用得很多,如从库存物料追溯到产品,从车间任务单或采购合同追溯到销售订单,查询订单的紧急程度以便确认生产任务的优先级等,所以要熟悉这种查询方法。

(3) 汇总式物料清单。有时在管理中需要某种物料在一件产品中的汇总数据,这时需要利用汇总式查询方法解决问题。

汇总式查询是将产品中各个层次上相同的物料汇总,用来说明某产品中每种物料所需要或消耗的汇总数,这个数量对于采购需求计划更有意义。通常这种汇总针对一种产品。汇总式物料清单同样要有物料号、名称、计量单位、数量以及有效日期等信息,但我们最关心的是汇总数量,通过物料汇总可以清晰地看到单件产品对每种物料的需求量。

5. 物料清单中的虚拟件

虚拟件是指在设计 BOM 中出现,在工艺过程中有定义,但是实际生产中并不制造也不存储(或偶然存储)的部件。它通常不在设计 BOM 中的底层出现,因此虚拟件有子项。虚拟件也有物料编号,尽管实际可能没有该物料。因为虚拟件不需要制造,所以提前期一般置为零,订货策略为按需订货,当虚拟件库存为零时,系统自动越过虚拟件直接计算其子项物料的需求量;如果库存有虚拟件,则从毛需求减少库存量,再计算子项物料的净需求量。

虚拟件在物料清单中有许多作用:

(1) 简化物料清单。组成结构复杂产品的零部件往往很多,如果将其组成全部分解,其中会含有大量的连续类的小零件,如螺钉、螺母、脚垫等,这些不重要的零件会使物料清单变得非常复杂,同时重点部件与关键部件不能很好地突出,这时使用虚拟件将这些不重要的小零件合并(给它们一个总的物料编号,每一个小零件是这个虚拟件的子项,它们的总编号并不是一个真实的物料,不需要生产制造,只要计算它的需求量,进而计算其子项的需求量),这样物料清单的结构就被大大简化了。这种方法在第一层物料清单上应用的较多,比如购买电视机,随机带的产品说明书、保修单、固定螺栓、屏幕清洁剂等,与主产品处于同一层次上,如果在物料清单中将它们作为一个整体放在一个虚设的袋子中,给这个袋子一个物料编号,作为虚拟件处理,就可以大大简化产品的物料清单的结构,特别是第一层物料清单的结构。

此外,对于可选特征多的产品,由于最终产品种类过多,主生产计划不可能也没有必要直接针对每一种最终产品制订主生产计划,应当选择一个合适的产品层次制订主生产计划,这样对产品进行预测与计划的量就会大大减少,这时对应的物料清单也必须配合主生产计划,如将具有某种共性的零部件组合成一个虚拟件,如前文模块化 BOM 中的每个模块为一个虚拟件,并给该虚拟件分配一个物料编号,从而达到简化物料清单的结构以及简化管理的目的。

(2) 实现物料用光的自动替换。虚拟件有一个性质,就是其可以有库存量也可以没有库存量。若虚拟件库存量为零,则不对虚拟件计算物料需求,而直接计算它的子项的需求量。根据这个性质,可以实现物料用光的自动替换。如某物料生产过程中,一种原料需要被另一种原料替换,条件是该原料不再采购,用光后由新原料代替,则用人来监督物料的使用情况是非常累且容易出错。借用虚拟件的特点,可以将旧原料设置为虚拟件,新原料设置为它的子项,当有旧原料时,系统直接计算旧原料的需求,它一旦为零,则直接计算新原料的需求量,因此可以在很大程度上方便管理。

2.1.3 提前期

提前期是指某一工作的时间周期,即从工作开始到工作结束的时间。提前期的观念主要是针对"需求"提出的。如果采购部门在某日向生产部门提供某种采购物料,则其应该在需要的日期之前就下达采购订单,否则,不可能即时提供给生产部门,这个提前的时间就是提前期。

从提前期的概念可以看出它的重要作用,提前期是生成主生产计划、物料需求计划和采购计划的重要依据。

1. 提前期的分类

基于不同的使用目的和根据不同的划分标准,可以把提前期分为多种不同的类型。

(1) 生产准备提前期,是从生产计划开始到生产准备完成(可以投入生产)所需的时间。

(2) 采购提前期,是采购订单下达到物料完工入库的全部时间。

(3) 生产加工提前期,是生产加工投入开始(生产准备完成)至生产完工入库的全部时间。生产加工(或装配)提前期由排队时间、准备时间、加工时间、等待时间和传送时间构成。

(4) 装配提前期,是装配投入开始至装配完工的全部时间。

(5) 累计提前期,是采购、加工、装配提前期的总和。

(6) 总提前期,是指产品的整个生产周期,是产品设计提前期、生产准备提前期、采购提前期以及加工、装配、试车、检测、发运等提前期的总和。

资料卡片

生产周期中的时间概念

排队时间:在工作中心安排作业前耗费的排队时间。

准备时间:在加工前需要做的准备工作所花费的时间。例如,开机、检查和调整机器、安装拆卸工装夹具以及加油等,每一批零部件的作业都需要消耗时间。

加工时间:每一个零部件加工、装配的实际作业时间。

等待时间:工作中心作业完成之后不能立即转移到下一工作中心,需要等待一段时间才能转移到下一道工序。

传送时间:从当前工序转移到下一道工序花费的时间,又称移动时间或运输时间。

2. 提前期的设置

一般在 ERP 系统中,提前期是在物品代码中进行维护的(直接维护或根据工艺路线生成),采购件要设置采购提前期,而制造件则要设置加工提前期。累计提前期是根据物料清单的结构层次,由系统自动逐层滚动累加而生成的。把物料放于时间坐标轴上来考察,则各物料之间的关联线恰好可表达出物料的加工周期或采购周期,即提前期。依此反映出各种物料各自开始的日期或下达计划日期会有先有后,即有优先顺序。这样一个时间坐标上的产品结构(见图 2-4),根据提前期、交货期可计算出各部件、零件的生产进度日程与外购件的采购日程。

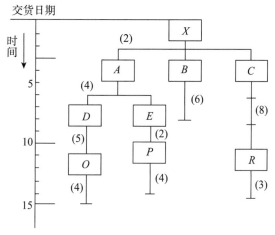

图 2-4 时间坐标上的产品结构

3. 计划展望期

计划展望期是主生产计划(MPS)所覆盖的时间范围,即计划的时间跨度。它说明了 MPS 计划能够看多远。为了便于安排产品开发或生产准备计划,它通常不小于 MPS 计划对象(如产品)的总提前期。许多企业以月、季度等为计划展望期的时间跨度。实际运行时,只要有长期合同订单或可靠的数据录入,计划期就可以长些,如一年或更长,以提高计划的预见性。

2.1.4 工作中心

工作中心是企业生产资源的特定组合,由设备、人员、场所等要素构成,执行特定阶段或特定环节的物料生产与加工作业。划定工作中心的目的是建立企业生产加工过程的基本单元,将复杂、多工序的以及一些零散的加工过程按照某些特点进行归类划分,形成一个个小的工作单元或小组,每个工作中心具备特定的生产加工功能。在生产任务分解下达时,工作中心是基本的任务承接单位,因此也是生产过程管理的控制点。

1. 工作中心的设置

与车间一样,工作中心是由生产设备、设施、模具与人员组成的生产加工的基本单元,但工作中心的划分不是按厂房建筑划分,也不是按生产设备划分的,它是根据生产过程与管理的需要划分的,具有很大的人为因素。实际上,工作中心有时由一台或几台功能相同的设备组成,有时由一个或多个工作人员、一个小组或一个工段,一个系列加工单元或一个装配场地组成。一个实际的车间也可以作为一个工作中心,可见工作中心的大小、范围、成分都是不确定的。

确定工作中心通常要考虑方便车间任务与作业的安排,方便完工物料信息采集与成本核算。在 ERP 系统中,工作中心可以有多种定义方法,一般来说,一个由连续的不间断的加工组成的工序可以作为一个工作中心,相同的设备可以集中并划分为一个工作中心。当然一台单独的机器、操作一条生产线的一组人、在工厂设备维修保养中的一个维修中心、项目系统中的工程师组或委外加工的一道工序等也可以定义为一个工作中心。工作中心划定后,才能定义产品加工的工艺路线,每个工作中心都与工艺路线中的工序相对应。

2. 关键工作中心

产品生产过程是由多个工作中心连续完成的,每个工作中心加工准备时间与加工复杂程度都不相同,额定能力也不相同,可能某产品加工过程中有一个工作中心加工时间最长或加工的复杂程度最高,它的加工速度与加工量直接决定了该产品的生产时间与产量,这样的工作中心对整个生产进度影响很大,因此称具有这种性质或作用的工作中心为关键工作中心(Critical Work Center)。

关键工作中心在 ERP 系统(准确讲是在闭环 MRP 系统)运行过程中具有特殊的意义。ERP 中有五种计划层次,即经营规划、销售与运作规划、主生产计划、物料需求计划和能力需求计划。其中,主生产计划在制订过程中需要考虑生产能力是否能满足生产任务的能力需求,这时需要将能力需求计划与工作中心的产能相比较,如果小于产能,表明计划是可行的;如果大于产能,则需要考虑调整产能或调整主生产计划。在主生产计划制订阶段,计算全部工作中心的能力并进行比较分析的工作量是非常大的,同时也没有必要对全部工作中心都进行分析比较,这时关键工作中心的负荷与能力的平衡就成为制订主生产计划的重要依据,因此关键工作中心在 ERP 中是非常重要的。

关键工作中心可以是一个,也可以是多个。关键工作中心通常具有以下特征:

(1) 该工作中心经常处于满负荷工作状态,或经常需要加班才能完成生产任务。

(2) 该工作中心操作技术要求高,工人技术操作熟练程度要求高,短期内无法自由增加工人,因此增加产能是非常困难的。

(3) 该工作中心由于某种因素限制,短期内不能随便增加负荷和产量。

(4) 该工作中心设备昂贵,不能轻易购买添加新设备。

关键工作中心的确定主要考虑产能与产量对生产计划的影响程度,它与重要的或先进的设备概念不同。重要的设备如果足够的先进,它的产能较大,产量高于其他工作中心,虽然在管理上该工作中心需要较多的维修人员,但它不是生产的瓶颈,不会直接影响产量,那么该工作中心就不是关键工作中心。关键工作中心会随着加工工艺、生产条件、产品类型和生产产量等条件的变化而变化,并非一成不变,因此要根据生产的变化及时对关键工作中心进行调整。

3. 工作中心能力

一般来说,一个工作中心不可能 8 小时连续不断地工作,不论是按设备能力计算还是按人员能力计算都是如此,比如设备有预热时间,人员可能有短暂的休息时间,设备的效率可能低于额定效率,有时也可能高于额定效率。因此,工作中心所能提供的有效工时与正常工作的 8 小时不一定完全相等,一般情况下可能达不到 8 小时,有时也可能超过 8 小时。因此,对不同的工作中心数据需要有相应的换算因子与换算公式。

(1) 可用时间。可用时间是指一个工作中心可以使用小时数。可用时间取决于机器数量、员工数量及作业时间。例如,一个工作中心有 3 台机器,工作中心每周工作 5 天,每天工作 8 小时,则一周的可用时间是 $3 \times 8 \times 5 = 120$ 小时。

(2) 利用率。利用率指机器实际开动时间与计划工作时间之比,是一个统计平均值,通常小于 100%。利用率的高低同设备完好率、工人出勤率、任务饱满程度等因素有关。计算公式为:

$$\text{利用率} = (\text{实际使用时间}/\text{可用时间}) \times 100\% \tag{2-1}$$

(3) 效率。一个工作中心有可能用了 100 个小时,但所完成的标准小时数并不是 100 小时。员工或许比标准工作节奏做得更快或更慢,导致工作中心的效率多于或少于 100%。效率与设备使用年限和工人技术水平有关,可以大于 100%,公式为:

$$\text{效率} = (\text{完成的标准工时}/\text{实际投入的标准工时}) \times 100\% \tag{2-2}$$

(4) 额定能力。额定能力是一种预期能力,也称为评估能力或名义能力,是在考虑工作中心利用率和效率的基础上计算出来的,公式为:

$$\text{额定能力} = \text{可用时间} \times \text{利用率} \times \text{效率} \tag{2-3}$$

2.1.5 工艺路线

ERP 中的工艺路线与传统企业生产制造工艺路线文件略有不同,传统的工艺路线文件除说明加工过程外,还包括每道工序的技术要求、方法等内容,而 ERP 工艺路线(Routing)主要说明物料实际加工和装配的工序顺序、每道工序使用的工作中心、各项时间额定(如准备时间、加工时间、搬运排队时间和提交入库时间等)及外协工序的时间和费用。工艺路线是 ERP 数据管理中的重要部分,也是能力需求计划、车间作业计划等的基础数据。

工艺路线文件主要包括物料代码、工序号、工作描述、所使用的工作中心、各项时间定额、外协工序的时间和费用。还要说明可供替代的工作中心、主要的工艺装备编码等，作为发放生产订单和调整工序的参考。表 2-5 是一份 ERP 工艺路线及其相关的工序、资源设置表。

工艺路线中的每道工序与工作中心相对应。设置工作中心的工作需要在制定工艺路线之前做，每个工作中心对应工艺路线中的一道加工工序，所以工作中心是工艺路线的基本单位。当然工艺路线中的加工环节可能多于企业实有的工作中心。比如，当物料需要外包加工时，该加工环节可以设置为一个工作中心，而实际企业并没有这个工作中心。

工艺路线是重要的文件，它代表着一项作业在工厂里的运行方式。如果说物料清单用于描述物料是按怎样的层次结构连在一起的，那么工艺路线则是描述制造每一种物料的生产步骤和过程，并且用于确定详细的生产进度。工艺路线的作用如下：

（1）计算加工件的提前期，提供运行 MRP 的计算数据。系统根据工艺路线和物料清单计算出最长的累计提前期，这相当于网络计划中关键路径的长度。企业的销售部门可以根据这个信息同客户洽谈交货期限。

（2）提供能力需求计划（CRP）的计算数据。系统根据工艺路线文件中每个工作中心的定额小时、工序的开始和完工日期，计算各个时区工作中心的负荷。

（3）提供计算加工成本的标准工时数据。

（4）跟踪在制品。对工艺路线数据准确性的要求和物料清单一样，也应在 98% 以上，如果工序顺序错误，工时定额不准，必将直接影响 MRP 和 CRP 的运算结果，造成生产订单过早或过迟下达，或下达数量不准。如果一项作业出现在发到某部门的派工单上，而事实上该作业并不在该部门，或一项作业在该部门却不在发来的派工单上，则工艺路线可能存在错误。工艺路线错误还会引起工作中心负荷不均衡、在制品积压、物流不畅以及加工成本计算错误等问题。通过计算每周下达到车间的工艺路线数和每周工长反馈的错误路线数，可以测出工艺路线准确度。

对许多企业来说，ERP 投入运行之前的一个极大的障碍就是校正工艺路线。大多数工艺路线文件与 80/20 原理相符，即 80% 的活动发生在 20% 的工艺路线上。如果在安装 ERP 之前将所有的工艺路线都进行校正，对许多企业来说将是困难的，然而在 ERP 的帮助下，有了如下切实可行的办法：

（1）在 ERP 试点前，检查并校正占有 80% 活动的 20% 的工艺路线。

（2）当 ERP 逐渐投入运行时，使用计划下达订单提前几周指明哪条工艺路线将必须检查和校正。

（3）在编制能力计划和派工单的早期，应确保在最近将用到的工艺路线是正确的。

表 2-5 ERP 工艺路线及其相关的工序、资源设置表

物料工艺路线	工序	工序名称	制造提前期百分比
物料编码:0202 物料名称:主机(P3) 版本代码:10 版本时期:2006—1—1 类别:	002	主机装配	
	003	主机测试	33%

工序资料	资源代码	资源名称	基准类型	工时分子	工时分母
工序代码 002 工序名称:主机装配 工作中心:002 工作中心名称:主机装配线 是否委外:否 选项相关:是 检验方式:免检	102	主机装配工	物料	2	1
	202	主机装配机	物料	1	1
	302	主机装配间	物料	1	1
	402	主机装配夹具	物料	1	1
工序代码 003 工序名称:主机测试 工作中心:002 工作中心名称:主机装配线 是否委外:否 选项相关:是 检验方式:免检	103	主机装配工	物料	2	1
	203	主机装配机	物料	2	1
	303	主机装配间	物料	2	1

资源类型	资源代码	资源名称	工作中心	工作中心名称	可用数量	计算产能	关键资源
人工	101	电脑包装工	001	电脑包装线	6	是	否
	102	主机装配工	002	主机装配线	24	是	否
	103	主机测试工	002	主机装配线	18	是	否
机器设备	201	电脑包装机	001	电脑包装线	3	是	是
	202	主机装配机	002	主机装配线	12	是	是
	203	主机测试机	002	主机装配线	24	是	是
场所	301	电脑包装间	001				
	302	主机装配间	002				
	303	主机测试间	002				
模夹具							
其他							

工作中心代码	工作中心名称	所属部门	工作日历	是否生产线
001	电脑包装线	生产一部	系统	否
002	主机装配线	生产二部	系统	是
003	机箱委外商	采购部	系统	否

2.1.6 工作日历

能力需求计划所使用的日期标识为工作日历。这是因为常规日历的月份天数参差不齐,假日也不规则,常使计划安排感到不便。工作日历则只对工作日连续编号,越过周六、周日以及节假日不进行编号。因此,当人们使用工作日历来确定或标识日程计划时,只用简单的加减法就可以了。表2-6是一份工作日历,其中的工作日编号为191—212。

表2-6 一份工作日历与常规日历的对应表(8月) 单位:天

星期日	星期一	星期二	星期三	星期四	星期五	星期六
1	2 191	3 192	4 193	5 194	6 195	7
8	9 196	10 197	11 198	12 199	13 200	14
15	16 201	17 202	18 203	19 204	20 205	21
22	23 206	24 207	25 208	26 209	27 210	28
29	30 211	31 212				

表2-6中,常规日历中的休息日不参加工作日历的编号,因此工作日历的编号只与工作日的日期相对应。如果当某物料加工期从第196天到204天时,很容易找到在常规日历中应该从8月9日到8月19日为该物料的加工期。

2.2 基本数据管理

2.2.1 数据管理的重要性

ERP作为计划与控制信息系统,要进行大量的信息处理。任何一个制造企业都有大量的生产与技术数据。数据必须经过加工、处理才能产生有用的信息供决策者使用。因此,这些原始数据如何准确、及时、快速、可靠地送入计算机系统是至关重要的。人们常用"进去的是垃圾,出来的也是垃圾"来形容由于原始数据不准确而产生错误信息的现象。经验证明,数据不准确是许多企业实施、应用ERP失败的原因。

案例2-1

第一次海湾战争过去10年时,有记者采访了当年在伊朗海域作战的一位美军少校。少校说:"当时,海面上战斗十分紧张,突然一架飞机从海域上空飞过,我连发三次信号询问,没有得到回答。这时,我发现该飞机正向我舰俯冲,而且速度很快,于是下令发射导弹把飞机打了下来。"结果,击落的是一架伊朗民航客机。后来,记者又采访当时在场的另一位美军少校。这位少校说,屏幕上显示的是飞机正在爬升,而且速度很慢。记者从有关部门设法调出当时的计算机硬盘,存储信息显示飞机当时确实是在爬升,速度很慢。

资料来源:司有和.企业信息管理学.北京:科学出版社,2003.

如果问 ERP 实施的瓶颈是什么？会有相当多的人认为，在离散制造业，数据是成功实施 ERP 的严重瓶颈。为什么在其他的系统实施过程中，比如办公自动化系统（OA）和计算机辅助设计系统（CAD），数据问题没有成为如此严重影响系统实施成功的关键问题呢？实践表明，无论哪个行业，无论什么样的 IT 应用（CAD、CAM、PDM、ERP、CRM、OA），无论是什么样的业务（财务、销售、库存、计划和执行现场），哪里的数据准备工作量大或者复杂，哪里的系统应用就不顺利，或者即使系统运行但很难取得预期的效果。

因此，在实施应用 ERP 的过程中，一定要下决心采取必要的措施，保证各项数据的及时、准确、完整和一致。及时是指必须在规定的时间内进行数据的采集和处理，数据的产生与业务紧密相关，业务一旦进行，就要有数据记录，有些记录需要审核批准，这些必须在规定的时间内完成。准确是指数据与实际相符，避免或减少人为错误，在关键环节需要增加系统对数据的检验和人工审核。完整是指数据要满足企业各部门管理的需要，因此系统内的数据应当没有疏忽和遗漏。一致是指各部门的数据相同，通常要求数据的输入在业务的发生地进行，其他部门与人员无权对数据进行更改，对出现的错误要由出错的人更改。

为了达到 ERP 系统对数据的要求，通常认为需采取以下措施保证数据管理的质量：

（1）企业管理层对企业内部的"数据质量"给予高度重视，严肃对待。

（2）建立数据管理岗位责任制，大企业应该有专门机构来判定企业数据的标准，中小企业也应当有专人负责，标准应充分考虑到 ERP 系统运行的需要，所以数据标准规则的制定者必须由相关专业人员担任，初步的标准可由企业与软件公司共同讨论确定。

（3）及时将所制定的标准以企业公文的形式发布，让相关人员了解并方便执行。

（4）培训员工，使每个人都对数据的重要性有充分的认识，对所经手的数据负责。

（5）定期清理数据，调整相关业务流程和操作规程，清除垃圾数据和已经失效的数据。

（6）采取相应的管理措施，对易出问题的数据所对应的实体如仓库物料给予特别的保证，如物料分类存放、购买相关的计量仪表等。

案例 2-2

这是一个发生在第二次世界大战中期，美国空军和降落伞制造商之间的真实故事。在当时，降落伞的安全度不够完美，经过厂商努力的改善，降落伞制造商生产的降落伞的良品率已经达到了 99.9%，应该说这个良品率即使现在许多企业也很难达到。但是美国空军却对此公司说 No，他们要求所交降落伞的良品率必须达到 100%。于是降落伞制造商的总经理便专程去飞行大队商讨此事，看是否能够降低这个水准。因为厂商认为，能够达到这个程度已接近完美了，没有什么必要再改。当然美国空军一口回绝，因为品质没有折扣。后来，军方要求改变检查品质的方法。那就是从厂商前一周交货的降落伞中，随机挑出一个，让厂商负责人装备上身后，亲自从飞行中的机身跳下。这个方法实施后，不良率立刻变成零。

企业内部员工应该树立"质量就是企业的生命"的观点,在生产、库存、销售、采购各个环节都保证物料数据的准确性。

资料来源:李震.ERP 原理、应用与实践.北京:清华大学出版社,2012.

总之,数据质量管理工作主要由两个方面组成:一个是系统上线前对企业内部数据进行规范化管理与正确性检验,保证原始数据与关键数据的准确性;另一个是在系统运行过程中数据质量管理,对系统运行过程进行持续监控,及时发现与矫正错误的数据,保证系统正常运行。数据的质量不仅是 ERP 成功运行的保证,也是企业有效管理与正确决策的保证。

2.2.2 主要的基础数据

ERP 系统运行需要的数据量很大,虽然不同企业的具体业务数据不同,但数据的种类与特征基本相同,在对数据加工整理之前我们首先需要了解企业中主要的基础数据。

1. 物料数据

物料数据不仅是企业生产过程管理的基础,也是 MRP 运行必备的数据源。ERP 中物料概念具有广泛的含义,它不仅包含产品与原材料,也包括半成品、零部件、五金工具、包装材料;不仅包括企业中的全部物流实体,有时也包括中间件或虚拟件。因此,物料数据是所有数据中数量最多、分布最广、最复杂的数据集。

物料数据基本是静态数据,主要包括物料代码与描述数据,如物品颜色或规格数据、物料分类数据、物料清单数据、独立需求数据等。静态数据在系统运行的生命周期中基本保持不变,它们不随企业业务的变化而改变,是企业开展业务活动所需要的基础数据。

2. 能力数据

MRP 运行输出物料需求计划,该计划必须与能力计划相辅相成,才能保证计划的可行性。需求占用多少能力资源需要通过相关的能力数据计算出来,通常能力需求计算的单位以工作中心为基本单位,由于能力数据涉及企业具体的生产单位、生产设备、人员技术水平与出勤情况,因此能力数据也是企业数据中比较复杂、管理难度较大的数据集合。

与物料数据相同,能力数据也基本是静态数据,主要包括工作日历数据、工作中心数据、生产工艺数据、工序进度数据、产品定额工时数据、工作中心负荷数据、可用资源数据等。

3. 库存数据

库存业务管理应能为企业提供准确的库存数据,包括各种原料与产品。实际上,企业内部库存数据出现错误的概率是最高的。因此,在管理上需要对物料进行分类,A、B、C 三类物料管理要求的准确度有一定差别。库存业务需要的数据包括静态与动态两种。

静态数据包括仓库代码数据、区域代码数据、货位代码数据、ABC 分类码数据、物品领料原因数据、库存操作原因数据、物品财务类别数据、仓库人员资料数据、往来单位资料数据等。

动态数据是指随企业业务的变化而不断改变的数据，它是对业务过程的记录。库存动态数据包括物料出入库数据、物料仓库数据、物品库位库存数据等。

4. 销售数据

销售是企业对外服务的窗口，是连接企业内部与外部的桥梁，销售业务完成的好坏直接影响企业经营规划的实现。销售业务需要的数据包括静态数据与动态数据两种。

静态数据包括客户资料数据、客户分类数据、服务人员资料、维修服务项目数据、订货方式数据、交货方式数据、退货方式数据、退货原因数据、订单或合同终止原因数据等。

动态数据包括销售计划数据、销售发票数据（简约数据与明细数据）、销售订单数据、销售佣金数据、商品报价数据、合同数据、发货单数据、售后服务记录数据等。

5. 采购数据

采购业务是企业经营运作的起点，对供应商充分理解与选择，及时、高效、低成本地完成企业制订的订购计划是它的业务目标。采购业务需要的数据包括静态数据与动态数据两种。

静态数据包括供应商资料数据、采购员资料数据、交货方式数据、订货方式数据、退货原因数据、供应商分类数据、订单或合同终止原因数据等。

动态数据包括采购订单数据、采购计划数据、供应商评价数据、收获检测结果数据、收获数据、商品报价数据、请购单数据、采购合同数据、采购退货数据等。

6. 生产数据

生产过程是计划的实施过程，是按照生产计划的分解将任务按时间按工作量分配到车间或工作中心。理论上，各车间或各工作中心每天将完成的工作计入系统中，形成生产过程的详细记录以便管理、销售部门掌握生产情况，但在实际操作中，生产过程的数据记录一般不能达到即时记录，因此可根据企业管理需求采取按批次记录或按时区记录的方式进行。生产数据也同样包括静态与动态两种数据。

静态数据包括车间代码与描述数据、班组数据、工装夹具数据、工种代码数据、工票类别数据、工人技师资料数据、例外信息数据、工序优先级别数据等。

动态数据包括生产订单数据、优先级别数据、工序作业计划数据、车间用料数据、工票用料数据、产品完工数据、成品与废品数据、工序计划单价数据、人员工时数据等。

7. 财务数据

财务管理涉及企业的各个职能部门，财务部门将各个部门的业务过程所需要的财务数据记录并支付或收取资金，同时完成财务核算。财务数据包括静态数据与动态数据两种。

静态数据包括详细的会计科目设置数据、凭证类型数据、财务人员资料数据、支票数据、付款条件数据、产品档案数据、地区分类数据、客户与供应商资料数据等。

会计科目中的所有项目数据均为动态数据，不一一列举。

8. 人力资源数据

人力资源虽然不是企业业务流程中的核心业务，但人力资源为企业主要业务提供重要的支持。ERP 系统中人力资源数据包括静态数据与动态数据，并以静态数据为主。

静态数据包括人事档案数据、人力资源计划数据、人员基本报酬数据、工作描述数据、岗位或职位责任与待遇数据、工种代码数据、职称或资历数据、住房数据、培训项目数据等。

动态数据包括培训计划数据、招聘数据、人员动态报酬数据、考勤数据、绩效评价数据、测试结果数据等。

除上述基本数据外，企业还有一些需要管理的数据，如与设备运行状态有关的数据，包括设备运行统计数据、事故记录数据、维修保养数据、精度检测数据、维修记录数据、设备维修工时定义数据等，还有与质量管理有关的数据等。

2.2.3 基础数据环境的建立

实施 ERP 系统要投入大量的时间和精力。周密计划、定义、装入和维护基础数据是成功的前提。为保证基础数据的质量需要采取几个重要的步骤：

（1）定义关键的数据元素，如物料代码、工艺路线、物料清单、工作中心、订货策略、项目类型和损耗率等。

（2）开始数据装入之前，将计算机系统的信息需求与信息使用者的需求进行核对，使每个人提前知道什么信息是可用的，报告是什么样子，假如有问题应如何予以解决。

（3）定义要装入计算机系统的全部信息和信息来源。有些信息是不可缺省的，而有些是可选择的。例如，和一项物料有关的信息可能有 15—20 个不同的数据项，仅要求其中的 4—5 项装入计算机系统，其他数据项可以以后再装入或根本不用。所以，要确定哪些数据项是必需的，哪些是可选的但以后要装入，哪些可能永远不用；还要指定负责确定所用数据项的部门和人。

（4）指定适当的人将数据装入计算机，限定完成任务的时间，并进行审核。

（5）有些数据元素不是常数，时常会变化，其变化情况必须在计算机系统里得到反映。要定期检查，必要的话，修改这些数据。

操作数据是管理和控制企业运作的基础。这些数据装入计算机的先后次序，由计划使用它们的时间来确定。一般来说，物料代码应当首先装入，然后是物料清单，工艺路线应在装入物料清单期间或在其后装入。工作中心是工艺路线信息的一部分，应在用到它们之前装入。

本章小结

本章阐述了物料主文件、物料清单、提前期、工作中心、工艺路线、工作日历等 ERP 相关概念，有助于更好地理解和应用 ERP 系统。

ERP 系统运行需要的数据量很大,归纳起来主要有八大类:物料数据、能力数据、库存数据、销售数据、采购数据、生产数据、财务数据和人力资源数据。这些数据又有静态和动态之分,其管理进程也不尽相同。

数据不准确是许多企业实施 ERP 失败的原因。因此,在实施应用 ERP 的过程中,一定要下决心采取必要的措施,保证各项数据的完整性和准确性。保证数据的完整性和准确性,基础数据环境的建立需要遵循一定的步骤。

 思考题

1. 物料主文件中包括哪些信息?
2. 什么是物料清单?在 ERP 环境下,物料清单的准确度至少应为多少?
3. 什么是提前期,加工提前期有哪几类时间构成?如何设置提前期?
4. 工艺路线的内容和作用是什么?
5. 什么是工作中心可用能力和额定能力?
6. 什么是工作中心的效率?如何计算工作中心的效率?
7. 为什么要设置关键工作中心?关键工作中心一般有哪些特征?
8. 企业主要的数据类型有哪些?各自的组成与特点是什么?
9. 建立初始的数据环境一般经过哪些步骤?

零售企业数据化管理

一、案例项目背景

A 公司是某市主要大型连锁超市公司之一,下属 20 个门店,门店面积从 1 000 平方米至 3 000 平方米不等,分布在该市市区和下属各镇,有一个大约 8 000 平方米的配送中心和 500 平方米的总部办公室。年营业额近 3 亿元人民币。A 公司连锁经营,统一管理,统一采购,由配送中心统一配送的商品约占 80% 的比例。

A 公司现有电脑管理系统已使用三年,具备前台收银、门店管理、配送中心管理和总部管理的网络管理功能。但系统运作状况一直不好,A 公司和系统供应商互有抱怨,A 公司系统的主要使用人员如采购、店长等对系统很不信任,认为系统经常出错,功能不足,更没有办法相信电脑中的数据。A 公司的管理人员说:"他们当时说,用上系统之后就什么都知道,结果我们用几年,仍然是什么都不知道。"当时 A 公司的系统供应商是一家国内较大型的专业零售软件公司,国内也有许多用户在使用该系统供应商的软件,其系统相对比较成熟。

后来 A 公司董事会为了提高管理规范化水平,聘请独立管理顾问 Mr.John 以该公司副总经理的身份主持该项工作。通过一段时间的分析论证，Mr.John 认为没有高质量的数据信息作为支撑是不可能达成规范化管理要求的，于是数据化管理就被确定为提升 A 公司管理的突破口，并将随后的工作分为两大阶段进行：数据清洗和整理；数据化管理工作的展开。

二、数据清洗和整理阶段

数据清洗和整理阶段的工作目标是提高数据信息的质量，重点解决数据的准确性、及时性和数据清洁度的问题。这个阶段工作共分为五个步骤进行。

1. 强化树立系统数据维护观念

Mr.John 在系统使用上强调，系统数据是需要使用者认真维护的，系统数据的质量问题多数是由于管理原因而不是系统原因。使用者按照操作规则使用，如果发现系统出现无中生有、数据丢失、算法错误等系统错误，Mr.John 愿意给发现者 5 万元奖励。同时 Mr.John 也和系统供应商达成协议，如果发生上述系统错误，系统供应商愿意赔偿 50 万元。最终打掉系统使用者一遇到问题就归咎于系统原因的思维惯性，强调系统日常的数据维护，增加管理者对系统的信心。

2. 加强管理者系统使用培训

Mr.John 在总部拉出 20 多个系统终端，对所有各类应用人员如店长、采购等轮流集中培训，实机操作，大胆接触和使用系统，随意浏览各种功能，消除使用者对系统的陌生感。同时，利用系统权限设置，预先设置各类人员的使用权限，让使用者清楚地了解自己的功能权限范围，要求受训者在几天时间内熟练掌握。实用有效的培训为后期系统使用打下了基础。

3. 提高系统数据的准确性和及时性

现有系统的主要问题是数据不准确，使管理者失去了对系统的信心，导致系统使用失败。提高数据准确性先从严格盘点作业开始，同时制定和严格执行单据管理和作业记录制度，使盘点差错率下降到 0.5% 以下，然后根据盘点结果逐步更新系统存货数据。经过连续几次盘点作业，Mr.John 使大家看到并相信系统的准确性。

在数据准确性达成之后，Mr.John 开始强调数据的及时性，说明系统数据及时更新的重要性。一般来讲，数据传输不及时的原因在于有关人员认识和责任心不高，因此提出了相关管理要求。

4. 系统数据垃圾清洗

在上述工作的基础上，Mr.John 开始着手安排改正和清理系统垃圾资料，如负进价、负毛利和负库存商品；一年已经没有进货和销售的商品资料；已经撤销的供应商档案；重码、错码、分类错误的商品资料等。同时，安排财务部门全面审查系统中的价格信息，规定了改价的审批和修改责任人制度。

另一方面，全面核定系统使用人员的权限和个人密码等设置，使整个系统的数据和基本资料设置达到了"干净和清洁"的管理要求。

5. 制定了完整的系统使用和数据维护制度

经过几个月的系统数据整理和清洗后，A 公司管理人员对系统应用已比较熟练，他们在工作中也会主动运用系统进行查询、制作简易报表等支持日常工作。

三、数据化管理工作的展开

当系统数据质量足以支撑管理要求时,Mr.John 以目标管理的方式,引导企业将系统数据大量应用于一些企业关键管理问题的解决上去,数据化管理工作逐步展开。

Mr.John 在和企业中高层管理人员多次反复讨论筛选之后,确定了一些企业多年遗留的老大难问题,并以此阶段性的管理目标,限期解决。这些问题包括:①历年积压的滞销商品太多;②门店对 75% 的商品到货率很不满意;③没有一项总体控制指标来反映采购人员是否在争取最低进价及其成效;④无法掌握每个供应商的销售和毛利情况;⑤重点商品(A 类商品)没有明确划分,也得不到重点管理;⑥系统中的毛利率长期不准,导致无法向相关业务部门和门店下达利润目标和其他经营指标;⑦新商品的引进没有评价依据。针对这些核心管理问题,Mr.John 组织设计了一套管理报表,报表按照不同的管理职位(例如部门经理、采购员、店长等)和天、周、月的类别划分,本着 20/80 法则,将每个管理职位常用报表数量基本控制在 6—8 张。

KPI 指标和报表设计之后先由电脑部试用两周,然后对其中的数据指标含义、准确性和重要性等进行深入分析,最后确定。KPI 指标和报表定稿后,A 公司又对每一个使用者再次进行培训,详细讲解各种指标和报表的含义,强调这些数据都是现实经营水平的反映,各管理人员有责任改善这些指标。

通过新的 KPI 指标和报表,许多管理人员发现许多难以置信的事实,例如三个月内无销售的单品竟达 1 000 多种;实际到货率只有 75% 左右;一年累计采购金额不超过 10 万元的供应商竟有近百个,等等。

经过半年左右集中清理,上述管理问题得到明显改善,历年积压商品全部得到清理,新的滞销商品能够及时发现和处理,不再过多地占用货架和资金;门店商品到货率平均达到 85%,重点商品到货率保持在 95% 以上;Mr.John 根据业务需要,运用了进价指数的新指标,衡量总体商品采购进价下降幅度,结果整体采购进价降低了 0.3%;对所有供应商进行了合理调整,供应商数量由 800 多个压减到 500 多个;确定了 A 类商品的范围,对大约 1 000 种商品实行采购、配送、门店销售的全过程重点管理,A 类商品销量提高约 10%;系统的毛利率、毛利额等数据可以直接提供给财务部使用,实现财务数据的无缝链接,并可以对门店和采购部门下达毛利指标;对新商品引进制定了规范管理体系。

通过近一年的数据化管理工作的开展,A 公司的多数管理人员都意识到了系统数据的应用价值,学会了运用系统数据帮助自己的工作开展,减少了部门和人员之间的扯皮推诿,为 A 公司内部精细化管理奠定了基础。

资料来源:http://www.21food.cn/html/news/12/253506.htm.中国食品商务网.

案例思考题:

1. 如何理解 A 公司"使用系统前什么都知道,使用系统后什么都不知道"的现象?A 公司又是怎样解决这一矛盾问题的?成效如何?

2. 结合案例谈谈你是如何理解数据管理的重要性的。

第 3 章

ERP 计划方法与管理内容

学习目标和要求

1. 认识企业计划管理的目标和作用；
2. 了解制造业生产计划体系和 ERP 计划层次；
3. 熟悉 ERP 的采购、库存、生产、销售等模块的管理职能和业务流程。

导入案例

云南白药厂 2000 年开始上线 ERP。2015 年 8 月，云南白药荣登中国制造企业协会主办的"2015 年中国制造企业 500 强"榜单。

在实施 ERP 前，云南白药集团有初步的计算机系统，但是这些系统由于一些设计或开发上的问题，使得集团未能实现信息流的统一集成。存在的主要问题有：缺乏全局总体系统规划设计，信息集成度不高；系统内部控制功能不强；软件集成化程度不高，各子模块数据分离，相互之间不能做到无缝连接；不能适应现代审计和财务管理的要求，业务系统没有充分保留和提供审计线索的功能，与财务系统分离，财务人员不能对业务做到实时监控；软件重组性差，不能适应企业流程重组的需要；授权与控制机制不完善，职能不明确等。

ERP 项目实施后，其成果已经在财务、生产、库存等方面得到体现：加强了企业生产的计划性，基本上杜绝了手工生产计划模式下的排产随意性，变为制造中心按集团内部订单安排生产任务单，使得公司的生产更加贴近市场的需要；提高了企业采购的针对性，降低原材料的库存；提供严格的物料消耗手段，有效降低车间的物料消耗；规范了公司各业务的流程。生产成本降低 10%，销售收入增加 14%。

ERP真是企业管理的灵丹妙药吗？ERP计划管理的作用是什么？管理的内容又有哪些？

资料来源：http://doc.mbalib.com/view/5336183a1152c5b844ae048ffa19e1e5.html。

3.1 企业目标与计划

现代管理学之父彼得·杜拉克有句话："并不是有了工作才有目标，相反，而是有了目标才能确定每个人的工作。所以，管理者应该通过目标对下级进行管理。企业的使命和任务，都必须转化为目标。"

企业目标即企业愿景，是企业心之向往的未来的生动图画，是企业发展和创新的基点。它把企业组织的资源和供应链提供的资源结合起来，去创造市场所需的产品。竞争力是把无形的愿景转化为有形的计划和活动，从而使愿景得以实现的组织和技术能力的总和，包括创新能力、市场和销售能力、设计和开发能力以及生产制造能力等。

愿景和竞争力体现在计划之中。计划指为了实现组织的既定目标所预先进行的组织活动预计和筹划的管理工作。计划是管理的四项本质功能中的第一项，其他三项是组织、激励和控制。计划是企业运营的核心，没有计划就没有控制。尤其在市场竞争越来越激烈的情况下，企业要生存、要发展就必须面对市场很好地计划自己的资源和各项生产经营活动。

计划管理是企业为实现生产目标，运用计划手段对生产活动所进行的管理。狭义的计划管理以产品的生产过程为对象，广义的计划管理则以企业的生产系统为对象。前者的管理内容仅限于生产过程之中；后者的管理内容则涉及整个生产系统，包括资金、原料、设备、人力、能源、生产、质量、销售、市场、服务等。

计划管理的作用很多，其主要表现为在科学预测的基础上，可以为企业的发展方向、发展规模和发展速度提供依据，制定企业的长远规划，并通过近期计划进行实施；能根据市场需求和组织能力，编制企业的年度、月度计划，使生产经营活动和各项工作在企业统一的计划下协调进行；可以充分挖掘及合理利用企业的一切人力、物力、财力，并使之在时间、数量、空间上能合理配合，不断改善企业的各项技术经济指标，以取得最佳的经济效益；通过计划工作的表格化、工具化、量化，推动企业各项管理工作的规范化、程序化、步骤化，使企业高效有序地运作。

知识链接

计划管理的三个关键要素

计划管理要解决的问题，不是数据，不是年终的考核指标，更不是文本。计划管理要解决的是目标和资源之间关系是否匹配的问题。计划管理就是要目标与资源的关系处于匹配状态。因此，计划管理由三个关键元素构成，即目标、资源以及两者的关系。

目标是计划管理的基准。计划管理在管理理论中也被确认为目标管理,目标管理的实现需要三个条件:第一,高层强有力的支持;第二,目标要能够检验;第三,目标要明晰化。

资源是计划管理的对象。计划管理事实上是管理资源,而不是管理目标。很多人对于计划管理的理解多是与目标联系在一起的,通常会认为目标是计划管理的对象,其实计划管理的对象是资源,资源是目标实现的条件。

目标与资源之间的匹配关系是计划管理的结果。也可以说两者是否匹配是衡量计划管理好坏的标准,当所拥有的资源能够支撑目标的时候,计划管理得以实现;当资源与目标不匹配时,要么会浪费资源,要么会不切实际地开展生产。

3.2 ERP 计划方法

纵观那些世界级的企业,我们会发现这些企业的一个最显著的特点是它们都有一个以计算机为工具的有效的计划控制系统。这是现代企业生存和发展的必要条件。ERP 就是这样一个以计算机为工具的、有效的计划与控制系统。

案例 3-1

魏文王问名医扁鹊:"你们家兄弟三人,都精于医术,到底哪一位最好呢?"扁鹊答说:"长兄最好,中兄次之,我最差。"文王再问:"那么为什么你最出名呢?"扁鹊答说:"我长兄治病,是治病于病情发作之前。由于一般人不知道他事先能铲除病因,所以他的名气无法传出去,只有我们家的人才知道。我中兄治病,是治病于病情初起之时。一般人以为他只能治轻微的小病,所以他的名气只及于本乡里。而我扁鹊治病,是治病于病情严重之时。一般人都看到我在经脉上穿针管来放血、在皮肤上敷药等大手术,所以以为我的医术高明,名气因此响遍全国。"文王说:"你说得好极了。"

事后控制不如事中控制,事中控制不如事前控制。ERP 计划管理的价值就在于此。

资料来源:李震.ERP 原理、应用与实践.北京:清华大学出版社,2012.

3.2.1 制造业生产计划方式

1. 生产计划的必要性

计划是指对将要做的事情所做的预先的安排。它通过将企业在一定时间内的活动任务分解给企业的每个部门、每个环节和个人,从而不仅为这些部门、环节和个人在该时期工作提供了具体的依据,而且为企业总体经营目标的实现提供了组织的保证。生产计划则是指对企业将要进行的生产活动做预先的安排,生产计划的制订对企业生产任务的实现和整体经营目标的实现都有着非常重要的意义。

制订生产计划是实现企业经济效益目标的重要手段。提高企业经济效益是企业经营活动的主要目标。为达到这一目标，必须加强计划管理，为使企业在经济上得到整体满意的效果就必须制订整体计划。企业的各个部门、各个环节、每个职工都要服从整体计划安排，局部利益服从整体利益，才能保证企业经济效益目标的实现。

制订生产计划是现代企业生产的客观要求，现代工业企业的生产过程是由成千上万的劳动者在高度分工的基础上共同协作完成的。要保证生产过程协调、连续、有条不紊地进行，就要求企业有一个统一而周密的计划来组织指挥各项工作，使企业各个部门的技术、生产、经济活动相互联系、相互制约、相互促进。

案例 3-2

在美国大约 40%的啤酒的消费是由 AB 公司提供的。该公司通过对下属工厂、劳动力、库存量的平衡来匹配需求的波动，从而获得设备的高利用率。设备高利用率的有效措施是：精心安排每个批量的衔接；高效的设备维护；员工的高生产率；高效的设备作业计划。综合计划为 AB 公司带来竞争优势。

资料来源：http://www.docin.com/p-474123690.html。

2. 生产计划的内容及主要类型

生产计划工作的主要内容包括调查和预测社会对产品的需求，核定企业的生产能力，确定目标，制定策略，选择计划方法，正确制订生产计划、库存计划、生产进度计划和计划工作程序，以及计划的实施与控制工作。

在一定规模的工业企业中，生产计划工作由一系列不同类别的计划组成。这些计划按计划期的长度分为长期、中期、短期计划三个层次。它们之间相互紧密联系，协调配合，构成企业生产计划工作的总体系。

图 3-1 表示了这三层计划的组成以及各种计划之间的联系。

（1）长期计划。长期计划的长度一般为 3—5 年，也可达 10 年。它是企业在生产、技术、财务等方面重大问题的规划，提出了企业的长远发展目标以及为实现目标所制订的战略计划。它包括产品与市场发展计划、资源发展计划及生产战略计划和财务计划等。制订长期计划，首先要结合对经济、技术、政治环境的分析，做出经营发展的预测，然后确定企业发展的总目标，如在总产量、总产值、利润、质量、品种等方面的增长速度和应达到的水平。战略计划则要确定企业的经营方向和经营领域、产品门类和系列、体现竞争战略的产品质量和价格水平以及市场渗透战略，这些就是产品与市场发展战略。接着，制订资源发展计划。它要确定实现企业发展目标和战略计划所需要增加的生产资源和相应的生产方式的变革以及生产能力发展的规划。长期计划中的财务计划将从资金需要量和投资回报等方面对以上各种计划的可行性和经济有利性进行分析，使这些计划在财

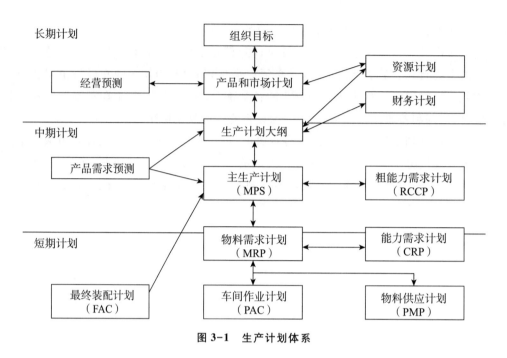

图 3-1 生产计划体系

务上是可行的,并且是有效益的。

(2) 中期计划。中期计划的时间期一般为一年,或更长一些时间。它就是通常的年度生产计划。中期计划的内容主要包括生产综合计划和主生产计划两种。

生产综合计划规定企业在计划年度内的生产目标。它用一系列指标来表示,以规定企业在品种、质量、产量和产值等方面应达到的水平。其编制依据是对产品需求的预测及长期计划对当年提出的任务要求。它的作用是通过总量指标来核算检查全年的生产能力能否满足需要,以便对任务与能力进行平衡,并使达到平衡的计划保证应有的经济效益。

主生产计划是将生产综合计划具体化为按产品品种规格来规定的年度分月的产量计划。这种计划一般每隔半年编制一次,也可以按更短的时间周期进行滚动更新。制订出产品生产进度计划之后,仍需要进行生产能力的核算平衡,以保证计划的可行性。但在这一层上,生产能力核算和平衡都是粗略的,只分车间,或按设备大组(大类)的总台时与人员的总工时去检查和校核生产能力,故属于粗能力需求计划。当然,检查生产粗能力的同时,也要检查其他资源的供应能力,如原材料、能源、外购配件、运输等的供需平衡情况。

(3) 短期计划。短期计划的计划期长度在 6 个月以下,一般为月或跨月计划,它包括物料需求计划、生产能力需求计划、总装配计划以及在这些计划实施过程中的车间内的作业进度计划和控制工作。

物料需求计划是将产品出产计划分解为构成产品的各种物料的需要数量和需要时间的计划,以及这些物料投入生产或提出采购申请的时间计划。总装配计划就是最终产品的短期生产进度计划。生产能力需求计划即通常所说的设备负荷计划。它根据零件的工艺路线和工时定额,来预计各工作中心(设备组)在各时间周期中应提供的生产能力数量;然后经过与实有能力的平衡,编制出车间的生产作业计划。车间内的作业计划工作包括作业分派、调度和生产进度的监控与统计工作。对外购的物料则编制物资供应计划,并对其实施进程控制。

3. 生产计划的主要指标

企业生产计划的主要指标从不同的侧面反映了企业生产产品的要求。

(1)产品品种指标。产品品种指标是企业在计划期内生产的产品品名、型号、规格和种类数。它涉及"生产什么"的决策。确定品种指标是编制生产计划的首要问题,它决定企业的行业类型及产品方向。

(2)产品质量指标。质量指标是企业在计划期内生产的产品应该达到的质量标准。其中包括内在质量与外在质量两个方面。内在质量是指产品的性能、使用寿命、工作精度、安全性、可靠性和可维修性等因素;外在质量是指产品的颜色、式样、包装等因素。产品的质量标准是衡量一个企业的产品能否满足社会需要程度的重要标志,是企业赢得市场竞争的关键因素。

(3)产品产量指标。产量指标是企业在计划期内应当生产的合格的工业品实物数量或应当提供的合格的工业性劳务数量。产品的产量指标常用实物指标或假定实物指标表示。如钢铁用"吨",发电量用"千瓦·时"等表示。产品产量指标是表明企业生产成果的一个重要指标,它直接来自企业的销售量指标,也是企业制定其他物量指标和消耗量指标的重要依据。

现代市场竞争还要求制定相应的成本、生产周期、交货期等方面的指标。

知识拓展

生产计划四要素

生产计划有四个要素,即品种、数量、时间、工艺。这四个要素决定了生产计划的四个功能。首先是定产功能,即确定生产什么;其次是定量功能,即确定生产多少;再次是定时功能,即确定何时生产;最后是定性功能,即确定怎样生产。

生产计划通常用表格描述,表 3-1 是某某服装公司 2 月份服装生产计划表,表中所列出的品种、数量、时间、工艺要素看起来似乎很简单,但实际上生产计划的编制是比较繁杂的,可以说是一个小型的系统工程,需要有一定的条件、流程和方法。

表 3-1　某某服装公司 2 月份服装生产计划表

编号	样衣号	品名	原料	工艺	准备	数量	包装	生产单位	负责人

4. 生产计划的对象

企业不同阶段的生产计划,其计划对象也不尽相同。

(1) 单个产品或零部件项目。这是生产计划最细微的层次,是作业计划和生产控制的对象,它与存货控制中的存货单元的概念是互相对应的。在流程型企业中,这种单个项目可能是一个产品品种;而在制造装配型企业中,这种单个项目通常只是一种零件或是一种材料,它有自己特殊的规格,可能是某种产品的上千种零件中的一种。

(2) 产品或零件族。这是具有相似特征和相似制造工艺的产品或零件组合。在应用成组技术的生产系统中,它是一个成组加工单元,或是成组生产线所能加工的零件范围;在存货控制系统中,它是一批同时订货和补充的存货单元组合,例如同一种质地,但图案和颜色不同的布料。产品族因其内在工艺的相似性,可作为一个计划单元看待。

(3) 产品类,又称为产品系列。归入产品类的产品具有类似的季节性需求变化特征和近似的生产率,从而在中期生产计划中无须再做进一步区分,而作为一个基本单位来编制计划。

3.2.2 ERP 系统的计划层次

ERP 包括五个计划层次,即经营规划、销售与运作规划、主生产计划、物料需求计划和车间作业控制。

经营规划表述企业的愿景,其本身并不能完成什么。要实现经营规划,就必须逐步分解经营规划,得到战术级的操作计划,指明为满足客户需求必须做什么及其优先级。于是上述五个层次的计划实现了由宏观到微观、由战略级到战术级、由粗到细的深化过程。越接近顶层的计划,对需求的预测成分越大,计划内容也越概括,计划展望期也越长。越接近底层的计划,需求由预测变为实际的客户订单,计划的内容也就越具体、详细,计划展望期也越短。

在五个计划层次中,经营规划和销售与运作规划带有宏观规划的性质。主生产计划是宏观向微观过渡的层次。物料需求计划是微观计划的开始,是具体的详细计划;而车间作业控制是进入执行或控制计划的阶段。每个计划层次的计划时段、主要计划内容和编制依据如表 3-2 所示。

表 3-2 ERP 计划层次综述

计划层次	计划期	主要计划内容	主要编制依据	能力计划
经营规划	3—7 年	产品开发、市场占有率;销售收入、利润;经营方针策略;基建技改措施	市场分析 市场预测 技术发展	关键资源、资金、关键材料等
销售与运作规划	1—3 年	产品大类、产品系列;平衡月产量;控制库存量或拖欠量	经营规划 销售预测	资源需求计划提出增添能力方案

(续表)

计划层次	计划期	主要计划内容	主要编制依据	能力计划
主生产计划	3—18周	最终产品；独立需求型物料计划	生产规划合同；预测	粗能力计划；落实MPS
物料需求计划	3—18周	产品分解零部件；相关需求型物料计划；确定订单优先级	主生产计划；物料清单；工艺路线；库存信息	能力需求计划；提出能力调整措施
车间作业控制	1周	执行计划；确定工序优先级；调度；结算	MRP CRP	投入/产出控制

企业的计划必须是现实和可行的。任何一个计划层次都包括需求和供给两个方面，也就是需求计划和能力计划。ERP系统正是仅仅抓住这个最基本的供需矛盾，用模拟的手段逐层进行计划和调整，充分利用信息反馈，实现供需平衡。每一个计划层次都要回答以下三个问题：①生产什么？生产多少？何时需要？②需要多少能力资源？③有无矛盾？如何协调？

每个层次都要处理好需求与供给的矛盾，平衡需求与供应是ERP的一个基本原则。做到计划既可落实可行，又不偏离经营规划的目标。上一层计划是下一层计划的依据，下层计划要符合上层计划的要求。整个企业应遵循一个统一的计划，即所谓"一体化计划"，既有宏观与微观计划的统一，又有销—产—供计划的统一、物料与资金计划的统一，这是ERP计划管理的核心精神。

把经营规划作为计划与控制的最高层次，说明ERP内部集成系统对企业经营战略的高度重视，一切都服从于企业的经营战略。企业的信息化战略一定是服务于企业的经营战略的。

3.3 ERP管理内容

3.3.1 采购管理

采购是购买生产产品所需的原辅材料、劳务所进行的计划、实施、控制和分析等一系列活动的总称。采购管理的目的是科学地规范企业的采购行为，建立稳定的供货渠道和通畅的供应链体系，选择合适的供应商，以适当的质量、恰当的数量、适当的价格从市场获得较好性价比的物资及劳务，保证企业生产经营的高速运转并获得较好的经济效益。

采购管理在企业生产经营流程中的地位十分重要，一般制造企业物流时间为总时间的90%，产品成本构成中60%—70%与采购业务直接相关，因此做好采购管理工作是降低产品成本的主要途径；采购计划准时完成是销售订单及时交付的保障；良好的供应商管理对企业尤其重要，只有供应商顺畅地供应物料，才不会造成停工待料；而进料品质的稳定，是提高产品品质的前提；交货数量和交货期的准确，是保障公司对客户的承诺基础;对当前许多敏捷制造模式的装配型生产企业,供应链管理的水平甚至决定了企业发展的速度。

采购管理的职能主要有制定采购策略、加强供应商管理、采购基础管理、采购业务管理、采购订单管理与采购统计分析,具体内容如下:

1. 制定采购策略

制定采购策略就是通过跨部门的运作,对不同供应商采取差异化的策略、方法、业务流程及政策规则,以期降低公司采购的物料、商品及服务的总成本,并经由系统化的流程建立,达到持续改善的目的。

企业在制定采购策略时往往要成立矩阵式组织,成员包括采购、生产、财务、技术、质量等专业人员,分析市场行情,掌握本企业生产经营活动物资需求情况,把握采购物资和供应商、外加工单位等市场资源动向,收集供应商信息和采购价格信息,结合采购业务交易信息进行分析,经过反复论证,制定最终策略。一般包括整合供应商数目,将各业务单位数量集中,将不同商品项目数量合并,比较总成本,考虑相关成本,重新议价,扩充供应商来源,开发新供应商等。

2. 加强供应商管理

通过对供应商日常交易信息的统计分析,对供应商进行定期评价;将供应商评价结果与采购政策挂钩,对供应商进行激励、督促和淘汰,以培育企业持续、稳定的供应商群体,建立企业稳固的供应链体系。供应商激励具体包括增减采购份额、提高或降低付款优先级、警告、限期整改、淘汰等,实现优质优价、优质优供、优质优付款,与供应商建立互惠共赢的战略伙伴关系,保证企业生产经营过程顺利进行。有效的供应商管理可以极大地改进工业企业的运作效率,如缩短生产周期、提高生产效率、减少库存、加快资金周转、增强对市场需求的应变力。

供应商管理的工作内容包括供应商选择与评审、供应商考核评价、供应商优化等。

首先,供应商选择是确定供应商供货资格。全面了解供应商信息,科学、公正地进行初审和评价是建立供货资源的基础,也是建立技术、品质同步发展的战略伙伴的第一步。供应商评估要素包括技术水平、工艺设备状况、产品质量水平、生产规模和供应能力、价格、地理位置、可靠性、售后服务、提前期、交货准确率、快速响应能力。

其次,供应商考核评价是日常管理的主要工作内容,目的是了解供应商的表现、促进供应商改进,并为供应商奖励、供应商优化提供依据。供应商日常管理的主要内容是质量、供应和经济三方面信息的统计和对比分析。

另外,供应商的优化是根据日常管理的数据和中长期采购策略思考所采取的淘汰、集中、互通信息、双方更深介入(共同产品设计、工艺改进)等措施,双方建立紧密的战略伙伴关系,共同进步发展,使企业供应链始终保持行业领先水平。

3. 采购的基础管理

采购的基础管理工作主要是与采购相关的标准化,以期建立规范、高效的采购流程。

采购标准化包括文件模板和期量标准。采购标准化也是采购管理信息化建设的基础。

采购文件模板是针对不同供应商、不同类型物料、不同采购方式建立不同的采购合同模板,用于方便、快捷、规范的合同签订,防范采购风险;建立供应商日常管理、绩效评价的工作流程、模板和标准体系,以规范企业对供应商管理的要求。

采购期量标准是根据不同供应商、各种物资采购过程经历的时间,确定不同供应商、不同物资的最大采购周期、最小采购周期和平均采购周期;根据生产经营及物资供应方情况确定采购的经济批量,并根据实际情况变化及时进行调整;根据企业的物料消耗水平确定各种物料的最大库存量、最小库存量和安全库存量。采购期量标准是制订采购计划的重要依据。合理的期量标准是确定采购间隔期,满足安全库存,减少运费和仓储费用,保障生产供给,降低采购成本的基础。

4. 采购业务管理

采购业务管理是针对日常采购工作运行全过程的管理。其内容包括请购计划、采购计划、订单管理、验收入库、退库处理等。企业采购战略的落实,供应链体系的建立和优化,供应商管理和激励政策的兑现等都必须在采购业务执行过程中实现。

(1) 请购计划。请购计划是采购活动的第一个环节,在请购过程中,要由使用部门直接提出所需物料明细和用量,经过部门领导审核后报采购部门,采购部门对使用部门的物料需求进行合并和汇总,作为制订采购计划的依据。请购管理可以控制越权或超范围请购。

(2) 制订采购计划。采购部门根据各使用部门的物料需求,结合库存情况编制各种原材料和零部件的采购计划、零部件的委托加工计划,以保证产品生产的需求;连续不间断生产类型的企业可根据安全库存、订货点等信息产生采购需求。辅助材料、低值易耗品、修理用备件、办公用品等可将请购项目合并产生采购需求,需求汇总产生采购计划。采购计划是保证当期采购物资同生产需求在结构和总量上平衡、资金流出和流入匹配的关键环节。在实施了信息化管理系统(ERP)的企业中,采购计划是企业统一的计划体系中的重要环节。ERP 系统根据企业主生产计划、产品结构和库存数据,按照 MRP 的计算方法,编制出采购计划。

(3) 询价管理。物品的价格信息除了收集各供应商的报价,查询企业历史采购价格,还可以从各种媒体上收集有关物品的报价并长期积累,建立价格监控查询体系,帮助企业设立采购限价,同时可以了解市场价格的变化情况和趋势,结合各种价格进行比价采购。

(4) 采购方式选择。企业按照重要程度、采购难易程度、价值大小对采购物资进行分类管理,便于企业针对不同物料类别采取相应的采购方式提高采购工作效率、降低采购成本。

5. 采购订单管理

在采购活动中,企业和供应商的交易依据是双方共同签署的采购合同。采购订单的物料明细来自采购计划。为了保护企业利益，首先，企业应该根据不同物料、不同采购方式制定规范的合同模板；其次，要制定不同授权级别的审批流程，因为合同签署是控制采购活动的关键，通常企业领导在合同上签字时，对合同涉及的物品单价、供应商的选择是否合适，只能根据采购部门的汇报来决定，缺乏可供正确决策的数据，因此，准确的价格情报、客观合理的供应商信息，对合同的批准是至关重要的；另外，订单管理的重点之一是采购订单的执行跟踪，目的是确保按照订单的要求保质、保量、准时交付。

企业日常经营中可能出现由于供应方生产组织、运输、天气等因素产生的延迟交付或提前交付，从而会给生产经营带来如延迟交付等的不良影响。因此，跟踪采购业务进展情况，控制采购业务进度，出现异常情况及时报告相关部门或人员，并制定相应的应对措施避免企业损失。保证订单执行的质量是企业实现准时制生产的重要环节。

6. 采购统计分析

在现代企业管理中掌握信息就掌握了经营的主动权，采购管理的每个环节都需要准确的数据进行评价，也需要翔实的数据进行分析，找到管理的短板，响应市场变化，建立具有行业竞争力的供应链体系，提高企业核心竞争力。

企业的采购统计分析一般包括以下内容：

（1）采购计划完成情况分析。供应商/物料/采购员的采购计划（订货/交付）完成情况分析、上述内容的采购业绩的同期比较。

（2）供应商业绩评价和分析。供应商供货的数量、价格、准时交付率、质量、响应能力。

（3）应付账款账龄分析。客户应付账款的账龄结构。

（4）采购费用分析。不同物料/供应商的采购成本和费用分析。

（5）价格分析。不同时期各原料产地的采购价格（平均价格、最高价格、最低价格）、公司的实际采购价格（平均价格、最高价格、最低价格）；各种原料在不同地区、不同季节的采购价格；各种运输方式的运费价格、各种原料的历史价格、当年各月份供应商报价、平均交易价格；各种原料不同采购批量的价格分析等。

（6）采购员业绩分析。了解采购人员在一段时间内的采购物品、对应的供应商、采购数量、价格、金额、当时企业的计划价、最高限价等，据此对其进行激励、优化和提升。

3.3.2 库存管理

库存管理是物料管理的重要组成部分，狭义的物流管理指企业内部库存之间的物料流转过程及相关事项的管理。存货是企业在经营过程中为销售或生产耗用而储备的资产，包括库存中、加工中和在途的各种原材料、燃料、包装物、产成品以及发出商品等。企业为了保证生产经营过程的连续性，必须有计划地购入、耗用和销售存货并保证有适量库存满足生产流转的需要。

库存管理是物料管理中的一个核心问题，其业务处理同技术、质量、采购、生产、销售、财务等部门密切相关,承载着管理流程中计划执行、监督、反馈和校正等重要职能;存货管理的水平、数量及质量影响着成本核算的真实、准确。另外,库存成本在企业总成本中占了相当大的比例,如企业物流成本占营销成本的50%,其中存货费用大约要占35%,而物流成本又会占产品全部成本的30%—50%。在美国直接劳动成本不足生产成本的10%,并且还在不断下降,全部生产过程只有5%的时间用于加工制造,余下的95%时间都用于储存和运输。因此,如何实施正确的库存管理模式和策略,达到存货管理的基本目的,即在对顾客承担义务的同时实现最大限度的低库存保障、加速物料流转、提高企业运营效率和效益是目前企业十分关注的课题。

库存管理的一般职能为减少超额库存投资、降低库存成本、保证资产安全完整、防止延迟或缺货、减少呆滞商品。库存管理职责的具体内容如下:

1. 做好仓库管理基础工作,确保仓库物品的账、卡、物三者一致

仓库管理的基础工作包括批次、货位、ABC 管理、指定安全库存标准等。基础工作是仓库运用科学方法和手段进行精细化管理的前提。

批次管理是入库物料同订单的匹配,即对每一批量同时生产的物料在入库时设定唯一的批号。设定批次管理的目的是保证产品生产过程和原料投入的质量追溯和商品召回制的实行。例如,目前在药品销售领域严格实行国家统一标准的 GSP 管理,生产领域实行 GMP 管理,使药品管理可追溯到产品的流向、产品的生产过程和每一批投入的产品原料,对于提高产品质量、保障人民生命安全起到重要的作用。一些汽车生产企业也实行了产品召回管理方式,任何一个零部件出现问题就要召回该批次的所有汽车,进行技术改进,并追究零部件生产厂商的责任。实行批次管理不仅对分清责任、避免客户损失有重要的作用,对于追查原因、进行质量改进、提高企业对客户诉求的快速反应能力也具有十分重要的作用。

货位管理是对仓库的存储空间进行分隔,并对每一分隔单位设定唯一编号。货位管理是货物实行先进先出的基础,也为提高货物摆放、盘查、配送等实物管理水平起到重要作用。

批次管理结合货位管理是应用信息化对库存实物实现精细化管理的基础,它能够使管理者一目了然地知道什么时间入库、谁生产的某批物资、放在什么地方,管理者就可以准确地按照先进先出规则发出货物,又可以准确地核算投入生产的实际成本,还可以随时跟踪和追溯质量问题,通过数据的积累还可以提供供应商管理和质量改进的数据。

ABC 分类管理是依据重要性原则对物料进行的分类管理。一般将品种数较少、占用资金较大的物料定义为 A 类;品种数较多、占用资金较少的物料定义为 C 类;其他的定义为 B 类。这样就可以对关键的品种实行重要性管理方式,而对次要的品种实行一般的管理方式,将有限的资源投入关键的部位,以较少的管理成本投入并获得较好的效果。也可将库存物品按所占资金分成三类,并分别采取不同的采购策略、存储策略和管理办法,尤其是对重点物品施行重点管理的原则。

安全库存是一种额外持有的库存，是为了应对企业的计划变更，保证企业正常生产而设置的库存保有量。它作为一种缓冲器用来补偿在订货提前期内实际需求量超过期望需求量或提前期超过期望提前期所产生的需求。安全库存越大，出现缺货的可能性越小；但库存越大，会导致剩余库存的出现。应根据不同物品的用途以及客户的要求，将缺货保持在适当的水平上，允许一定程度的缺货现象存在。安全库存的确定是建立在数理统计理论基础上的。安全库存的量化计算可根据顾客需求量固定、需求量变化、提前期固定、提前期发生变化等情况，利用正态分布图、标准差、期望服务水平等来求得。

2. 物料入库

做好物资入库工作，保证入库物资与采购任务单、发运单一致，质量合格，数量相符。对于出现数量不符、质量不合格的物资，如果需要让步放行，应办理相关手续，同时协助采购部门做好退换货、索赔工作。

由于前面所述市场经济影响下产生了实物和所有权不同步的复杂状况，入库的因素就包含了正常采购入库、货到票未到暂估入库、代管库入库、下游步骤退货入库等多种因素，在办理入库手续时就要标明，还要在仓库区分不同区域进行管理，并分别建立台账。

物料入库的一般流程是按照采购订单收货，清点到货的供应商、物料种类、规格和数量，将物料摆放在待验区域。填写检验申请单，连同物料取样一起送交质检部门检验。根据检验结果对收到的物料进行处置：检验合格的物料办理物料入库手续；达不到质量要求的物料要求采购员进行退货/换货。

物料入库流程的管理关键点：一是按订单收货把物资入库同订单密切联系起来，就使物流管理流程同采购管理流程连接起来，供应商管理的结果能够落实在订单的配额中。二是收货和入库分为两个环节的目的是质量把关，很多企业收货和入库为一个环节，也没有待验收隔离区，管理混乱造成跨过检验环节进行生产投入，待生产加工后发现质量问题，给企业带来很大的损失。

3. 物料出库

与生产物资领用人及销售部门密切配合，做好物资的出库工作，保证出库及时，数量准确。物资的出库包括生产投入领用、产品销售发出、寄售发出等方面内容。

物料出库的一般流程是根据生产订单的产品用料的要求进行发料。企业的物料领用分为两种方式，即批量配送和按单领用。

物料出库流程的管理关键点：一是制造业在生产领用时一般实行配送模式和限额领料的管理。配送模式是把生产线零部件提前配套准备的职能放在仓库，仓库作为配送中心不但负责储存、分拣和理货、配货和分放、倒装和分装、装卸搬运、送货，还负责整个供应链的情报工作。配送中心在物流间起衔接作用，这种衔接不但靠实物的配送，也靠情报信息的衔接。二是限额领料是制造业定额管理的主要组成部分，是通过仓库进行成本控制的重要方法，另外通过限额领料管理进行定额消耗差异分析，对不断完善材料消耗定额也有十分重要的作用。

4. 物料退库

退库物资分为生产过程中的退货和销售的退货两种情况：生产过程中的退货是加工过程中由于订单的更改、技术图纸改变、质量问题、计划不准确等原因产生的退货；销售退货是订单改变或出现质量问题产生的退货。退货处理一般要经技术检测（或服务）后将物料连同退货单一起到仓库退货，仓库保管员接收退货物料，同时要依据检验报告的结果进行下一步转储处理。

由于退库是物流和业务处理同主营业务流程的逆向运动，影响因素相当复杂，往往处理起来十分棘手，稍有拖宕就会一方面形成呆滞物资，另一方面造成责任追溯落空，还会影响客户的满意度，导致企业形象受损。因此，企业不仅要及时地进行退库处理，还应该建立退库原因的统计分析体系，分类型进行跟踪累计，用于对上游工作质量评价考核，同时还可以尽快找到关键的改进方向，便于采取相应措施，使管理得到提升。

5. 盘点

定期对库存物资进行盘点工作，出现盘盈、盘亏情况时应分析原因。盘点作业的目的：确定现存量，并修正库存；检查商品储存管理情况，发现潜在的问题；对库房管理水平进行评估，发现管理上的问题。

库存资产是企业资产的重要组成部分，又是生产经营全过程的蓄水池，所以库存物资账、卡、物必须保持一致，数据的适时、准确、真实对生产组织、订单及时交付、市场产品销售至关重要，因此定期进行盘点、对账、查找原因、盈亏及时处理是十分必要的。

6. 呆滞物资处理

定期进行各种物资的库龄分析，及时发现呆滞物资，分析产生原因，确定责任部门和责任人，及时上报相关部门；呆滞物资处理报告经相关领导审批，由呆滞物资处理部门通过出售、代用、置换、报废等手段处理，及时化解不良库存；同时，追溯形成原因，完善相关业务流程，追究相关人员责任。

呆滞物料指物料存量过多，耗用量极少，而库存周转率极低的物料。对良好状态的原材料、外购件及外协件，存储超过3个月，在以后的生产中没有机会使用或者很少使用的；对成品、半成品，凡因质量不符合标准、在制或制成后客户取消订单、过多库存等因素影响，储存超过1年以上的，都算作呆滞物料。产生呆滞物料的原因分为外部原因和内部原因，外部原因比如客户更改或取消订单，供应商送货质量问题，客户退货等；内部原因主要有工程变更，过量采购或错误采购，试验或生产材料剩余等。

7. 统计分析

库存管理的统计分析包括安全库存额度、库龄分析、代用料分析、供应及时率等。利用库存业务处理的信息，运用统计学方法，是企业进行数字化管理的重要组成部分。物流是企业经营流程的实物显现，企业运营过程中很多控制点都在仓库业务处理之中，这些信息非常宝贵，从中能够得到规律性和趋势发展的走向。

总之,传统的库存管理希望解决的基本问题是:何时订货和订多少货,旨在"保障供应而储备量最小";而现代的库存管理关注的重点则增添了"在哪里存货、存什么货、货物种类及仓库如何搭配"等新内容,其根本目标是谋求"通过适量的库存达到合理的供应,使得总成本最低"。现代企业运作对库存管理提出了更高的要求,管理者必须依靠科学的方法和信息技术保证企业物料的供应和产品的分配像流水线一样顺畅,使库存周转更加迅速。

3.3.3　生产管理

产品制造过程是制造业企业经营活动的基础。产品制造是将原材料等投入转化为企业产品的过程,包括产品的加工、包装、设备维护、检测等。这一活动的本质,是输入向输出的转化。生产管理目标是使用企业可利用的资源(物料、设备、技术、供应商等),以合适的物料、适当的质量、适当的时间、适当的数量和适当的成本为市场提供客户满意的产品和服务,为客户创造价值的同时为企业创造经济利益。

传统的制造业的生产管理是以大规模生产模式为基础的。以福特汽车为代表的汽车制造业开创了大规模生产模式的先河,这种生产模式的主要目标是高效率和低成本。随着社会商品越来越丰富,人们选择商品的余地越来越大,客户在商品交易中占据了主导地位,传统的生产模式和管理方式正在受到越来越严峻的挑战。

对客户需求多样性的快速响应能力和制造资源的网络化环境,对企业生产管理提出了更高的要求,无论是发包企业还是接包企业,都必须对自己可控的制造资源有越来越强的管理和控制能力。现代制造业企业的生产管理目标是以低廉的成本、合适的质量,按时、按量提交市场需要的产品。生产管理的重点是统一的计划体系,统一调度企业的制造资源,提高产品的准时交付率;同时,充分发挥资源的效能,降低生产成本,为企业创造良好的经济效益。

企业生产管理的职能主要有生产计划制订、生产过程管理、生产统计分析和设备管理、质量控制。具体内容如下:

1. 生产计划制订

企业的产品制造过程是将各种原材料、辅助材料通过一定的工艺制造和装配,转化为客户需要的产品,是一个非常复杂的过程。这个过程涉及企业产品研发和工艺设计、物料采购和配送、生产组织、外协委托加工、设备管理、质量检验和控制、库存管理等,只有多部门、多个管理环节通力协作才能完成这一复杂过程,任何一个环节的延误都会造成生产过程的停滞,因此统一的计划体系对于企业是非常重要的。

企业统一计划体系的关键点是各个计划的统一性和相关性。企业统一的计划体系是以销售计划为源头、以主生产计划为核心的计划体系,如图3-2所示。

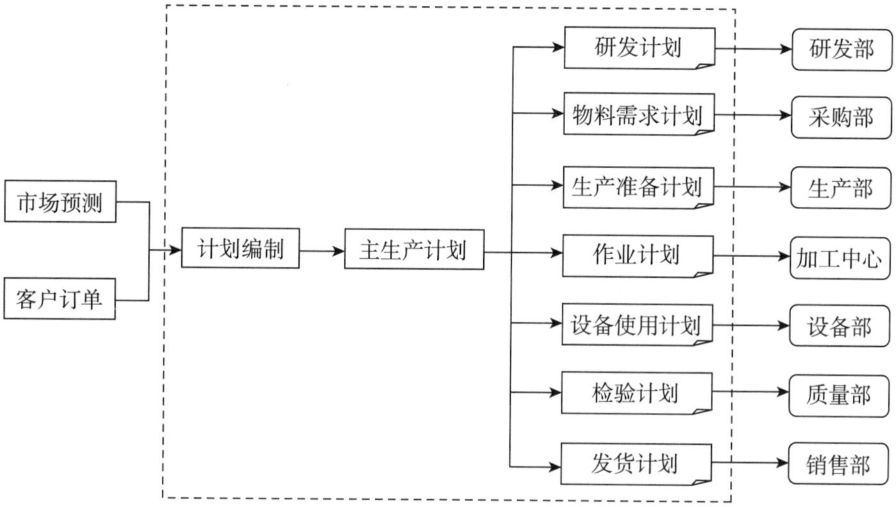

```
市场预测 ┐
         ├→ 计划编制 → 主生产计划 →┬→ 研发计划    → 研发部
客户订单 ┘                          ├→ 物料需求计划 → 采购部
                                    ├→ 生产准备计划 → 生产部
                                    ├→ 作业计划    → 加工中心
                                    ├→ 设备使用计划 → 设备部
                                    ├→ 检验计划    → 质量部
                                    └→ 发货计划    → 销售部
```

图 3-2　企业统一的计划体系

生产的要素是物料、设备和人工,它们都是时间的函数。就生产部门而言,就是按照工艺路线,将物料放在指定的设备上,使用适量的人工和时间完成产品的制造任务,这就是车间或加工中心的作业计划。为了保证作业计划的可行性,在计划下达前需要对生产能力和需求进行平衡。能力平衡是将主生产计划和各种生产资源连接起来进行统筹平衡的过程,将市场对产品的需求转化为对各车间或加工中心生产能力的需求,发现生产能力的瓶颈所在,在对需求和能力平衡的基础上,制订切实可行的生产计划。能力平衡又分为两个层次,即粗能力平衡和细能力平衡。粗能力平衡是针对主生产计划的,从企业整体的能力判断生产的瓶颈所在,提出切实可行的制造、委托加工的解决方案;细能力平衡是针对作业层次的,根据每个工作中心的物料需求计划和各物料的工艺路线,对各生产工序和各工作中心所需的各种资源进行精确计算,得出人力负荷、设备负荷等资源负荷情况,然后根据工作中心各个时段的可用能力对各工作中心的能力与负荷进行平衡,编制各生产单位切实可行的制造计划。

在编制生产作业计划的同时,企业的其他管理部门要按照主生产计划分别编制原材料和辅助材料的采购计划、物料配送计划、能源供应计划、设备使用计划、质量检验计划和产品发运计划等。

统一计划体系的难点是计划的协调和调整。在市场和客户需求瞬息万变的经营环境中,客户订单和市场需求的变化是经常发生的,企业的生产计划也要随之变化。因此,计划变更和调整也是计划管理的重要内容。生产部门接到销售部门订单或销售计划调整的信息后,要根据调整项目的紧急程度,合理地安排订单项目的插入、终止、数量和进度调整。对于调整幅度较大的项目和加工中心,还需要进行能力需求平衡,以保障调整计划的可执行性。

统一计划体系的基础是生产管理的期量标准。要进行科学的能力平衡,必须建立一套完整的期量标准。与生产计划有关的期量标准包括产品结构(BOM)、工艺路线、工时定额及材料消耗定额。

2. 生产过程管理

生产计划下达后,各加工中心进入作业计划的执行阶段。在这个阶段,生产管理的主要内容就是对计划执行进度的跟踪和控制。计划跟踪是以生产订单为主线的,跟踪各生产订单中的产品在投料、加工、装配和入库等各节点的执行情况,与计划进度的偏差,采取对应的措施,确保产品按质、按量、按时的提交。目前大多数企业计划跟踪和控制的主要手段是现场调度和生产调度会。

企业生产管理部门一般都设有专职的生产调度进行各作业环节的进度控制和现场协调。生产调度是一些对工艺、设备熟悉且实践经验丰富的管理人员,他们按照生产计划的要求,落实各产品或零部件的完成进度、在各环节物料的流转情况,发现计划执行的偏差和造成阻塞的环节,采取措施督促薄弱环节的执行进度。在国内许多企业,特别是一些管理信息化基础薄弱的企业,现场调度成为企业生产进度控制的主要手段。生产调度会是跨部门的生产进度的协调,解决物料供应、生产单位之间的流程衔接,解决影响生产总进度的关键资源和存在问题。生产调度会一般由生产管理部门或企业生产主管召集,由计划、生产组织和相关部门参加。

生产调度和进度控制需要生产进度信息的支持。企业生产进度信息主要来源是生产工人的工票。生产调度(或班组长)根据作业计划,向每个工人下达工票,安排每个班次的工作任务。工票的主要内容包括:

(1) 零部件名称、加工工序、工艺图号。
(2) 使用的设备、加工数量、工时定额。
(3) 使用材料/规格、领用数量;生产工人完成生产任务后,按照实际情况填写。
(4) 领用原材料的材质、规格和数量,材料批次。
(5) 加工的实际数量、实际使用的工时;质检人员对完工产品检验后,填写检验结果。
(6) 检验方法、检验数量、合格数量、不合格项目和数量。

工票包括了生产过程的加工、设备、工时和质量信息,是以后生产统计和分析的最完整、原始的信息。

在对产品质量有严格追溯要求、生产批量大的企业,也有采用物料流转卡对加工零部件进行跟踪。流转卡在材料领用时建立,一直跟随零部件实物沿工艺路线向后流转,直至零部件加工完毕入库为止,全程记录产品的加工过程。

3. 生产统计分析

生产统计分析是在生产过程信息的基础上,对企业生产管理的各环节的业绩进行评价,找到管理的不足,促进管理的不断改进,以建立快速的市场响应能力,提高企业核心竞争力。

企业的生产统计分析一般包括以下内容:

（1）生产计划完成情况分析。分生产单位/产品的生产计划完成情况分析、生产完成情况的同期比较。

（2）生产工时统计分析。各产品零件各工序的定额工时、实做工时、工时完成率。

（3）材料利用率统计分析。各产品零件的定额数量、实际领用数量、材料利用率。

（4）产品质量统计分析。各产品/零件的交检数量、合格数量、合格率；缺陷原因、缺陷部位、责任单位/人及各种分类的数量和价值。

（5）成本分析。各产品分生产步骤的成本计划、实际成本、成本完成率；各产品的成本结构；各产品的原材料、人工成本价格、产量对成本的影响。

（6）设备使用统计分析。设备的台时利用率、设备完好率等。

其中，工时和材料利用率统计的结果对于不断完善企业的生产期量标准有重要的意义，只有根据各种标准的统计结果不断修订期量标准，才能使标准更加贴近实际，保证计划体系编制的科学性和可行性；产品质量的统计结果可以对产品和工艺设计、质量、设备和生产等方面的管理改进提供全面、翔实的信息。

4. 设备管理

生产设备是制造业企业最主要的生产资料，设备加工能力是衡量一个企业生产能力的关键指标。设备管理是为企业生产部门提供满足生产工艺要求的制造装备，提高设备的使用性能和效率。企业设备管理主要包括以下内容：

（1）设备规划和布局。根据企业的发展战略确定企业设备更新和改造的计划，合理规划设备的布局和配套加工能力，为企业持续发展提供制造装备。

（2）设备购置、使用管理和处置。根据设备更新计划选购新设备；对现有设备进行归口管理，包括设备启用、移动、封存、转让和报废处理等。通过建立设备管理台账，详细记录每台设备的启用、移动、封存、转让和报废信息。

（3）维修备件的采购和管理。包括备件采购计划、采购实施和备件库的库存管理。

（4）设备维修/保养计划编制和设备故障分析。根据设备的使用情况，编制每台设备的大中小修计划和日常保养计划；维修计划的实施落实和质量验收。通过建立设备维修台账，详细记录每台设备使用过程中各种故障出现的频次和频率，设备维修记录的统计分析可以为设备维修计划和备件采购与管理提供信息。

（5）设备使用过程的统计分析。评价设备使用水平的关键指标有：设备完好率、设备利用率、设备故障率、工作中心的工序能力指数、设备折旧率等，应用设备管理台账和维修台账信息以及生产统计信息对设备的使用情况进行分析，对于及时采取相应措施、提高设备对生产的保障十分必要。

5. 质量管理

质量管理是为客户提供产品使用价值的根本保证，也是企业的信誉和社会责任所在，质量控制是与生产管理相关的重要内容。制造业企业的产品质量通过两个途径来保障。首先，企业要根据对产品的质量承诺建立质量保证体系，包括质量目标、质量方针和质量管理体系,从机制上提供产品的质量保障;从技术层面上,需要根提产品的特点和质量要求,建立完善的产品质量检测体系,包括检测技术、检测标准、检测方法和管理制度。

制造业企业的质量检测贯穿于从物料进厂到产品售后服务的产品生产和服务的全过程。通过对各不同阶段的质量检验信息进行分类统计分析,为企业各管理环节提供管理改进的依据。

(1)材料检验。按照质量标准对供应商提供的各种物品(原材料、辅材料、委托加工件、外包件)进行检验,提供检验报告,作为企业接收、退货或让步接收的依据。材料检验的质量信息是供应商管理的重要依据。

(2)零件检验。按照工艺路线和质量标准对产品制造过程的各种零部件进行检验,提供检验报告,作为移交、返修和报废的依据。零件检验的质量信息可以为产品和工艺设计、设备管理、车间管理的改进提供重要依据。

(3)成品检验。按照产品质量标准对最终提交的成品进行检验,提供检验报告,作为成品入库和拒收的依据。成品检验的质量信息可以为产品和工艺设计、设备管理、车间管理的改进提供重要依据。

(4)缺陷产品检验。对客户使用产品过程中出现的质量问题进行甄别和检验,提供检验报告,作为责任划分、对客户赔付的依据。缺陷产品检验的质量信息可以为产品和工艺设计、销售服务、车间管理的改进提供重要依据。

3.3.4 销售管理

销售管理是企业产品和服务价值实现的核心环节,在市场经济条件下销售管理显得尤为重要。市场销售管理部门是连接客户的终端,也是企业对市场变化和客户反映最敏感的部门,承担着调研市场需求的职责,引导企业产品设计方向与生产管理,确定生产的主要产品产量及合理的产品结构;力求最大程度满足客户不断变化的需求,采取正确的营销模式销售产品并及时回款。销售工作处于企业经营价值链运转的龙头地位,销售工作的好坏对企业的生存和发展起着至关重要的作用。

企业销售管理的主要管理职能包括市场营销管理、客户管理、产品管理、销售业务管理和内部管理五大管理职能。

1. 市场营销管理

市场营销管理包括销售预测及计划和市场营销策划两方面内容。

(1)销售预测及计划

销售预测及计划是企业营销及产品战略制定的前提,是营销工作的重要职责。制订销售计划是建立企业经营计划体系的龙头,因为规模企业只有在计划标准和通盘规划之下,才能实现企业资源的充分利用,才能保障企业有序经营与持续发展。

科学的市场分析预测需要了解国家有关政策法令及市场发展变化趋势:客户需求的变化;竞争对手经营状况及发展趋势;与产品相关的信息(相关技术发展状况、替代产品发展状况等），在此基础上结合企业本身的经营状况及历史信息制订企业短期销售计划及运营计划。销售计划及运营计划是企业计划体系的核心，是制订其他配套计划的龙头，是企业经营管理的标准，是整合企业资源的工具。

(2) 市场营销策划

市场营销策划是通过科学的管理，运用正确的方式（即广告媒体、会议及多种市场活动、促销手段等），针对某品牌、某区域、某产品、某类客户群所采取的宣传、促销、让利等刺激购买欲望的方法，达到利用较少的投入取得最佳效果的目标。

在激烈的市场竞争中正确的营销策略尤为重要，选择投入产出效果最好的营销方式需要大量的信息积累，例如针对某产品选择合适的媒体广告，如果能利用历史信息锁定客户群体，查询曾经在电视、杂志、广播、报纸、网络等媒体使用过的营销手段，并且掌握不同媒体广告所带来的销售业绩变化及市场反应的后滞时间；还要了解不同的广告媒体在不同区域达到的实际效果，那么根据销售计划的增长幅度采用适合的方式，在预计的时间内达到满意的目标就是件容易的事了。但目前众多企业由于管理手段的滞后，缺少信息平台，在没有数据根据的前提下做出的决策很难取得满意的结果。因此，企业非常需要关于客户、产品、历史营销方式投入产出效果、市场响应的后滞时间等全方位的信息支持，以便制定正确的营销策略，并对执行及时跟踪，科学地评价营销方案。

2. 客户管理

客户管理是销售工作的重心，客户是企业最重要的资源，满足客户需求是企业永恒的主题。客户管理的目的就是开发新客户，维持老客户，充分掌握客户信息，并且从不同角度分类，有针对性地采取措施满足客户需求，从而实现企业和客户共同价值的最大化。

客户管理重要的内容是对客户进行分类，即对客户类型从多个视角进行分类：

(1) 按行业或区域进行客户分类，便于企业进行行业或区域性特点的分析和有针对性的服务，同时有利于企业销售组织的对应设置。

(2) 按不同销售方式分类，如直销、分销、连锁、超市、电子商务等，便于企业观察市场营销方式的变化，从而及时采取相应的措施适应市场变化。

(3) 按客户的不同属性分类，公司客户可以按性质、规模、信用度等分类，个人客户可以按地区、年龄段、收入水平、职业、会员等级、客户价值等进行分类，从而将企业有限的资源聚焦在重点开发的客户上，提升客户满意度和忠诚度。

(4) 从广义的市场角度分类，包括商业客户、终端客户、竞争对手、潜在客户等，为制定销售运营规划提供依据。

(5) 从客户来源类型分类，包括直接联系、客户推荐、广告、展会、促销活动、培训等，为营销广告选择媒体提供参考。

(6) 从客户生命周期分类，包括潜在客户、发展中客户、活跃客户、停滞客户、流失客户，为企业开发新客户以及日常关怀维持老客户提供依据。

(7) 根据客户购买金额及给企业带来利润情况将客户分为 VIP 客户、较高价值客户、普通价值客户、应淘汰客户,针对不同价值客户采取不同的销售政策,将有限的资源投向重点客户。

不同的分类方法针对不同的管理目的,可以同时使用两种或更多的交叉分类,细化客户种类,使销售工作有的放矢、全方位满足客户需求。

客户管理还包括客户信用评价、客户满意度评价、客户忠诚度评价、客户价值评价等,通过客户评价,可以帮助企业和业务员进行客户甄别,重点发展优秀客户,淘汰没有价值和信用差的用户;通过满意度评价,可以找出企业的不足之处并加以改进。

3. 产品管理

企业通过合理的产品生命周期结构和科学的产品系列结构来实现满足市场需求的产品最佳组合。合理的产品生命周期结构就是要做到建立合理的产品梯队,使主导产品进入衰退期以后能够有新的主导产品支撑企业发展,从而避免企业大起大落,保持企业的持续经营和发展。建立科学的产品系列结构是按照产品特点的相近程度对产品进行分类、分层次管理;分类推出主打产品,通过主打产品建立品牌带动连带产品。不同产品特性需要运用不同的营销方式,包括经营思想、市场销售、服务传递方式等。

分析研究企业现有产品的生命周期,从而针对不同的周期阶段采用不同的产品策略:

(1)如何改进老产品、扩大产品新用途和创造新用户;

(2)如何根据市场的需要,大力开发新产品,保证产品的升级换代,以利于提高产品的适应能力和竞争能力;

(3)如何设计产品的品牌和商标,进而提高包装质量,以新的包装设计吸引用户;

(4)如何确定最合理的产品库存,既要保证满足市场,又要利于加速资金周转,避免产品的脱销和积压;

(5)对竞争产品进行比较和分析,提出提高本企业产品竞争力的措施。

4. 销售业务管理

销售业务管理是对销售业务的全过程进行管理,包括销售线索和机会管理、订单交付、回款和应收账款管理、售后服务管理和销售分析等。

(1)销售线索和机会管理。在销售过程中,首先是对销售机会的管理,任何一个潜在客户、任何一个销售机会,从一个阶段向下一个阶段的升迁都需要一定的时间,并有一定比例的潜在客户流失,从而形成一个销售按阶段发展的销售管线。

销售管线(也叫销售漏斗)是科学地反映机会状态以及销售效率的一个重要的销售管理模型。通过对销售管线的分析可以动态反映销售机会的升迁状态,预测销售结果;通过对销售升迁周期、机会阶段转化率、机会升迁耗时等指标的分析评估,可以准确地评估销售员和销售团队的销售能力,发现销售过程的障碍和瓶颈;同时,通过对销售管线的分析可以及时发现销售机会的异常,便于及时采取措施,提高销售机会实现销售订单的比例。

(2)订单交付管理。与客户签约后,进入订单交付流程处理(见图3-3)。先审核该订单客户是否在应该享有的信用控制额度内,如果超出信用额度,应该立即停止订单的执行,避免出现经营风险;如果符合信用控制额度,应开出发货单,办理产品出库,开具正式发票并及时发运,同时登记销售收入和应收账款明细账。当客户收到货物及发票后,应及时索取发票及货物收到回执,同时按照合同规定回笼货款。在企业管理水平较低的状态下,销售业务流程的每个关键点都会影响经营效率和效果。

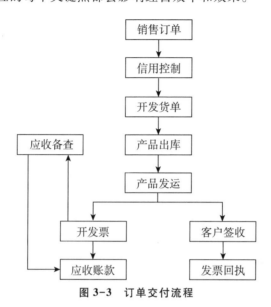

图3-3 订单交付流程

(3)回款和应收账款管理。应收账款管理的目的是实现销售产品货款的尽快回笼,加速现金周转,提高资金使用效率,降低企业经营风险。回款和应收账款管理是销售管理的重要内容。

应收账款是由客户对企业延期付款造成的,因此可以看成是企业对客户的一种优惠政策。既然是优惠政策,自然要对不同的客户采取区别对待,否则便失去了优惠的意义;同时,应收账款意味着企业要承担风险。因此,企业有必要加强应收账款管理,对不同客户采取不同政策,达到降低经营风险的目的。很多企业由于管理不到位,应收账款居高不下,资金周转率低,严重影响了经营效果,究其原因是销售政策存在一些漏洞。比如,发货信用控制不严,对商业客户折扣政策执行不严等,因此企业应该采取以下措施:

● 建立严格的信用控制流程,对不同客户建立相应的信用额度和信用期限;
● 各级领导应享有不同的授权限额,并对经自己审批的发货承担相应的责任;
● 通过账龄分析和客户对账单,企业可以确定逾期账款的金额和比例,及时发现存在争议的应收账款,并采取相应的应对措施;
● 通过记录客户违规行为,对客户信用状况进行评价,对不同信用等级的客户确定不同的信用额度和信用期限,与信用良好的客户保持紧密联系,惩罚乃至淘汰信用差的客户,不断降低企业经营风险。

解决上述存在的问题,实现应收账款的精细化管理必须要有科学的方法和依靠先进的信息化手段。

(4) 售后服务管理。售后服务是企业为客户提供产品的价值保证。售后服务管理是企业对社会和客户承担的责任,是维持客户关系的重要环节,也是企业改进产品和服务的重要的信息来源。

客户投诉管理除了弥补客户服务的缺憾,维护客户关系以外,还有一个重要的目的就是通过对客户投诉反映出的产品和服务缺陷进行分析,找出企业在产品生产和服务流程中存在的问题,提出解决方案,改善生产和服务流程,进一步提高客户服务水平。

(5) 销售分析。对企业销售结果进行统计和分析,以达到对各级销售部门、机构和个人的工作绩效进行评估;根据统计分析结果调整企业的销售策略。

企业的销售分析一般包括以下内容:
- 销售管线分析,指销售线索的升迁、搁置、放弃、失败的统计、平均成功率;
- 销售计划完成情况分析,可以分部门/地区/行业/渠道/销售员/客户/产品进行销售计划(发货/收入/回款)完成情况分析、销售业绩的同期比较分析等;
- 客户分析,对新客户增量、老客户流失率进行统计分析;
- 产品流向分析,分部门/地区/行业分析产品销量和销售额;
- 销售毛利分析,对产品/客户的销售收入、成本、毛利和费用进行分析;
- 应收账款账龄分析,指分析客户应收账款的账龄结构;
- 重点客户跟踪,对客户购买的产品种类、各月份销售额、增长率、计划销售额、计划完成率等进行分析。

5. 内部管理

市场营销部门的内部管理包括销售员管理和费用管理两部分内容。

(1) 销售员管理。销售员管理是对销售业务员日常工作进行过程控制和业绩评价,并根据评价结果进行公平合理的奖惩激励,从而引导销售业务持续上升的管理工作。

企业制定公平合理的销售人员奖惩激励政策需要长时间、全方位的信息积累和多维度的分析,例如按照部门、业务员、区域、产品、客户、销售费用、时间等维度进行不同的组合,可以从部门或业务员的角度分析经营业绩、客户集中度、产品销售变化、销售费用收入比及增长情况,制定公平合理的政策。

如果没有先进的管理手段和扎实的管理基础,没有充分的依据拉开对销售人员奖惩差距,则只能采取变相大锅饭的方式进行管理,同时也无法推出优秀员工的单项奖励,从而严重影响销售人员工作的积极性,甚至导致优秀员工的流失。

(2) 销售费用管理。销售费用的投入是以获得相应的产出为目标的,这个产出最直接的体现就是销售收入的实现。通过进行费用投入产出分析,可以找出最有利可图的产品、地区,以及客户和效率最高的部门、业务员,从而提高费用使用效果。

费用投入产出分析可以按照公司、分部门、分产品、分地区、分业务员、分客户来进行。对于能够直接计入客户或者产品的费用直接进行费用归集,不能直接归集为客户和产品的费用在间接费用中进行归集,分别计算三类费用的单位销售额费用。

3.3.5 财务管理(自学)

财务管理是一种价值管理。一般认为,企业财务管理就是对企业资金运动全过程的管理,而资金运动就是企业生产经营活动的货币表现,财务管理以资金管理为中心,资金管理以内部财务控制为中心,这是市场经济的客观要求。

财务管理的性质决定了财务管理在企业管理中的地位和作用。首先,企业的生产经营活动,从实物形态看,表现为物质财产的不断购进、消耗、转化和售出;从价值形态看,表现为资金的不断运动。财务管理的对象是以价值形式表现的企业生产经营活动的全过程,所以财务管理是一种综合性管理,企业的各种经营活动都与财务工作有密切的关系。企业管理的目标是财务成果的最大化和企业价值最大化,是企业各项管理工作的出发点和归宿,各项工作都围绕着这个目标来进行,而企业目标的确定和实施过程中的信息反馈和目标实现程度的考核、评价都离不开财务管理,只有财务管理才有这种价值管理和综合管理的性质。由此可见,财务管理对企业价值链的基本活动起着强有力的支撑作用。

财务管理的主要职能包括会计核算管理、预算管理、资金管理、存货核算管理、应付账款和付款管理、成本核算与管理、销售和应收账款管理、固定资产管理、财务分析等。

1. 会计核算

会计是以货币为主要计量单位,利用专门的方法和程序,对企业经营活动进行完整的、连续的、系统的反映和监督,旨在提供经济信息和提高经济效益的一项管理活动,是经营管理的重要组成部分。随着市场经济环境的变化和企业的快速发展,对会计核算的管理模式和会计信息质量提出了新的、更高的要求,会计核算应当保证真实、客观、公允地反映企业的经营成果以及财务变动状况,满足投资者、债权人以及社会公众对企业进行监督并做出各类经济决策的需要,满足企业加强内部管理的需要。

会计核算工作流程如图3-4所示。

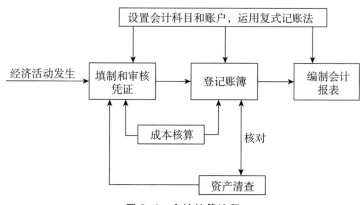

图 3-4 会计核算流程

会计核算是企业财务管理的基础,是在复式记账法钩稽关系控制下资金流对经营过程的货币诠释,相对于统计数据或其他业务数据更加准确、严密,而且会计报表是对经营结果的展现,企业经营结果数据和用于分析的技术经济指标大多来源于会计核算系统。

2. 预算管理

全面预算管理,是以企业整体经营目标为导向,通过编制全面的销售预算、生产预算、采购预算、费用预算、成本预算、现金流量预算、损益预算和资产负债预算,逐层分解具体指标,并提供全面预算的编制、预警控制、预算追踪及预算分析,从而有效地建立起管理控制体系,建立起对各经营部门的绩效考核体系,使整个企业的组织经营活动能沿着预算管理轨道科学合理地进行。

预算管理是一种全过程、全方位、全员的管理。企业的生产经营包括三大基本要素,即人、财、物。预算管理就是要对财、物的运行方式——资金流和业务流进行事前的规划,并按其责权范围落实到相应的责任人身上,从而实现三者的统一。因此,企业的全面预算管理至少应该由业务预算和财务预算两部分组成,两者缺一不可。

(1)预算编制。全面预算编制的方法多种多样。比如,根据预算编制所依据的业务量是否可变有固定预算和弹性预算;根据预算编制的时期有定期预算和滚动预算;根据预算编制的基础有增(减)量调整预算和零基预算。

预算的编制起点在预算内容体系中居于基准的地位,其合理性和准确性关系着整个预算体系的有效性。在市场经济环境中,销售是大多数企业的约束因素,因此大多数企业的预算都是以销售预算为起点的,编制过程如图3-5所示。除此之外,还有以利润为起点、以成本为起点的模式。

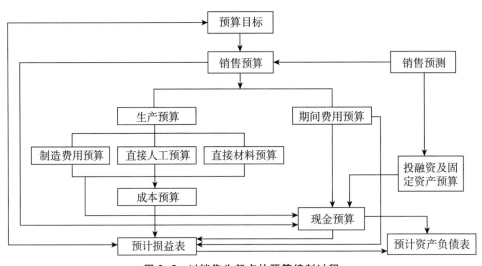

图 3-5 以销售为起点的预算编制过程

(2)预算反馈。全面预算的执行情况必须通过预算的报告系统向各管理层反馈。预算反馈报告应分别列示责任预算、实际完成数以及预算差异。同时,预算反馈报告还应按照重要性原则对差异额或差异率较大的项目进行重点分析,并写出文字说明。预算反馈报告的具体内容应根据不同的责任中心分别确定。

为了保证预算的顺利执行,各级预算单位还应定期召开预算例会,目的在于对照预算报告及时总结预算执行情况,计算并分析差异原因,提出改进措施。预算例会制度安排应根据预算反馈报告的频度而定。

(3) 预算分析。预算分析是对实际业务情况和预算数据进行对比,并确定差异、分析原因、总结经验教训。预算分析一般采用数量分析法。数量分析法是通过对比数据、因素替换等方法,达到找出差异、发现问题、分析原因的目的。数量分析法又分为比较分析法、比率分析法和因素分析法。

预算分析的内容包括销售收入预算差异分析、成本预算差异分析和利润预算差异分析等。

3. 资金管理

编制资金计划,使财务部门能够提前进行资金平衡。预算是对年度工作的整体安排,资金计划是对月度资金细化安排。资金计划是指企业货币资金收支计划,它是根据公司未来一定时期的销售、生产、开发、基本建设以及投资计划,预计这一时期内货币资金的收支状况,并进行货币资金综合平衡的计划。基于时间状态的资金计划对于企业正常经营具有重要的作用。资金是企业的血液,是企业赖以生存的根本。资金运转顺畅,则生产经营展现生机,资金运转受阻,则生产经营陷入困境。因此,运用现代管理手段,编制严密的资金使用计划,通过严格的控制实现资金计划准确执行,是合理使用资金、实现资金使用效率最大化的唯一途径。

加强资金管理,首先要强化资金的调度,集中调控资金流向。要使资金合理运行,必须统筹全局,集中调度。企业资金管理必须坚持预测、计划、控制、考核、评价,坚持量入而出的原则,合理安排投资方向、投资顺序和投资强度。首先,处理好固定资产投资和营运资金的结构关系。在安排资金计划时,必须先打足生产经营资金,避免出现生产经营资金缺口,防止挤占营运资金或举债购置、建造固定资产。尤其是非生产性固定资产的购建更应慎重决策。其次,狠抓资金回笼是疏通资金流动的主渠道。企业资金流入的主要渠道之一是销售货款的回收,企业财务必须进行适时安排,适时控制,减少和杜绝因财务管理和控制不严带来的经营困扰。再次,限储压库,盘活沉淀积压资金。最后,科学组织资金供应,合理确定资金筹集数量,控制资金融、投资的时间和方向,确保资金周转顺畅。

4. 存货核算和管理

存货是企业在生产经营过程中为销售或耗用而存储的各种有形资产,包括原材料、辅助材料、在产品、产成品和商品等。存货范围的认定,以企业对存货是否具有法定所有权为依据。企业的存货通常在流动资产或全部资产中占有很大的比重,存货数量和价值的计算直接影响到资产价值的真实性,存货的计价还会直接影响到当期和以后各期财务成果。

企业确定存货的实物数量通常采用两种方法：一是实地盘存法，二是永续盘存法。实地盘存是定期盘存制，即会计期末通过对全部存货进行实地盘存，以确定期末存货数量和价值；永续盘存是账面盘存制，即对存货项目设置经常性库存记录，分品名、规格设置存货明细账，逐笔记录存货的收入和发出。为了核实存货的账面记录，企业要进行实物盘点核对，盘点次数视企业内部控制要求而定。

由于存货流动过程中成本流转顺序和实物流转顺序的分离性，存货的成本流转要按照某种计价方法在期末存货和发出存货之间分配成本。企业常用的存货计价方法有个别计价法、先进先出法、后进先出法、移动平均法、加权平均法和计划成本法等。企业按照上述计价方法，进行存货核算。根据相关原始单据进行外购物资、外加工物资、产成品入库核算，生产领用物资、外加工领用物资、售后服务领用物资和产成品出库核算。

存货管理关系到企业大量的物料流动，业务量大、工作烦琐，不仅涉及企业资产的保全，还涉及成本核算的真实准确。物流、业务流、信息流的同步是核算的前提，由于经济环境的影响，一些个别业务处理方式影响了同步核算，这就需要针对代管库、寄售等特殊现象在核算中采取相应的虚拟库存或另外建账进行核算，另外对于货到票未到的情况应及时按照规定的暂估入库方式处理。

存货管理的主要方法是确定各种物料出、入库的流程，严格按照流程执行，并定期运用财务稽核方法进行检查、评价、考核。存货的财务稽核方法是定期核对总账同明细账的余额；核对财务明细账同仓库明细账的余额；采用明细—累进式方法抽查库存明细账同实物核对并记录；评价库存管理工作质量并考核。

5. 应付账款管理

应付账款管理同资金管理、采购管理、供应商管理密切相关，在财务管理中十分重要，对企业灵活运用资金、保持资金平衡、降低采购成本、激励供应商优质优供优付款等方面具有重要作用。因此，应加强应付账款流程和制度建设，规范地进行业务处理，管理好每笔应付账款，在适当的时机支付供应商货款，建立良好的企业信誉；严格控制付款，防止错付、漏付；不同级别的领导具有不同的审批权限，按照权限审批，只有审批后的单据才能付款，保证付款的安全性；付款方式灵活、多样，适应各种类型企业的付款管理；经常进行欠款、供应商、应付账龄分析等方面的分析；制定应付款管理策略，监控应付款处于合理水平，严格执行应付款管理制度，提高应付款管理水平。

6. 成本核算

成本核算及管理是根据生产过程中的相关原始单据进行直接材料归集、直接人工归集、制造费用归集和分配，核算每个项目或订单、每个组件的成本，按照统计口径进行项目总支出核算。同时，采用科学的方法对成本进行计划、执行、检查、评价、分析等全过程的管理，力求不断降低成本，提高企业经济效益。

7. 销售及应收账款管理

根据销售和售后服务过程中的相关原始单据进行销售核算,结转销售成本、确认销售收入,对服务过程中发生的成本和相关费用按照原始销售订单进行归集,核算过程中按照销售收入、销售成本、销售费用的预算进行跟踪和控制,核算数据同预算的差异要定期进行分析。根据销售过程中的相关原始单据进行应收账款核算,并办理收款、催款、对账等业务,定期进行应收账款账龄分析。

应收账款是企业采用赊销方式销售商品或劳务而应向顾客收取的款项,作为企业营运资金管理的一项重要内容,应收账款管理直接影响企业营运资金的周转和经济效益。如何监控应收账款发生以及如何处理企业的不良债权等问题,已经成为企业管理中不容回避的一个重大课题。

8. 固定资产管理

固定资产包括土地、房屋及建筑物、机械设备、运输设备、工具、仪表等。固定资产管理是企业管理中的一个重要组成部分,固定资产具有价值高、使用周期长、使用地点分散、管理难度大等特点。固定资产管理的关键点首先是资产的安全完整;其次固定资产使用效能的发挥同企业经济效益息息相关;固定资产的新旧程度及相关联的改造更新是保证企业经营和发展的基础。

固定资产管理包括固定资产购置、验收、资产增减、封存、报废、处置、计提折旧等进行账务处理,定期进行固定资产盘点。

严格固定资产购置流程,按照立项论证、授权审批、购入并安装、设备验收和付款各环节进行监督;加强固定资产的日常管理,严格按照不同类型的管理特点进行维护、修理、保养,保证资产的使用价值;严格固定资产报废处理制度,按照待报废固定资产的评估、报废、估价、出售、清理的流程进行把关,避免资产的流失;运用固定资产管理的信息,进行统计分析,发现规律,找出原因,采取相应措施,延长资产生命周期,充分发挥资产效能,提高资产使用效益。

9. 财务分析

财务分析就是以财务报表和其他资料为依据和起点,采用专门方法,系统分析和评价财务状况、经营成果和现金流量状况的过程。其目的是评价过去的经营业绩,衡量现在的财务状况,预测未来的发展趋势。财务分析既是财务预测的前提,也是过去经营过程的总结,具有承上启下的作用。

通过财务分析,可以了解企业偿债能力、营运能力、盈利能力和现金流量状况,合理评价经营者的经营业绩,以奖优罚劣,促进管理水平的提高。通过财务分析,不断挖掘潜力,从各方面揭露矛盾,找出差距,充分认识未被利用的人力、物力资源,寻找利用不当的原因,促进企业经营活动按照企业价值最大化目标运行。通过财务分析,了解企业获利能力、偿债能力,从而进一步预测投资后的收益水平和风险程度,以做出正确的投资决策。

企业可以根据自己的经营特点和管理要求,采用环比、同比、连环替代比的方法对当期财务指标的实现情况进行分析,观察当期经营绩效的增长情况,分析管理的差距,寻找经营中存在的问题。另外,还可以使用一些国际上通用的、成熟的分析工具和模型进行财务分析。

(1) 杜邦财务分析。利用各个主要财务比率之间的内在联系,按其内在联系加以排列,从而直观地反映出企业的财务状况和经营成果的总体面貌。

(2) 沃尔比重分析。把流动比率、负债资本比率等七项财务比率,用线性关系结合起来,并分别给定各自的分数比重,然后通过与标准比率进行比较,确定多项指标的得分及总体指标的累计分数,从而对企业的信用水平乃至整个企业的财务状况做出评价。

(3) 财务五力分析。从偿债能力分析、营运能力分析、盈利能力分析、发展能力分析、生产能力分析五个方面来评估企业经营绩效。

(4) Z计分风险分析。建立几组财务比率指标多元线性函数,并利用函数值的大小来判定财务危机的可能性。

现代企业在评价企业经营绩效方面,除采用传统的财务分析指标外,近年来又提出了经济附加值(EVA)、自由现金流量(FCF)和市场附加值(MVA)等财务指标。

3.3.6　成本管理(自学)

现代企业管理的目标是如何取得长期竞争优势,实现企业价值最大化。尽管企业可以采用不同的战略提高其竞争优势,但无论采用哪一种方式,都离不开成本管理,企业成本管理是企业管理的重要组成部分,是实现企业持续发展的一个必经途径。市场竞争主要是价格的竞争,而价格竞争归根结底是成本的竞争。因此,成本成为企业革新竞争能力的主要方面。

成本管理是在企业生产经营活动中,有组织地、协调地运用预测、决策、计划、控制、核算、分析、考核和检查等方法,在影响和形成产品成本的各个经营环节,对产品成本实施管理,以达到降低产品成本、提高企业经济效益的目的。产品成本的降低,不仅意味着资源的节约,使企业能够有效利用有限的资源制造更多的产品,也是增加企业盈利和资本积累的有效途径。同时,成本是反映企业生产经营工作质量和经济效果的综合尺度,成本管理的各种信息必将促进和带动各项管理工作的改进和完善。

企业的成本管理职能包括成本管理基础工作、成本核算、成本预测、成本计划、成本控制、成本分析、成本评价和考核。

1. 成本管理基础工作

成本管理的基础工作包括定额管理、原始记录、计量验收三方面的内容。

(1) 定额管理。定额管理指企业对各种原材料、工具、燃料动力的消耗,以及劳动工时、设备利用、物资储备、定额流动资金占用、费用开支等,都要制定先进、合理的定额,并定期进行检查、分析、考核和修订。定额管理是成本管理以及其他管理的基础,是一项复杂细致的工作,需要参考较长时间的历史数据积累,并不断修正才能保证定额的先进性、合理性、可行性。

(2) 原始记录。原始记录是企业最初记录各项业务实际情况的书面凭证。企业应根据生产特点和管理要求,建立简明实用、便于统一核算的原始记录制度和合理凭证传递流程。

(3) 计量验收。企业应建立健全各项财产、物资计量验收制度,并保持计量工具准确性,对材料、工具、在产品、半成品、产成品等的收发和转移,都必须进行计量、点数和质量验收。

2. 成本核算

企业的成本核算体系包括成本核算对象及成本核算方法、成本核算原则等方面的内容。下面仅就成本核算对象和方法做一阐述,关于成本核算的原则和流程可参考相关书籍。

企业成本核算方法与产品生产特点有直接的关系。制造业企业产品生产模式按生产工艺过程划分,可分为连续式生产和制造装配式生产两种,连续式生产可视为单阶段生产,制造装配式生产是多阶段生产;按产品生产组织形式划分,可分为单件生产、批量生产和大量生产三种类型。从企业成本管理的要求来看,可以分为按阶段核算成本和不按阶段核算成本两种。

产品生产特点和规律对产品成本计算的影响,主要表现在成本计算对象和成本核算方法的确定上。产品不同的生产特点和管理要求形成了三种不同的成本计算对象,并形成了单步法、分步法和分批法三种基本的成本计算方法。

(1) 大批大量、单阶段生产,或大批大量、多阶段生产,成本管理不要求进行分阶段核算成本时,以企业某月份生产的某种产成品作为计算对象,以单步法计算成本。

(2) 大批大量、多阶段生产,成本管理要求进行分阶段核算成本时,以企业各生产步骤某月份生产的半成品或产成品作为成本计算对象,以分步法计算成本。

(3) 单件小批生产,无论单阶段或多阶段生产,都以企业某件或一批产成品作为成本计算对象,以分步法计算成本。

为了适应准时制生产(JIT)和作业管理的要求,一种以作业为基础,通过对作业成本的确认、计量和计算产品生产成本的作业成本法,正在成为成本核算方法发展的重大变革。在作业成本法下,成本动因被看作作业,产品生产消耗作业,作业消耗资源和成本,生产成本和费用根据其发生的原因汇集到作业,计算出作业成本,再按照产品生产所消耗的作业成本计入产品生产成本。作业成本法既可以计算出产品生产成本满足损益计算的要求,又可以计算出作业成本满足管理的需要。一般而言,制造业企业的作业可以分为进货作业、生产作业、营销作业、发货作业和服务作业五个基本作业类型。

3. 成本预测

成本预测的基本内容是根据生产经营目标确定成本预测对象,收集整理成本数据和历史资料,分析可能影响成本水平的社会因素,按照技术经济分析提出降低成本的方案,根据目标利润、生产发展及消耗水平,测算目标成本。

企业应结合市场和用户调查,掌握市场信息,包括资源、价格、科技发展、产品品种、质量、销量等各种数据信息,并结合价值工程决定产品结构的优化组合,在此基础上,进行产品成本预测,确定目标成本,并以目标成本控制产品设计、工艺技术和生产的消耗,实现产品的最低成本。

4. 成本计划

为了保证产品目标成本和企业经营目标的落实,企业必须在制定降低成本措施、综合编制企业各专业计划的前提下,编制成本计划,开展经济核算,组织企业内部的成本管理。

编制成本计划应进行反复试算综合平衡,使其具有可行性、先进性与完整性,避免随意估计,产生保守或冒进偏差。成本计划中成本项目的内容、费用的分摊、产品成本的计算,必须和计划期内实际成本核算的方法口径一致,以便检查计划的执行情况。

企业的成本计划和费用预算的内容包括商品产品成本计划、主要商品产品单位成本计划和生产费用及期间费用预算。

5. 成本控制

企业将成本计划和目标成本的各项指标细化,层层分解,并对实际的生产消耗进行严格审核,保证有效地控制经济活动,实现成本控制,完成目标成本和成本计划。

企业成本控制的关键点和基本内容如下:

(1) 产品设计。产品设计和工艺设计确定了产品的结构、使用的材料和加工工艺,决定了产品生命周期中80%的累积成本,应该从产品设计阶段就关注产品的生产成本。

(2) 材料成本。从材料采购、价格、计量、检验、入库、领料、下料、用料、委外加工、回收等方面加以控制。

(3) 物料消耗。控制各种工具、刀具、量具等低值易耗品的消耗,建立限额领用和结合生产量浮动的考核制度。

(4) 人工成本。控制定编、定员,提高工时利用率和劳动生产率,及时解决停工、窝工问题,要控制工资总额的增长幅度低于经济效益的增长幅度。

(5) 费用控制。实行费用指标限额管理和考核制度,明确各项费用权责归属,严格费用支出审批手续,控制按计划和限额耗费。

(6) 生产投入。控制生产量的投入,包括投产周期、投产数量、预加报废、库存扣除等,保证按计划投产,确保均衡完成生产计划。

(7) 能源消耗。所有能源消耗实行定额管理和考核。控制能源消耗首先要从线路、管道方面划清耗能责任归属,安装计量仪表,减少跑、冒、滴、漏和大功率负荷空载现象,保证能源单耗的降低。

6. 成本分析

控制和监督成本计划和费用预算执行情况,进行成本和费用分析;运用现代化管理方法,不断提高企业成本管理水平。检查成本计划执行情况,查找影响目标成本升降的因素,揭示节约与浪费的原因,制定进一步降低成本的措施,企业必须在正确核算成本的基础上,开展成本分析工作。

企业成本分析应针对成本计划和目标成本与实际数的差异进行分析,内容包括:

(1) 成本计划完成情况的总括分析,如生产费用计划完成情况、全部商品产品成本计划的完成情况和可比产品成本计划降低指标完成情况等。

(2) 按成本项目进行分析,原材料项目要分析耗用数量的节约或超支情况和采购价格变动情况;工资费用成本分析,要结合工资费用总额与生产总量的变动情况;废品损失项目要检查废品率升降和大宗报废的主要原因。对亏损产品和利润下降幅度过大的产品单位成本,要深入查明原因,进行成本责任分析。

(3) 管理费用等相对固定费用,要按项目发生数结合归口管理部门责任进行分析,对成为企业成本指标有较大影响的费用超支项目还必须责成有关部门进行重点分析。

(4) 车间成本分析的主要内容,包括生产计划完成情况,原材料消耗定额完成情况,制造费用预算执行情况,小时工资费升降的原因等。

企业的成本分析可采用本期实际数与计划数对比,与上期数对比,与上年同期数对比,与同行业先进水平对比,以及因素分析法等。对于成本分析中提出的主要问题,要有整改措施和实施责任人,并列入成本分析会议决议,实行跟踪检查考核。

7. 成本评价和考核

定期对成本计划及相关指标的实际完成情况进行总结和评价,鼓励先进,鞭策后进,以监督和促进企业加强成本管理责任制,履行经济责任,提升成本管理水平。成本考核的形式是与各利润中心和成本中心签订成本责任书,定期对成本计划完成情况进行评价,将完成情况与管理者和员工的经济利益挂钩。成本考核的指标主要有全部商品产品实际成本比计划成本降低率、可比产品成本降低率、各种主要商品产品单位成本降低率、成本产值率以及相关的技术经济指标。

本章小结

企业目标体现在计划之中。计划是为了实现组织的既定目标所预先进行的组织活动预计和筹划的管理工作。生产计划,是关于工业企业生产系统总体方面的计划。

生产计划按计划期的长度分为长期、中期、短期计划三个层次。长期计划包括产品与市场发展计划、资源发展计划及生产战略计划和财务计划等;中期计划的内容主要包括生产综合计划和主生产计划;短期计划包括物料需求计划、生产能力需求计划、总装配计划以及在这些计划实施过程中的车间内的作业进度计划和控制工作。

ERP 包括五个计划层次,即经营规划、销售与运作规划、主生产计划、物料需求计划和车间作业控制。每一个计划层次都要回答如下三个问题：(1)生产什么、生产多少、何时需要？(2)需要多少能力资源？(3)有无矛盾、如何协调？

ERP 是企业规范化管理的有效工具，其主要管理内容包括采购管理、库存管理、生产管理、销售管理、财务管理和成本管理。本章简要介绍了各个管理模块的管理职能。

思考题

1. 计划管理的意义是什么？生产计划的主要类型有哪些？
2. ERP 系统有哪些计划层次？每个计划层次都解决什么问题？
3. 企业的采购管理、库存管理、生产管理、销售管理包括哪些职能？分别简述这些管理职能的要点。

案例分析

探究房地产企业计划管理

目前，房地产企业的计划管理，尤其是中小型房地产企业的计划管理，一般都是以项目计划为主线，项目总体计划为主计划，相应的支持工作为分项计划，包括设计计划、采购计划等。计划管理主要涉及计划制定、计划执行监督以及计划调整等内容。有些房地产企业的计划做得细致一些，有些做得笼统一些，还有一些企业通过 ERP 等 IT 手段来进行辅助，但大体的思路都差不多。但在运行的过程中，比较普遍的一个问题是，计划的落实程度差，很多企业甚至从一开始就延期，每个阶段都延期，以至于每个月在做月计划的时候都在调整计划，由此导致企业要花很多的时间精力来做计划调整，而且计划做的越细致，考虑得越周到，调整起来就越复杂，需占用管理人员的时间、精力就越多，进一步影响到计划的达成。一些企业甚至陷入为做计划而做计划的陷阱，计划管理不仅没有促进工作，反而影响到正常工作的开展。

房地产企业目前存在的问题，从本质上讲，就是过于关注"流程正确"，合理的流程是企业有效管理运营的基础，但流程正确不代表结果正确，很多企业学习标杆企业的做法，但实际效果却大相径庭。

资料来源：http://blog.ceconlinebbs.com/blog_article_194317.htm。

案例思考题：

1. 分析房地产企业计划管理现状及根本原因。
2. 请您提出几点关于改善房地产企业计划管理的建议。

第 4 章

经营规划和销售与运作规划

学习目标和要求

1. 了解经营规划的主要内容及制订主体;
2. 理解销售与运作规划的作用以及与经营规划的关系;
3. 掌握销售与运作规划的核心内容及编制流程;
4. 理解销售规划、产品规划、库存规划三者之间的关系。

导入案例

某大型制造类上市集团的成都公司是国内最大铁路轴承、风电轴承制造企业,产品涉及铁路轴承、风电轴承、工程机械轴承、炼钢四类产品,年产值为 15 亿元。

顾问公司对企业实施了系统的战略管理和经营规划调研,发现:

(1) 该企业作为民营企业的典型代表,没有书面的战略和经营规划,但经营者的方向感超级强,具有超常的执行力,所以公司在最近 6 年中得到快速的发展。

(2) 企业经营者每年在春节前回到集团总部,根据与集团董事长的沟通,确定成都公司下年度的大概产值目标、准备去做的新行业或新产品、公司扩张的大概思路。

(3) 企业经营层根据董事长的指示,开展日常经营管理工作,但没有系统的目标分解、年度策略规划等书面经营规划书来系统地指导成都公司的年度经营工作,靠的是经营层的执行力来推进。

(4) 公司的规模已经上 10 亿产值,由于没有系统的经营规划,已经严重地影响了成都公司最近几年的发展,特别是不能将集团董事长的想法转化为可落地的执行方案,导致公司最近 1 年在经营管理上出现一系列问题。

顾问公司根据初步的诊断调研结果,按照系统的流程开展了咨询工作:……

顾问公司并不是直接帮成都公司做一个年度经营规划,而是让企业中高管学会了做年度经营规划、提供了一套适合企业运行的工具来确保公司年度经营规划落地！咨询顾问的理念："授之以渔而不是授之以鱼。"所以在2014年年底,成都公司就用咨询顾问所教的方法完成了公司的"2015年经营规划"。

资料来源:http://www.joyher.cn/14687.html.

4.1 经营规划

ERP计划管理是从长远规划开始的,这个计划层次通常称为经营规划(business plan)。经营规划是企业的战略规划,是企业阶段性的发展目标和策略。主要内容如下:

(1) 产品市场定位,产品开发方向,预期的市场占有率;
(2) 预期的销售收入、利润以及资金利用率;
(3) 技术改造、厂房改建、扩建,预期发展规模以及在区域内的影响程度;
(4) 人力资源发展计划。

财务与经济效益方面的规划是经营规划的核心部分,因为企业只有实现财务目标,才能为经营规划中的其他目标提供资金支持,同时其他部分也为实现财务目标服务。财务目标在经营规划中通常用具体的金额来表示,比如销售收入应达到5亿元,企业利润应达到5 000万元,等等,这是企业的总体目标;在总体目标的实现过程中,需要对目标进行分解,从而形成企业的阶段性目标,比如年销售收入或月销售收入;阶段性目标形成后,还可以对目标进一步分解,形成部门目标,比如不同的部门与地区应当实现的销售收入与利润,这些目标不仅成为企业阶段性的发展评估指标,而且也成为部门运作的业绩指标,在企业绩效管理过程中发挥着重要的作用。

经营规划的制订通常由企业高层主管与部门主管共同研究确定,部门主管来自企业市场、生产、计划、财务等部门。由企业高层与中层管理人员共同制订的经营规划比仅由高层主管制订的经营规划更容易获得部门的支持,也更容易执行,脱离企业实际的经营规划在实践中是难以实现的。

经营规划制订的基础是人的判断与决定,人的因素在经营规划中起决定性作用,没有哪个计算机系统能够代替人的思考与决策,因此经营规划不可能由计算机系统自动产生,计算机只能提供对决策所需信息的支持以及决策方案的预测计算功能,这种功能通常由战略信息系统和决策支持系统来完成,而ERP系统通常不具备这样的功能。

经营规划一经确定,在一段时间内会保持一定的稳定性,因此,经营规划复核修改的周期较长,变动和处理的工作量较少,因此在一般的ERP系统软件中都不包含经营规划的制订与管理决策。

4.2 销售与运作规划

企业经营规划是企业发展的阶段性的蓝图,它所给出的各项发展目标还相对比较宏观,即使给出了具体的销售收入和利润金额,与企业具体的生产经营活动依然有较远的距离。因此,要实现企业的经营规划目标,还需要对企业经营规划进一步细化,使之与企业的生产活动更加接近,而销售与运作规划是对企业经营规划的第一步细化,也是企业计划与控制管理中的第二层计划管理。

4.2.1 销售与运作规划的作用

销售与运作规划是对经营规划的细化,说明它的来源是经营规划,它的内容仍然是一种预测或预期,它主要解决的问题是企业阶段性销售规划,该销售规划将直接指导生产规划。

阶段性的销售规划是对阶段性产品族的需求预测,而产品族销售规划的实现需要由产品族中每种产品销售量与销售收入总额来实现,因此在销售规划中会列出每种产品的预测销售量与销售金额,每种产品销售额之和与产品族的规划总额相等。阶段性销售规划的时间段可以是季度、月,也可以是周。

阶段性生产规划是在阶段性销售规划指导下制订的,生产规划的制订需要考虑企业的生产能力、库存量等因素,在完成销售规划所需要的产品量的同时,尽量保持企业资源得到充分有效的利用。与销售规划一样,生产规划也有时间的概念,可能以周或以月为单位计划产品的生产量(相当于生产率),比如每月生产 1 000 个台灯或每周生产 1 台电机。

案例 4-1

从前,有两个饥饿的人得到了一位长者的恩赐:一根渔竿和一篓鲜活硕大的鱼。经过谈判,其中,一个人得到了一篓鱼,另一个人得到了一根渔竿。得到鱼的人原地就用干柴搭起篝火煮起了鱼,他狼吞虎咽,还没有品出鲜鱼的肉香,转瞬间,连鱼带汤就被他吃了个精光,不久,他便饿死在空空的鱼篓旁。另一人则提着渔竿继续忍饥挨饿,一步步艰难地向海边走去,可当他已经看到不远处那片蔚蓝色的海洋时,他浑身的最后一点力气也使完了,他也只能眼巴巴地带着无尽的遗憾撒手人间。

又有两个饥饿的人,他们同样得到了长者的一根渔竿和一篓鱼。只是经过谈判,他们并没有各奔东西,而是商定共同去寻找大海,他俩每次只煮一条鱼,他们经过遥远的跋涉,来到了海边,从此,两人开始了捕鱼为生的日子,几年后,他们盖起了房子,有了各自的家庭、子女,有了自己建造的渔船,过上了幸福安康的生活。

不要总想着怎样打败对手,有的时候共赢更加重要。合理规划,充分利用资源,才能长久生存。企业也是如此。

资料来源:李震.ERP 原理、应用与实践.北京:清华大学出版社,2012.

销售与运营规划的作用可以概括为以下方面:

(1) 对产品族制订销售规划,把经营规划中用货币表达的经营目标转换为用产品系列应达到的销售量来表达;

(2)根据产品销售总量和月销售量,指导和控制生产供应规划与库存量,在满足销售规划的基础上均衡企业利用率,使企业生产运作保持一定的稳定性;

(3)制定为满足销售规划所应采取的销售策略,比如广告策略与销售渠道策略等;

(4)为企业下一步制订主生产计划打下基础;

(5)为企业经营绩效评估提供一定的依据。

销售规划本身依然是一个预测的规划,在实际报告过程中可能会有各种情况出现,需要不断地调整计划或生产进度与安排。因此,定期比较销售规划与企业实际销售完成情况或客户订单满足情况,对企业有效进行运营管理是非常必要的。

4.2.2 销售与运作规划的制订

销售与运作规划的制订是企业高层领导的责任,该规划的制订需要考虑市场需求变化情况、企业资源能力和原材料供应能力等多种因素,规划一旦制订,需要保持相对的稳定,不能由计算机增加、修改和删除,计算机只能通过事先编好的程序对规划进行预测和评价,规划最终的决定权以及维护都由企业高层主管负责。

销售与运作规划的制订涉及两个相关的过程,即对每个产品族制订销售规划的过程和制订生产规划的过程。制订销售与运作规划要涉及企业的生产计划方式。企业最基本的生产计划方式有两种,即面向库存生产(make to stock,MTS)和面向订单生产(make to order,MTO)。前者是一种在接到客户订单之前产成品已经完成的生产环境,客户订单由库存直接满足,而生产订单是为了补充库存。后者是一种在接到客户订单之后才完成产品生产的生产环境,其最终产品通常要由客户的特定需求来确定。

销售与运作规划和企业 ERP 系统运行密切相关的内容主要是每种商品的销售率,为评价该规划的执行情况与企业的经营绩效,在规划中通常加入企业实际完成的销售量以及客户实际需求量,下面是一个 MTS 方式的销售与运作规划报告简例。

表 4-1 是销售规划表的一个简单例子,表 4-1(a)是将经营规划中的销售总额按照产品系列进行了分解,其中 A 产品年销售额为 525 万元,B 产品年销售额为 351 万元,C 产品年销售额为 240 万元,每种产品销售额按月份分解后得到了每种产品的月销售额。仅有销售额是不够的,还需要将销售额转换成销售的产品数量,只有知道应当销售的产品量,才对实际销售工作有直接的指导意义。表 4-1(b)是以 A 产品为例,将销售规划的 A 产品销售额与销售量之间的对应关系表示出来,可以一目了然地了解该产品某月应该销售的数量。此外,为减少库存产品积压,在产品规划栏中,我们看到了规划中的产品数量并不一定等于销售规划中的产品数量,其不足或超出部分用于调节库存产品量,本例中的库存处于不断的消耗过程中,所以我们看到,库存量在减少,库存产品周转次数在增加,说明库存资金占用减少,资金利用率提高。

表 4-1 中的库存周转次数的计算公式为:

$$成品库存周转次数 = \frac{[(本时段销售额 + 下两时段计划销售额) \div 3] \times 12}{本时段现有库存值} \quad (4\text{-}1)$$

表 4-1(a)　销售与运作规划

产品族编号：T0701

销售规划　　　　　　　　　现货生产　　　　　　　　当前日期：2018-01-01

产品系列	月销售额(万元)												总计(万元)
	1	2	3	4	5	6	7	8	9	10	11	12	
A	40	42	44	46	46	48	45	45	44	43	42	40	525
B	34	33	30	29	28	25	25	26	28	30	30	33	351
C	20	20	20	20	20	20	20	20	20	20	20	20	240
总计	94	95	94	95	94	93	90	91	92	93	92	93	1 116

表 4-1(b)　销售与运作规划

产品编号：T0701A　　　　　　　　　　　　　　　　　　　　期初库存：400

A 产品规划　　　　　　　　　　　　　　　　　　　　当前日期：2018-01-01

产品A			1	2	3	4	5	6	7	8	9	10	11	12	合计
销售规划	金额(万元)		40	42	44	46	46	48	45	45	44	43	42	40	525
	量(台)		400	420	440	460	460	480	450	450	440	430	420	400	5 250
产品规划	金额(万元)		39	41	44	44	44	44	42	42	42	42	42	39	505
	量(台)		390	410	440	440	440	440	420	420	420	420	420	390	5 050
库存规划	台	400	390	380	380	360	340	300	270	240	220	210	210	200	200
	产品周转次数		13	14	14	15	16	18	20	22	23	24	23	24	

表 4-1 中的销售规划所列的主要是产品销售额与产品量之间的转换对照关系，销售规划制订得是否切合实际需要经过实践的检验。为检测销售规划与企业实际运行存在的偏差，企业在实践中常常还要列一个执行情况的对照表(见表 4-2)。

表 4-2　含偏差计算的销售规划

产品A	1	2	3	4	5	6	7	8
计划需求量	400	420	440	460	460	480	450	450
实际需求量	410	480	490	440				
偏差	10	60	50	-20				
累积偏差	10	70	120	100				
客户总需求	410	480	490	440				
实际发货量	410	480	490	440				

我们看到，在表 4-2 中，除含有销售规划表中的计划需求量外，还有实际实现的需求量、实际量与计划量的偏差(包括当期偏差与累积偏差)、客户总需求与实际发货量。其

中,计划需求量是将经营规划中的销售收入分解,根据该产品族在全部产品中所占的比率折算出计划销售额,再由计划销售额计算出计划销售总量,进一步根据市场预测规划各阶段的销售量,当销售与运作规划制订完成后,表中计划销售量一栏的数据就全部填好了。表中还有许多项需要在规划执行过程中填写,这些项目虽然不是销售规划中的直接内容,但它们对规划在执行过程中以及执行期后的评价非常重要。比如,当实际情况与规划出现较大偏差时,就需要对偏差进行分析,找出产生偏差的原因,及时修正,必要时考虑对规划进行一定的调整。又如,如果实际实现的销售量远远小于计划需求量,或客户总需求远远小于计划需求量,就要考虑调整销售规划,或建立促销策略,加大宣传力度;或改变产品价格,增加市场竞争力;或加快新产品开发,及时引入新产品;或疏通销售渠道,培训销售人员等。如果客户总需求量大于实际交货量,说明生产率不能满足市场需求,提前发现可以提前采取应对措施,比如调整生产能力,调整价格或延长交货承诺期等。所以在销售与运作规划执行过程中,通过实际数据与规划数据之间关系的比较分析,可以帮助企业提前发现问题,及时采取应对措施,解决市场需求与生产供给之间的矛盾,有效利用企业资源。

在不同的企业,销售与运作规划的形式会有所不同,所包含的项目也会有所不同。一般来说,销售与运作规划应包括三方面内容,即销售规划、生产规划(产品规划)与库存规划,加入偏差计算功能后,一个比较完整的销售与运作规划表如表4-3所示。

表4-3 销售与运作规划表

产品编号:T0701　　　　　　　　当前库存:220　　　　　　　　当前日期:2015-3-26
销售规划　　　　　　　　　　　　　　　　　　　　　　　　　　　　　　单位:台

日期	1/1	1/30	2/27	3/26	4/23	5/27	6/24	7/22
计划需求量	400	450	450	420	400	480	420	450
实际需求量	410	480	490	440				
偏差	+10	+30	+40	+20				
累计偏差	10	40	80	100				
客户总需求	410	480	490	440				
实际发货量	410	480	490	440				

生产规划(产品规划)

日期	1/1	1/30	2/27	3/26	4/23	5/27	6/24	7/22
规划产量	390	410	410	410	420	430	430	430
实际产量	400	400	420	420				
偏差	+10	-10	+10	+10				
累计偏差	+10	0	+10	+20				

（续表）

库存规划（期初库存：400 台）

日期	1/1	1/30	2/27	3/26	4/23	5/27	6/24	7/22
计划库存量	390	350	310	300	320	270	280	260
实际库存量	390	310	240	220				
偏差	0	-40	-70	-80				

表 4-3 中，销售规划、产品规划与库存规划都需要进行偏差计算，企业根据需要设定可容忍的偏差数量，实际库存量与销售规划、产品规划存在数量上的换算关系，换算公式为：

本期计划库存量 = 本期期初计划库存量 +（本期产品规划量 - 本期计划需求量）

(4-2)

本期实际库存量 = 本期期初库存量 +（本期产品实际产量 - 本期产品实际发货量）

(4-3)

按照上述公式，企业制订经营规划时，首先确定本期计划需求量，然后确定本期规划产量，再根据期初计划库存量，计算本期计划库存量；本期实际库存量是在生产报告过程中引入实际产量的数据计算出的。如果我们把公式换一种方式写，可以得出另一个决策过程，计算公式为：

本期产品规划量 = 本期计划需求量 +（本期计划库存量 - 本期期初计划库存量）

(4-4)

根据式(4-4)，计算产品规划前，首先要确定本期计划需求量和本期计划库存量，然后计算本期应当实现的产品产量。因此，企业确定产品库存是一项重要的决策，库存量直接决定企业资金占用量和周转率，一般来说，库存量低可以减少企业资金压力，减少库存费用和产品成本，但过低的产品库存也会使企业供货不及时，进而会失去部分客户。因此，库存量是企业的一个重要决策，它通常不会作为一个辅助的不重要的量而由其他数据所决定，因此式(4-4)更符合多数企业的决策过程。库存量决策影响企业生产规划策略的选择。

销售规划制定一般包括以下步骤：

（1）按产品系列分解经营规划中的销售收入。企业产品通常有多个系列，每个系列产品有多种型号，首先按照产品系列确定各系列应实现的销售收入，各系列应实现的销售收入总和等于经营规划制定的目标。

（2）将产品销售收入转换成销售量。按照产品销售价格，将各系列产品应实现的销售收入转换成应实现的销售量，如果是面向库存生产，需拟定各系列产品年终库存量，根据库存量的规划目标，确定各阶段（月）产品规划量。

(3) 列出销售规划、产品规划与库存规划表,增加实际执行状况与偏差计算等栏目,在实际运行过程中将真实数据填入表格。

(4) 分析预测与实际运行产生的偏差,进行管理控制,必要时调整销售规划。

以上主要以面向库存的生产与销售模式为例,如果企业是面向订单生产的或是两者混合生产的,在制订面向订单的销售与运作规划时,需要将"计划需求量""实际需求量""客户总需求量"改为"计划订货量""实际订货量""到期的客户订单",其余决策与计算原理与面向库存生产的相同。

企业制订完销售与运作规划,下一步需要对该规划进一步细化,制订企业的主生产计划。

知识链接

生产规划策略

- 追逐策略——在任何时候都按照市场需要的产品数量来生产。生产量随需求而变化,而库存水平保持不变。在采用追逐策略的情况下,企业必须拥有足够的能力来满足高峰期的需求,虽然这些能力在低谷期可能会闲置。

  追逐策略的优点是库存量能够维持在一个最低水平上。没有产品积压,可以减少库存管理成本。缺点是用工不均衡会增加企业的运营成本。

- 均衡策略——依据市场的平均需求,持续地生产同样数量的产品。在这种情况下,有时市场需求低于所生产的数量,库存量就会增加;有时市场需求高于所生产的数量,库存量就会减少。

  均衡策略的优点是避免了改变生产规模所涉及的成本;缺点是在需求低谷期库存量会增加,从而增加库存管理成本。

- 混合策略——以上两种策略都是单纯的策略。每种策略都有本身的成本要素,如设备、员工队伍的稳定性、加班、库存和外包等。有时企业必须使用使生产成本最小的混合策略,使得既能提供所期望的服务水平,生产上也表现出相对的均衡。

本章小结

经营规划是企业的战略规划,在这个层次上要确定企业的经营目标和战略,是企业计划的第一步,其他计划是在经营规划的指导下进行的。

销售与运作规划是 ERP 系统的第二个计划层次,其目的是把战略级的经营规划与主生产计划连接起来,并协调市场、销售、工程技术、计划、生产、物料和财务等职能部门,形成企业共同的计划目标。

销售与运作规划是由企业最高管理层主持的一个业务流程。在制订销售与运作规划的过程中,企业首先从整体上对市场需求和企业的资源包括生产能力进行平衡,生成与企业资源相匹配的销售规划以及支持销售规划的生产规划。

销售与运作规划的制订涉及两个相关的过程,即对每个产品族制订销售规划的过程和制订生产规划的过程。其中,库存量决策影响企业生产规划策略的选择。

思考题

1. 企业经营规划的主要内容有哪些?
2. 什么是销售与运作规划?
3. 销售与运作规划在企业管理中的作用如何?它与经营规划的关系是什么?
4. 如何制订销售与运作规划?
5. 销售与运作规划是一个预测性的规划,有的企业却在它的规划表中加入了实际情况的记录,这样做的目的是什么?

科宁公司的经营计划

科宁是美国创建最早的公司之一,自1880年成功地制造了第一个灯泡以来,公司一直以经营玻璃品的生产和加工为主,并且实行家族式管理。然而,这种经营战略也给它带来了许多问题:它的主干部门——灯泡生产在30年前曾经占据美国1/3的灯泡市场,而今天却丧失了大部分市场;电视显像管的生产也因激烈的市场竞争而陷入困境。这两条主要的生产线都无法为公司获取利润。

面对上述情况,公司既希望开辟新的市场,又不愿意放弃其传统的玻璃生产和加工。为此,公司最高领导层制订了一个新的战略计划,主要包括三个方面:第一,缩小类似灯泡和电视显像管这样低产的部门;第二,减少因市场周期性急剧变化而浮动的产品的生产;第三,开辟既有挑战性又具有巨大潜在市场的产品。

第三方面又包括三个新的领域:一是开辟光波导器生产——用于电话和电缆电视方面的光波导器和网络系统以及高级而复杂的医疗设备等,希望这方面的年销售量能达到40亿美元;二是开辟生物工程技术,这种技术在食品行业大有前途;三是利用原来的优势,继续制造医疗用玻璃杯和试管等,并开拓电子医疗诊断设备,希望能够在这方面达到全美同行业中第一或第二的地位。

科宁还有其次一级的目标。例如,目前这个公司正在搞一条较复杂的玻璃用具生产线,并计划向不发达的国家扩展业务。

很明显,科宁正在进行着一个雄心勃勃的发展计划。公司希望通过提高技术、提高效率,以获得更大的利润。但是,在进行新的计划中,科宁也遇到了许多问题。例如,科宁真要从光波导器和生物控制等方面获得成功的话,就必须扩大其经营领域。另外,科宁给人的感觉是要保持原来的基础,而不是获得利润。

资料来源:http://wenda.so.com/q/1364001229065772? 999.

案例思考题:

1. 一份完整的经营计划应包括哪些内容?
2. 科宁公司的战略计划和战术计划是什么?

第 5 章

主生产计划

学习目标和要求

1. 认识主生产计划在企业经营管理中的作用和意义；
2. 理解并掌握产品结构及其对企业主生产计划制定策略的影响；
3. 了解制造业三种生产计划方式的概念及适用特点；
4. 掌握主生产计划中的重要概念，如时区、时界、毛需求、净需求、ATP 等；
5. 熟悉主生产计划编制流程，掌握主生产计划的维护及评估方法。

导入案例

FH 公司是面向订单的生产型企业，订单主要来自大型国际跨国公司。在订单执行过程中，变更订单问题是常有的事，比如订单上的数量会出现增加、减少、取消或者与其他订单合并的情况，这就导致 FH 的生产计划常常随订单的变更而更改。

实际操作中，生产部门会根据 ERP 系统中的订单信息安排生产计划，他们一般在首次发布订单信息时关注订单内容。当该订单状态变为"生产中"时，员工在生产过程中并不经常也不方便查看系统，订单的变更没有通知，则很容易被忽略。被修改的订单可能发生产品数量、工艺、交付时间等方面的变化，而任何一种不定时的改变都给生产活动带来额外的困扰，生产部门如未能及时准确掌握变化，就会造成严重不良后果。常常会有生产部门都已经快要完成订单内容了，却发现订单发生了变化，之前生产的产品可能并不是订单所需要的却占用了企业资源，而需要的产品可能又来不及生产了。

上述现象的出现，主要是因为企业缺少一份有效的主生产计划。

资料来源：中国管理案例共享中心案例库.

主生产计划(Master Production Schedule,MPS)在ERP系统中是一个重要的计划层次,它确定每一个具体的最终产品在每个具体时间段内的生产数量。这里的最终产品,主要是指对于企业来说最终完成、要出厂的完成品,它可以是直接用于消费的消费品,也可以是作为其他企业的部件或配件。主生产计划是以生产计划、预测和客户订单为输入,安排将来各周期中提供的产品种类和数量,是销售与运作规划的具体化计划。主生产计划是企业ERP系统运行的起点,是MRP运算的重要输入数据,同时也是企业各部门协调运作的平台。

5.1 主生产计划的作用与对象

5.1.1 主生产计划的作用

我们知道,企业的销售与运作规划是将企业经验规划中要达到的金额数量指标换算为产品族销售金额与产品数量指标,这些指标不能直接指导企业生产,因为一方面从性质上看,销售与运作规划还是一个带有较强预测性质的规划,它不一定完全符合客户的实际需求,在实际执行过程中还需要检验甚至调整;另一方面,产品族的数量指标还不够具体,每一产品族还有不同规格型的产品。每一具体产品的生产数量与时间要求还要进一步确定。这两个原因决定了销售与运作规划还不能直接告诉在某一时间段内应该生产哪种具体产品,以及生产多少这种产品,而这些问题是由主生产计划来解决的。

主生产计划用来说明在可用资源条件下,企业在一定时间内,生产什么?生产多少?什么时间生产?

任何制造企业都有自己的生产计划,即使在没有实施ERP管理的传统管理阶段也必须有主生产计划。传统管理的企业的生产计划通常是由计划部门下达,生产部门执行,一些中小企业甚至直接由销售部门给出销售预测或销售订单数量,生产部门直接根据销售部门提供的数据安排生产。但市场销售情况经常变化,原有的产品种类与数据会随时发生变化,因此销售部门希望生产部门随时调整生产以适应销售部门的要求,但生产部门希望计划保持一定的稳定性,因为每一次改变生产计划,都意味着要调整采购计划、重新进行人员安排、重新进行设备与各种资源的配置,这样会打乱原有的生产秩序。重新安排企业资源不仅耗时耗力,还要处理没有完成的中间产品等,产生资源的浪费,增加企业运营成本。因此,在企业传统管理环境下,经常发生这样的变动会给企业生产带来灾难性的后果。尽管如此,现代市场环境的迅速变化要求企业具有调整产品与销售的能力,因此企业的生产计划需要不断的调整。有时市场与客户的要求是非常急的,因此生产计划部门下达的生产计划在执行过程中会发生变化,生产部门在可能的情况下会改变生产安排以适应销售部门的新需求。

从管理角度看,这种情况又会带来管理上的问题:在日常管理中,产品在递入车间生产之后几乎相当于进入黑匣子阶段,通常企业中没有一个人能将某种产品在生产线上的准确数据提供出来,各部门甚至同一部门的人掌握的数据都是不一样的,很难判断谁的数据正确。采购部门不能在一定的提前期内向供应商提供准确的采购信息,采购经常发生变化,有时采购需求很急,影响了采购物料的质量,增加了采购成本。销售部门没有准确的产品完工信息,不敢向客户承诺准确的产品交货期,或者是承诺了但实际发生变化,影响企业形象与客户的信任度,进而影响了企业销售,等等。企业内部为这些情况的责任归属发生纠纷,影响内部管理与效率。

也就是说,企业在传统的管理方式下,生产计划发生变化之后,企业内部的调整常常缺乏统一的调度与管理,各部门对变化的反应不能协调有序的进行,无法及时获得所需的数据与信息,给管理带来严重的后果。

在 ERP 系统管理中,主生产计划一旦发生变化,ERP 系统可以迅速地进行处理,给生产管理提供调整的依据,给采购与销售部门提供准确的变更信息。同时,主生产计划又是联系客户与企业销售部门的桥梁,因此,在 ERP 系统管理中,不能忽视主生产计划的作用。可以说,ERP 系统的真正运行是从主生产计划开始的,企业的物料需求计划、车间作业计划、采购计划等均来自主生产计划。主生产计划的作用主要有以下几点:

1. 主生产计划是企业宏观管理与微观管理的桥梁

主生产计划是连接企业销售与运作规划和企业生产管理的纽带,它把销售与运作规划中每种产品的生产安排具体到产品的规格与型号。主生产计划是 ERP 系统的重要输入数据,这两项计划分别为企业的采购管理与生产管理起重要的指导作用。没有主生产计划这一环节,企业的销售与运作计划乃至经营规划就无法落实,因此它是企业宏观管理与微观管理的桥梁。

2. 主生产计划是衡量企业供需矛盾的工具

生产与需求是企业难以平衡的矛盾,主生产计划在两者的协调方面有重要的作用。主生产计划可以在考虑已经确定的用户订单的基础上再根据企业对需求的预测综合制订生产计划。如果生产计划完全按照用户需求制订,而用户需求通常又是不稳定的,则企业的生产任务就会不稳定甚至不连续,通过主生产计划有预见性的调解,可以缓解需求不稳定对企业的冲击。从供应角度看,企业销售部门可以很清楚地了解企业的销售能力,便于对用户需求做合理的安排与调配。

3. 主生产计划是生产部门管理的工具

主生产计划是 MRP 运算的驱动力,通过 MRP 的运算,企业可以安排生产计划,同时通过所计算的生产能力需求数据为生产进度安排以及车间生产的具体管理提供重要的依据。因此,主生产计划是生产管理部门的工具。

4. 主生产计划是销售部门管理的工具

通过主生产计划的安排以及目前库存产品量,销售人员可以利用 ERP 系统计算出将来在某一时区内的企业可以向用户提供的产品数量,销售部门可以根据用户需求给予准确的承诺。提早发现产品供应不足的情况,并通过调整主生产计划解决产品供应问题,有关这方面问题可以通过可承诺量的计算进一步理解与掌握。所以主生产计划是销售部门管理的工具。

5. 主生产计划是采购部门管理的工具

通过 MRP 系统对主生产计划展开运算,可以得到一个重要的输出——物料需求计划,该计划为采购部门有效及时地完成采购任务提供了重要指导,是采购部门不可缺少的管理工具。

6. 主生产计划是财务部门核算的工具

以物料单位表示的主生产计划、物料清单、物料采购价格、人工费用、制造费用等数据可以通过系统很容易地转换成以货币单位表示的成本信息。因此,很容易形成财务计划。这种核算方法可以比较准确地计算出各种成本以及中间成本,为管理者提供各种成本核算的管理数据。

当然,不同的企业对主生产计划重要性的体会不同。一般来说,企业的生产周期越短,编制主生产计划的作用越大。相反,如果企业生产周期非常长,比如一种产品需要生产半年或者 10 个月,每年只生产几台,则主生产计划的重要性就不十分明显了。企业可以采用其他管理方法,比如粗略的生产计划管理等。

5.1.2 主生产计划的制订原则

主生产计划在企业运作过程中起着十分重要的作用,企业内部主要部门的运作都以主生产计划为核心,各部门的工作在以主生产计划为基础的管理平台上得以平衡与协调。它是平衡企业销售、市场需求、产品质量、财务、生产等各方面的具体计划,比销售与运作规划更具体。由于它的作用很大,因此在制定过程中更要综合考虑各方面的因素,通常在编制主生产计划时应遵循以下原则:

(1) 适当稳定性原则。主生产计划制订后在有效的期限内应保持适当的稳定,那种只按照主观愿望随意改动的做法,将会引起系统原有合理的、正常的生产秩序被破坏,从而削弱企业的生产能力,提高企业的运作成本。

(2) 关键项目原则。对企业有重要影响的产品、部件或原料,应当置于主生产计划的直接控制之下。重大影响包括对生产能力有重要影响的项目,如对生产与装配能力有重大影响,可能造成生产能力形成瓶颈的产品项目;也包括对财务指标有重要影响的项目,如属于企业利润或效益中最为关键的项目;还包括制造费用较高、含有贵重部件、昂贵原材料、高费用的生产工艺或有特殊需求的部件项目;同样也包括那些很难获得、很难制造的项目等。

(3) 最少项目原则。针对最少项目数进行主生产计划的安排,有利于生产的管理与预测。如果项目数过多,不仅系统中主生产计划较多,每个主生产计划所对应的物料清单、工艺路线等文件就同样增加,给系统管理带来较大困难,同时也给主生产计划的执行、管理与评价带来较多的工作量。因此,主生产计划有时也针对产品之下的某个层次的中间产品来制订。企业根据不同的制造环境,选取产品结构不同的级别,进行主生产计划的编制,使得在产品结构这一级的制造与装配过程中,产品部件选型的数目最少,以改进管理评审与控制,具体见 5.1.4 节。

(4) 独立具体原则。主生产计划要列出实际的、具体的可构造项目或产品,而不是一些项目组或计划清单项目。这些产品可分解成可识别的零件或组件。

(5) 适当余量原则。留有适当余地,并考虑预防性设备时间。可把预防性维修作为一个项目安排在主生产计划中,可单独设置预防性维修时间,在该时间段内,减少工作中心的能力数据,从而减少对该工作中心的能力需求。

5.1.3 主生产计划的对象

主生产计划的对象一般是最终产品,即企业的销售产品,但有时也可以是产品的基本组件和通用件。根据主生产计划的最少项目原则,选择企业最终产品或产品中的某一个级次作为主生产计划的编制对象会有利于管理。

合理地确定主生产计划的对象,必须了解产品的结构。概括地说,产品的结构有以下四种类型:

1. A 型产品结构

A 型产品结构中,最终产品使用比较少的原材料,经过多层生产加工过程完成生产过程,原材料种类由底层向上逐渐减少,最终形成较少的产品。许多小型的家用器具、工具产品等属于这种产品结构,比如台灯、笔、自行车等。

A 型结构产品主生产计划生产过程需要较多种类的原材料或零件,形成较少的产品种类。因此,主生产计划的制订主要针对最终产品,这样所要制订的主生产计划数量最少,最方便管理与预测。对于面向库存的生产管理模式,主生产计划来源主要来自市场预测,当从销售与运作规划向主生产计划转换时,对于产品系列有多种具体产品情况,需要根据市场分析估计各类产品占系列产品总产量的比例,从而获得具体产品的产量,转换方法如图 5-1 所示。

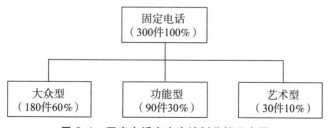

图 5-1 固定电话主生产计划分解示意图

固定电话有三种产品类型,即大众型、功能型和艺术型,根据市场客户需求分析,大众型购买比例最高,艺术性购买比例最少,故确定比例分别为 60%、30%、10%,总和

100%,从而确定出具体产品的主生产量。

2. V 型产品结构

V 型产品结构中,最终产品使用比较少的原材料,经过多层生产加工过程完成生产过程,原材料种类由底层向上逐渐增多,最终形成较多的产品。比如,石化企业的石油冶炼,将从地下抽出的原油,经过管道送到冶炼厂,经过裂解反应,在外部条件不断变化的情况下,不断分解出不同的石油产品,形成多层次、多种类的石油产品。

V 型结构的产品生产过程需要较少的原材料或零配件,生产出较多的产品。如果企业产品超出 100 种,要针对每一产品制订主生产计划,主生产计划的量就会很大,不便管理,因此需要选择一种合适的级次来确定主生产计划,比如生产服装,如果同一款式的服装在生产完成后进行染色,就可以将主生产计划在款式制作完成之后、服装染色之前的级次作为主生产计划的制作对象,这样产品项目数就会大幅降低。

3. X 型产品结构

有些产品是由一些半成品组装而成的,这些半成品的种类不是很多,但根据排列组合的原理,它们会有多种不同的组合方式,每一种组合都会产生一种特定的产品满足一类客户需求,所以虽然半成品的数量不多,但组合出的产品种类很多。而这些半成品的生产是由很多物料加工完成的,这样的产品从其最初的生产过程到最终完成,其产品结构呈现 X 型。比如计算机生产,通常首先要用大量的原材料生产出 CPU、主机板、内存、硬盘、键盘、显示屏等,这些组件属于中间产品,将中间产品根据用户需求进行组装,形成多种终端产品满足用户个性化需求。这种产品结构就是 X 型产品结构,汽车产品也属于这种结构。

X 型结构产品主生产计划生产过程需要较多的原材料,生产出的产品种类也较多,而中间产品种类少。这时可以选中间产品数量最少的级次作为主生产计划的制定对象,从而大大减少主生产计划制订与管理的工作量。

比如,某汽车组件的中间配件如表 5-1 所示。

表 5-1 汽车产品的配件种类表

种类	发动机	座椅	车颜色	雷达	天窗	挂档	箱数	遥控	前灯	油箱	尾气
1	1.8T	皮质	黑	后方位	有	手动	2 箱	车锁	鱼尾	150L	一次过滤
2	2.0T	布质	红	两侧位	无	自动	3 箱	报警	双珠	180L	二次过滤

表 5-1 中的中间配件共有 22 项,这些项目组装成的产品种类却远远大于 22 种,按照排列组合的运算公式,可组配汽车总共达 2 048 种。

不同配置的汽车产品数量 = 2^{11} = 2 048(种)

虽然最终产品数量为 2 048 种,但其中有些产品配置可能一直没有人订货。如果以最终产品编制主生产计划,显然不利于 ERP 系统的管理;如果以汽车调整配置之前的配件编制主生产计划,最多只要编制 22 种配套件的主生产计划资料就可以了。因此,这时应该以 X 型结构中最少的配件量为主生产计划的编制对象。

一般地,对于一些由标准件组合而成的、型号多样的、有多种组合的产品(如计算机),将主生产计划设在基本零部件这一级,不必预测确切的、最终项目的配置,辅助以产品装配计划,即可简化主生产计划的处理过程。

4. T 型产品结构

T 型产品结构中,最终产品使用一种原料经过多道工序生产出多种产品。纺织企业、钢厂的产品多数属于这种产品结构。比如,纺织厂利用一种桑蚕丝原料经过加工可以织成多种不同的真丝布料,服装厂利用一种布料可以设计制作出多种不同款式衣服,钢厂利用一种钢锭原料生产出多种不同的钢材,等等。

T 型结构的产品与 X 型结构的产品有相似之处,主生产计划不宜以最终产品为对象,选择中间产品作为管理对象更有利于管理。产品结构在最终产品之前一直以单一中间产品形式出现,则主生产计划就以在生产程序最接近最终产品的中间产品为对象编制。

以上所讨论的主生产计划主要针对物料生产型企业,物料只是企业生产的一种资源,另外一种资源是能力。比如,建筑类企业、水利企业等是以出卖能力为经营核心的,因此有时主生产计划可以应用于能力计划或其他关键性资源。这样的企业在接到客户订单时,要进行能力需求计算。在有些情况下,主生产计划的对象还可以是能力或事件,理解这一点对不同企业主生产计划的应用具有指导意义。

5.1.4 主生产计划的方式

每个企业都应当为自己选择适当的主生产计划方式,简称生产计划方式,或计划方式。由于产品的不同特点,制造企业可以选择不同的生产计划方式。由于在接到客户订单时产品生产所处的生产阶段不同,从而区分了不同的生产计划方式。一般来说,制造业有三种生产计划方式:面向库存生产(make to stock,MTS)、面向订单设计(engineer to order,ETO)和面向订单生产(make to order,MTO)。

1. 面向库存生产

面向库存生产又叫现货生产或按计划生产,是指产品在客户提出需求之前就已经生产出来了,客户一旦有购买需求,就可以立即从企业成品仓库中提货,这种生产运营模式是生产计划管理并驱动的。采用这种计划方式,组织生产的依据是需求预测,也即在市场预测的基础上制订生产计划,保证产品具有一定的库存量。库存量通常有上限和下限的控制,当产品低于下限时,库存管理给出需要补充库存的信号,生产管理部门就需要制订生产计划,补充库存;当库存量达到或者超过上限时,库存管理同样要给出停止补充库存的信号,生产管理部门就要调整生产管理安排,减少生产量,避免产品过度积压。因此,库存管理是现货管理的重点,产品除考虑量的因素,还应当考虑保质期和有效期。

这种计划方式比较多地运用于日用消费品。其产品结构多是 A 型结构。

2. 面向订单设计

订单设计是指企业在接到订单后,从产品设计开始,经过物料采购过程、生产过程到最后完工,将产品交付客户,这种生产运作模式是由客户订单管理并驱动的。面向订单设计和面向库存生产的计划方式形成各种计划方式的两个极端。面向库存生产的产品多是一般的产品,需求量大,也容易找到替代产品。而面向订单设计的产品通常用于客户的个性化需求,这样的产品通常只生产一次,不再重复。它的特点是产品性能比较专一,生产过程比较复杂。产品设计通常包括产品的性能设计、结构设计以及工艺路线设计,生产过程可以由一个企业完成,也可以由多个企业共同协调完成。

这种计划方式比较多地运用于重型机械生产,比如轮船、飞机、大型电机设备、电梯等。其生产管理的重要环节是压缩产品设计周期和制造周期。

3. 面向订单生产

介于面向库存生产和面向订单设计两种计划方式之间的是面向订单生产的计划方式。所对应的产品结构一般是 V 型结构和 X 型结构。

面向订单生产的计划方式可以分为三种情况:纯粹的面向订单生产、面向订单完成(finish to order,FTO)和面向订单装配(assemble to order,ATO)。

在采用纯粹面向订单生产的计划方式的企业中,产品的设计已经完成,但必须在接到客户订单之后,才开始采购原材料、组织生产。高度客户化的产品一般采取这种计划方式。但对于有些采购提前期很长的原材料,也可能在接到客户订单之前根据预测进行采购。

采用面向订单完成的计划方式,组织生产的依据是需求预测和客户订单。在接到客户订单之前,产品的生产除了最后完成阶段工作之外,其他各个阶段的工作都已经根据预测完成了。在接到客户订单之后再按照客户的要求完成最后阶段的工作。例如,会议室用的桌子,产品做到只剩添加客户标识和着色的程度,待接到客户订单之后,按客户的要求把客户的标识蚀刻在桌面上并着色完工。

面向订单装配的计划方式和面向订单完成的计划方式有些类似。其组织生产的依据也是需求预测和客户订单。企业在接到用户订单后,按照用户的需求选择库存已经准备好的组件,开始组装产品,组装好的产品交付客户。这种计划方式比较多地运用于产品种类繁多、产品组件比较标准化的产品生产管理,比如计算机,根据用户的需求有多种不同的配置,而这些配置的标准配件早已准备好,如硬盘有 20G、30G、40G、60G、80G 等;还有汽车,同一品牌的汽车有多种型号,同一型号又有多种不同配置,比如颜色、遥控、倒车雷达等。

企业采取哪种计划方式,主要取决于企业产品的特点和类型。企业之间的竞争除了产品质量与价格方面的竞争外,企业对用户个性化需求以及对用户需求响应时间(指用户提出产品需求到收到产品的时间间隔)也是企业获得客户量的重要因素,因此企业采取更加柔性的生产管理模式,以提高企业的应变能力并缩短对客户需求的响应时间,是企业关注的重点。因此,灵活运用计划方式,找出最佳的生产管理模式,利用 ERP 系统完成企业的资源优化组合,是企业提高业绩的重要措施。

5.2 主生产计划的编制与维护

5.2.1 主生产计划要素

主生产计划必须是现实可行的,需求量和需求时间都是符合实际的,没有夸大或缩小,能力也是可以满足的。只有可执行的计划才是可信的,企业员工才能认真负责地去完成计划。因此,编制一个合适的主生产计划,对企业运行 ERP 系统是至关重要的。那么在编制主生产计划时,需要考虑哪些要素呢?

1. 时界

对 MPS 计划期间中的不同部分所允许的变化予以限制,常设定时界(time fences)(如在第 3、5 周设定),确定允许的变化程度。时界产生以下三个时区或状态:

时区 1:产品的总装提前期的时间跨度,指从产品投入装配开始到产品装配完工的时间跨度。在时区 1,计划不允许有任何的改变,处于冻结状态。

时区 2:在产品的累计提前期的时间跨度内,超越时区 1 以外的时间跨度为时区 2。在时区 2,允许产品族内部一些特殊的微小变化(只要所需部件可获得),处于稳定状态。

时区 3:超过时区 2 的时区为时区 3。在时区 3,允许某种程度较大的变化(只要总体能力需求水平基本保持不变),处于灵活状态。

MPS 使用关键的时界,即计划时界和需求时界,使得既便于计划的维护,又可避免被不可能满足的客户需求所追赶。

需求时界(demand time fence):时区 1 与时区 2 的分界点。

计划时界(planning time fence):时区 2 与时区 3 的分界点,也是对计划确认的合理时界,在这个点上确认的计划可以按时完工。

计划确认时界(firm planning time fence):也即计划时界,是某计划实际确认的提前期,如果该提前期限大于时区 1 与时区 2 的总和,则计划可以按时完成;反之,计划已进入时区 1 或时区 2,即使马上确认,由于可用的生产时间小于产品的累计提前期,计划也可能无法完成,造成产品拖期。图 5-2 是时区与时界关系图。

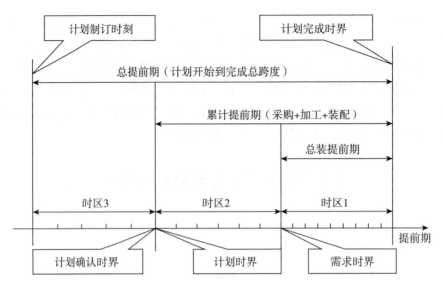

图 5-2 时区与时界关系

2. 批量规则

主生产计划下达生产产品的数量需要综合考虑产品需求量与生产成本等多方面的因素。因此,每次下达生产的数量不一定等于产品预测量或客户订单量,为达到控制产品数量使之保持一个合理的数量关系,ERP 系统会使用批量规则来调节产品数量。

批量规则是指在做主生产计划时,计算物料的计划下达数量所使用的规则。不同的批量规则表示计划下达数量的取值方法,系统可以根据批量规则计算下达量。一般分为静态规则和动态规则两类,静态批量规则使每一批下达的批量保持不变,动态批量规则允许每批下达的批量不同。批量是指物料按批量生产时的数量,系统在做计划生成时,可根据批量规则和批量大小自动计算订货数量,批量的增量是此批量的倍数。批量周期是指如果物料按周期批量下达生产计划的周期间隔。企业常用的批量规则有以下几种:

(1) 最大批量:当计划订货数量大于此批量时,系统取此批量作为计划下达量。

(2) 最小批量:当计划订货数量小于此批量时,系统取此批量作为计划下达量。

(3) 固定批量:每次计划订货数量按一个固定值下达,一般用于订货费用较大的物品。

(4) 直接批量:完全根据计划需求量决定的订货量。

(5) 固定周期批量:每次下达物料生产计划的间隔周期相同,但批量数量不一定相同。

(6) 倍数批量:如果需求量小于批量,则按批量计算;如果需求量大于批量,则按批量的倍数计算。

3. 毛需求量

在进行 MRP 计算之前能得到独立需求与相关需求的总量。在实际运作时,会有两个需求量,一个是合同需求量;另一个是预测需求量。因此,确定需求量的方案有四种:取合同需求量、取预测需求量、取两者的和、取两者中最大者。也可按照物料生产计划所在时区不同采取不同的方案,如生产计划位于时区 1 时,毛需求量等于合同量;生产计划位于时区 2 时,毛需求量等于合同量与预测量中的最大值;生产计划位于时区 3 时,毛需求量等于预测量。

4. 计划接收量

计划接收量是指在本时段的前期已经下达的正在执行中的生产计划,将在这个时段或以后到达的产出量。尚未确认的计划产出量,确认后直接在计划接收量中显示,或由计划员在系统中自选设置。这部分数量在入库之前处于在途之中,计划时不能考虑使用;一旦到货入库,即能为计划使用。

5. 预计可用库存量

预计可用库存量是指在某个时段的期末库存量扣除用于需求的数量,即扣除预留给其他用途的已分配量,可以用于下一时段净需求计算的那部分库存。计算公式为:

$$预计可用库存量 = 前一时段末的可用库存量 + 本时段计划接收量\\ + 本时段计划产出量 - 本时段毛需求量 \quad (5-1)$$

另外,期初可用库存量 = 库存量 - 已分配量,即某些物料虽然在库存中,但可能已经分配给了某个订单,将专门用于该订单,那么这些已分配量就不再是可用量了。

6. 净需求量

考虑了现有库存、计划接收量、已分配量之后,为了满足毛需求,必须采购或生产的数量。当库存量耗尽仍不能满足毛需求时,产生净需求。计算净需求要综合毛需求量和安全库存量,并考虑期初的结余与本期可能计划产出的数量,计算公式为:

$$净需求量 = 本时段毛需求量 - (前一时段末的可用库存量 + \\ 本时段计划接收量) + 安全库存量 \quad (5-2)$$

若净需求量 = 0 或为负值,本期无净需求;若净需求量 > 0,则本期有净需求量。

7. 计划产出量

当净需求不能满足时,根据设置的批量规则计算得到的应补充的数量称为计划产出量,该数量是建议数量,不是计划的投入量。建议数量的计算按照批量规则计算,比如若批量为 10,当净需求 < 10 时,一律取 10;若净需求量为 10—20,则数量一律取 20,以此类推;若批量为 1,则缺多少补多少,按"因需定量"的规则计算,也就是准时制生产。

8. 计划投入量

计划投入量是根据规定的提前期和成品率(合格率)计算得出的,用来说明"什么时间下达生产计划"。计划一经下达,就变成实际生产活动。在 MPS 计算中,计划投入量是指按计划产出量的需求,考虑到批量和提前期而产生的在某计划周期内应下达采购或生产的数量。

9. 可承诺量

可承诺量(available to promise, ATP)用于支持客户订单承诺。它告诉销售部门,在不改变主生产计划的前提下还可以满足多少客户需求。这是一条非常有用的信息。因为它指出可靠的客户承诺是什么。每一个做客户订单录入的人员都应当搞清 ATP 的概念和作用。

ATP 是库存量和主生产计划量中尚未承诺给客户订单的部分。计算 ATP 的方法有三种,即离散 ATP、累计 ATP、时区平衡 ATP。

(1) 离散 ATP。在时区内某时段(非第一时段)的 ATP 等于该时段计划产出量减去从这个时段开始到下一个出现计划产出量之前各时段合同量之和。如果某时段没有计划产出量,则该时段 ATP 为 0;第 1 时段的 ATP 等于计划产出量加上初始库存量再减去下一次计划产出量出现之前的所有合同量之和,计算示例如表 5-2 所示。

基本公式为:

$$ATP = 某时段计划产出量(第 1 时段加上初始库存量) \qquad (5-3)$$
$$- 下一次出现计划产出量之前各时段合同量之和$$

表 5-2 主生产计划与离散 ATP

单位:件

时区—周	当前	1	2	3	4	5	6	7	8
预测量		10	10	9	10	7	9	10	9
合同量		11	13	5	12	4	8	13	5
毛需求量		11	13	9	12	7	9	13	9
计划接收量		10							
预计库存量	23	22	29	20	28	21	22	29	20
净需求量			11		12		8	11	
计划产出量			20		20		10	20	
计划投入量	20		20		10	20			
离散 ATP		22	2		4		2	2	

根据表 5-2 中,有:

时段 1   ATP = (10 + 23) − 11 = 22

时段 2   ATP = 20 − (13 + 5) = 2

时段 3   没有计划产出量,则不计算 ATP 或 ATP 为 0

时段 4   ATP = 20 − (12 + 4) = 4

优缺点分析:①各时段 ATP 之间没有联系,当一个时段数据变化时,不影响其他时段的 ATP。比如,时段 1 临时增加一个数量为 5 的订单,则 ATP 数量为 17,其他时段数据不变。②数据没有反映各时段的全部 ATP 值,比如如果时段 2 没有订单,时段 3 的 ATP 应该仍然是2,但表格显示为零,有经验的销售员会找上一时段的ATP作为参考;如果时段3仍没有增加订单,则时段4的ATP应该至少为6(暂不考虑时段1的ATP与安全库存)。

(2)累积ATP。某时段的累积ATP等于前一个时段离散的ATP加上本时段离散的ATP的量。表5-2中的数据按累积ATP计算所得结果如表5-3(简化)所示。

表5-3 主生产计划与累积ATP

当前库存量:23　　　　　　　　　　　　　　　　　　　　　　　　　　　　　　　单位:件

时区一周	当前	1	2	3	4	5	6	7	8
合同量		11	13	5	12	4	8	13	5
计划接收量		10							
计划产出量			20		20		10	20	
离散ATP		22	2		4		2	2	
累积ATP		22	24	24	28	28	30	32	32

优缺点分析:①数据基本反映各时段的全部ATP值,比如如果时段3没有计划接收量,在时段1和2都没有增加订单的情况下,时段3仍然有可销售量,即前期累积的ATP(24),比离散的ATP反映的情况更为直观。②各时段ATP之间存在联系,当一个时段数据变化时,其他时段的ATP数量也随之变化。比如,时段1临时增加了一个数量为5的订单,则ATP数量减为17,其他时段数据相应都减少5。

(3)时区平衡ATP。时区平衡ATP不仅要考虑本时段与前期各时段的计划接收量与合同量,还要考虑某一个阶段内计划接收量与合同量的关系,这个阶段通常以主生产计划的展望期表示,相当于主生产计划在报表中的展开时区。某时段的时区平衡ATP等于该时段的累积ATP减去展望期内所有没有计算在内的计划接收量与合同量之差,如表5-4所示。

表5-4 主生产计划与时区平衡ATP

当前库存量:23　　　　　　　　　　　　　　　　　　　　　　　　　　　　　　　单位:件

时区一周	当前	1	2	3	4	5	6	7	8
合同量		11	13	5	12	4	16	13	5
计划接收量		10							
计划产出量			20		20		10	20	
累积ATP		22	24	24	28	28	30	32	32
平衡ATP		16	18	18	22	22	22	24	24

从表5-4可以看出,时段1库存可承诺量实际为22,但在时段6出现了计划接收量小于合同量的情况,因前期库存余量较多,可以满足合同量的需要。如果前期出现了较

多的临时订单,销售员按照表中的可销售量将产品全部销售出去,在时段 6 就会出现合同量不能满足的情况。为避免这种情况出现,可将展望期内的全部计划接收量与合同量统一规划,平衡供需,将时段 6 出现的计划量不足合同量的部分提前从 ATP 中去掉。销售员根据该表中各时段所列的 ATP 销售,就不会出现时段 6 合同量不能满足的情况。

优缺点分析:①这是一种非常稳妥的计算方法,最大程度地保证了生产计划的稳定性。ATP 数据可以直接为销售员使用,销售员不用考虑展望期内的其他情况。②展望期过长会导致较长时间的库存积压。

5.2.2 主生产计划的编制

1. 主生产计划的计算流程

主生产计划的计算流程如图 5-3 所示。

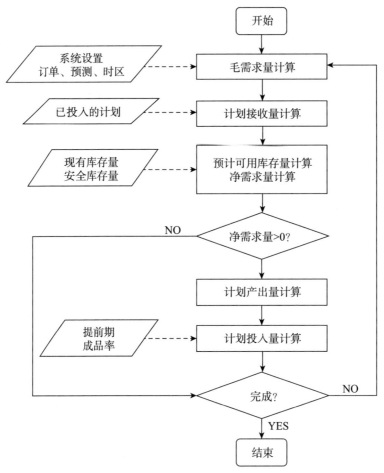

图 5-3 主生产计划的计算流程

假设计算主生产计划的条件如表 5-5 所示。

表 5-5 生产计划条件

物料编码:T0102	物料名称:摩托车	型号规格:XD
期初库存:45	安全库存:10	提前期:7 天
批量规则:固定批量	批量:20	
需求时界:时段 3	计划时界:时段 7	

则计算步骤如下:

(1) 设置计划展望期、划分时段、时区。计划展望期为时段 1—10,每个时段均为 7 天,时段 1—3 为时区一,时段 4—7 为时区二,时段 8—10 为时区三。

(2) 填写各个时段的预测量和订单量。在计划展望期内各时段的预测量和订单量如表 5-6 所示。

表 5-6 计划展望期内的 T0102 型号摩托车预测量和订单量

单位:件

类别	时段	1	2	3	4	5	6	7	8	9	10
	当期	1/1	1/8	1/15	1/22	1/29	2/5	2/12	2/19	2/26	3/5
预测量		25	40	30	40	35	40	40	25	30	30
订单量		30	35	35	40	40	35	38	30	30	20

(3) 确定毛需求。根据订单或预测数据,确定毛需求采用以下规则:

时区一:毛需求 = 订单量

时区二:毛需求 = Max(订单量,预测量)

时区三:毛需求 = 预测量

结果如表 5-7 所示。

表 5-7 毛需求计算结果

单位:件

类别	时段	1	2	3	4	5	6	7	8	9	10
	时区	第一时区			第二时区				第三时区		
	当前	1/1	1/8	1/15	1/22	1/29	2/5	2/12	2/19	2/26	3/5
预测量		25	40	30	40	35	40	40	25	30	30
订单量		30	35	35	40	40	35	38	30	30	20
毛需求量		30	35	35	40	40	40	40	25	30	30

(4) 读入计划接收量和当期库存量。从系统数据读取,这里均为已知量,如表 5-8 所示。

表 5-8　计划接收量与期初库存量

单位:件

类别	时段	1	2	3	4	5	6	7	8	9	10
	时区	第一时区			第二时区			第三时区			
	当前	1/1	1/8	1/15	1/22	1/29	2/5	2/12	2/19	2/26	3/5
预测量		25	40	30	40	35	40	40	25	30	30
订单量		30	35	35	40	40	35	38	30	30	20
毛需求量		30	35	35	40	40	40	40	25	30	30
计划接收量				15							
预计库存量	45										

(5) 计算第 1 时段净需求量。根据前面介绍的净需求计算公式,第 1 时段的净需求 = 本时段毛需求 + 安全库存量 - (前一时段末的可用库存量 + 本时段计划接收量) = 30 + 10 - (45 + 0) = -5,如表 5-9 所示。

(6) 计算第 1 时段预计可用库存量。由于上述第 1 时段的净需求计算值小于零,即无净需求,根据前面介绍的 MPS 的初步计划的计算逻辑流程,下一步需转入第 1 时段的预计可用库存量的计算。

第 1 时段的预计可用库存量 = (前一时段末的可用库存量 + 本时段计划接收量 + 本时段计划产出量) - 本时段毛需求 = 45 + 0 - 30 = 15,如表 5-9 所示。

表 5-9　净需求和预计可用库存量

单位:件

类别	时段	1	2	3	4	5	6	7	8	9	10
	时区	第一时区			第二时区			第三时区			
	当前	1/1	1/8	1/15	1/22	1/29	2/5	2/12	2/19	2/26	3/5
预测量		25	40	30	40	35	40	40	25	30	30
订单量		30	35	35	40	40	35	38	30	30	20
毛需求量		30	35	35	40	40	40	40	25	30	30
计划接收量				15							
预计库存量	45	15									
净需求量		-5									

(7) 计算第 2 时段的净需求。第 1 时段预计可用库存量计算完成后,转入第 2 时段的计算。根据前面的逻辑介绍,首先计算净需求量。

第 2 时段净需求量 = 本时段毛需求 + 安全库存量 - (前一时段末的可用库存量 + 本时段计划接收量) = 35 + 10 - (15 + 0) = 30,见表 5-10。

(8) 计算第 2 时段的计划产出量。由于第 2 时段的净需求量大于零,根据计算逻辑流程,下一步需计算第 2 时段的计划产出量。计划产出量由净需求量根据批量规则规整而得,本例采用固定批量法,且批量为 20。则当净需求量小于 20 时,计划产出量取 20;若净需求量大于批量,则超出 20 的倍数的零头部分,需规整 20。因此,第 2 时段的计划产出量应为 40。

(9) 计算第 2 时段的计划投入量。计划投入量是由计划产出量根据设定的提前期和成品率计算得到的,说明什么时间下达计划。本例中,产品的成品率为 100%,即没有损耗,仅需根据提前期(当前物料的提前期为 1 个时段)来倒推得到计划投入量。

(10) 计算第 2 时段的预计可用库存量。预计可用库存量 = (前一时段末的可用库存量 + 本时段计划接收量 + 本时段计划产出量) - 本时段毛需求量 = 15 + 0 + 40 - 35 = 20。

(11) 依次计算其他时段。根据计算逻辑流程,采用相同的计算顺序和公式,依次计算其他时段的各量。

(12) 依次计算各时段的可承诺量(ATP)。根据 ATP 的计算公式,可计算得到各时段的离散 ATP。

(13) 依次计算各时段的累计 ATP。

表 5-10　计划展望期内的 T0102 型号摩托车 MPS 计算结果

单位:件

类别	时段	1	2	3	4	5	6	7	8	9	10
	时区	第一时区			第二时区			第三时区			
	当前	1/1	1/8	1/15	1/22	1/29	2/5	2/12	2/19	2/26	3/5
预测量		25	40	30	40	35	40	40	25	30	30
订单量		30	35	35	40	40	35	38	30	30	20
毛需求量		30	35	35	40	40	40	40	25	30	30
计划接收量				15							
预计库存量	45	15	20	20	20	20	20	20	15	25	15
净需求量		-5	30	10	30	30	30	30	15	25	15
计划产出量			40	20	40	40	40	40	20	40	20
计划投入量		40	20	40	40	40	40	20	40	20	
离散 ATP		15	5	-15	0	0	5	2	-10	10	0
累计 ATP		15	20	5	5	5	10	12	2	12	12

2. 主生产计划的编制步骤

主生产计划的编制步骤包括确定 MPS 对象、编制 MPS 初步计划、编制 RCCP 清单、评估 MPS 初步计划、批准和下达 MPS 等步骤。主生产计划来自销售与运作规划,是对销售与运作规划的分解和细化。MPS 方案的制定也是一个反复试行的过程,制定中不断平衡关键能力,即进行粗能力计划的运算,最后审批确认,进入物料需求计划的制订过程,制订流程如图5-4所示。

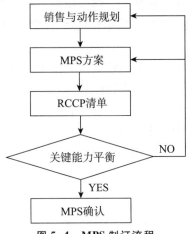

图 5-4 MPS 制订流程

(1) 根据生产规划和计划清单确定对每个主生产计划对象的生产预测。

(2) 根据生产预测、已收到的客户订单、配件预测以及该最终项目的相关需求数量,计算总需求。

(3) 根据总需求量及事先确定的订货策略和批量、安全库存量和期初库存量,计算各时区的预计可用量和主生产计划量。

在计算过程中,如预计可用量为正值,表示可以满足需求量,不必再安排主生产计划量;如预计库存量为负值,则在本期安排一个批量作为主生产计划量,从而给出一份主生产计划的备选方案。

(4) 用粗能力计划评价主生产计划备选方案的可行性,模拟选优,给出主生产计划报告。MPS报表如表5-11所示。报表分表头和表体两部分,表头中除现在库存量随时间变化,属于动态信息(来自库存管理子系统)外,其他均为静态信息(来自物料主文件)。

表 5-11 主生产计划报表示例

物料号:T0102　　物料名称:120摩托车　　安全库存:20
提前期:1　　批量规则:固定批量　　批量:20
当前库存:45　　需求时界:3　　计划时界:7
计划日期:2016/12/25　　计划员:WL　　单位:件

类别	时段	1	2	3	4	5	6	7	8	9	10
	当前	1/1	1/8	1/15	1/22	1/29	2/5	2/12	2/19	2/26	3/5
预测量		25	40	30	40	35	40	40	25	30	30
订单量		30	35	35	40	40	35	38	30	30	20
毛需求量		30	35	35	40	40	40	40	25	30	30

（续表）

类别	时段	1	2	3	4	5	6	7	8	9	10
	当前	1/1	1/8	1/15	1/22	1/29	2/5	2/12	2/19	2/26	3/5
计划接收量				15							
预计库存量	45	15	20	20	20	20	20	20	15	25	15
净需求量		−5	30	10	30	30	30	30	15	25	15
计划产出量			40	20	40	40	40	40	20	40	20
计划投入量		40	20	40	40	40	40	20	40	20	

知识链接

生产计划编制的关注点

生产计划编制前需要确认的六大制约因素，包括订货合同、工艺设计、原料准备、设备配套、工时定额和能源供应。

- 订货合同制约，主要包括生产品种、具体的数量、交货的时间。
- 工艺设计制约，主要包括采用什么工艺、使用何种物料、物料用量多少。
- 原料准备制约，主要包括是外协还是自备、自加工需要经过的工序。
- 设备配套制约，主要包括加工设备的种类和数量、前后工序的设备配套情况、专用配件配套情况等。
- 工时定额制约，主要包括不同品种的单位产量定额、每周开班次数、工人的出勤率情况等。
- 能源供应制约，主要包括水、电、气等的供应情况。

这些制约因素需要在生产计划编制过程中逐一评估和相互平衡，否则生产计划就无法编制。

5.2.3 主生产计划的维护

第一次编制计划比较容易，但是修改计划却是一件繁重的工作。修改计划是不可避免的、经常性的工作。例如，计划变动、产品结构或工艺变动、采购件拖期、加工件报废，都要修改 MPS 或 MRP。这就要求计划员非常熟悉 MRP 计划与控制的原理与方法，熟悉产品结构和各种数据参数，并能灵活、熟练地判断和运用。人的因素永远是第一位的。修订计划前要注意以下事项：

（1）弄清问题的性质，明确修订的必要性；注意问题出现在产品结构的哪个层次；已确认或下达的订单，系统是不能自动修改的。

（2）利用系统的功能，追溯有关计划任务（订单）的来源，查明问题影响的范围，若在需求时段以内的变动,要有审批手续。

(3) 分清轻重缓急,重新调整优先级。

在 MRP 系统中,修改 MPS 有如下两种方式:

(1) 全重排式(regeneration)。主生产计划完全重新制订,重新展开物料清单,重新编排物料需求的优先顺序。原有计划订单都会被系统删除并重新编排。全重排法的好处是计划全部理顺一遍,避免差错。重排计划的间隔时间,要根据产品结构的复杂程度、物料数量的多少、对计划准确度的要求、计划改动影响面的大小、计算机的档次和运行速度等因素分析确定。

(2) 净改变式(net change)。系统只对订单中有变动的部分进行局部修改,一般改动量比较小。如只变动部分产品结构、需求量、需求日期等。运行时,只展开受变动影响的部分物料,修改量小,运算快,可以随时进行;一般用于计划变动较多但影响面不大的情况。但是,大量频繁的局部修改会产生全局性的差错,因此,隔一定时间有必要用全重排式把全部物料的需求计划全面理顺一遍。一般软件都提供两种修订计划的功能,但全重排式总是不可少的。修订计划时,应充分利用系统的模拟功能。计划模拟可以在不打乱现有数据、不妨碍正常运行的情况下相并运行。ERP 不是一种优化程序,但可以通过模拟对比,在几个可行的方案中选择最佳方案。

5.3 主生产计划的评估

主生产计划 MPS 的初稿计算和编制完成后,其可行性需要通过粗能力需求计划(rough-cut capacity planning,RCCP)进行校验和平衡。粗能力需求计划是伴随主生产计划运行的,即 ERP 在生成 MPS 的同时计算 MPS 的能力需求。

由于这时还没有展开计算所有物料的需求,所以还不知道所有工作中心的负荷情况,只能根据经验判断对"关键工作中心"的负荷做一个粗略的估计。粗能力需求计划是对"关键工作中心"的能力进行运算而产生的一种能力需求计划,它的计划对象只是针对设置为"关键工作中心"的工作中心能力,计算量要比能力需求计划(将在第 7 章详细讲解)小得多,是比较简单粗略、快速的能力核定方法,称为"粗能力需求计划"。粗能力需求计划为安排可行的主生产计划提供了参考,计划员可以据此决定主生产计划是否能得到有效的执行,从而决定是否继续进行下一步的物料需求计划 MRP。

案例 5-1

一个装水的木桶,四周围的木板长短不一,这个水桶装水量的最大量是由谁决定呢?最长的那块木板还是最短的那块木板?我想大家都知道应该是最短的那块。

关键工作中心就是那块"短木板",如果对短木板以外的项目下功夫是得不到效果的。想要加大装水容量,就必须将短板加长。

运行粗能力计划可分两个步骤：首先，建立资源清单，说明每种产品的数量及各月占用关键工作中心的负荷小时数，同时与关键工作中心的能力进行对比；其次，在产品的计划期内，对超负荷的关键工作中心，要进一步确定其负荷出现的时段。主生产计划的计划对象主要是产品结构中 0 层的独立需求型物料，但是这个独立需求件的工艺路线中（例如装配工艺）往往并不一定含有关键工作中心。对这个产品来讲，它涉及的关键工作中心往往是在它下属低层某个子件的工艺路线上出现。

图 5-5 中 X、Y 是独立需求件，B、C 是 X 的下层物料，M、N 是 Y 的下层物料；它们都要使用同一个关键工作中心。这些物料使用关键工作中心的日期同最终产品完工日期之间的时间间隔称为偏置天数或提前期（days offset 或 lead-time offset）。计算关键工作中心负荷时，只有说明发生这个负荷相对于 MPS 最终产品完工日期的偏置天数，才能说明出现超负荷的具体时段。偏置天数由物料清单文件中的累计提前期推算确定。

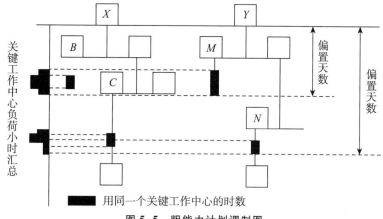

图 5-5 粗能力计划调制图

配合主生产计划运行的粗能力计划是一种中期计划，因此一般仅考虑计划订单和确认订单，而忽略在近期正在执行的和未完成的订单，也不考虑在制品库存。关键工作中心的负荷能力报表，通常用分时段的直方图表示，时段的长度同主生产计划一致。对超出工作中心可用能力的负荷，在直方图上用特殊的方式（如加大宽度）表示。众所周知，超出能力的任务是不可能完成的，能力同负荷有了矛盾必须调整。调整后 MPS 计划由主生产计划员确认，确认后的 MPS 作为 MRP 运行的依据。

下面举个例子简要说明粗能力计划的检验过程。

已知每种主生产计划项目在关键工作中心的资源需求，例如对机时的需求如表 5-12 所示。

表 5-12 各主生产计划项目对机时的需求

	焊接车间机时（工作中心 1）	最后装配工时（工作中心 2）
E10-1-24	0.0750	0.1000
E10-2-26	0.0842	0.1000

（续表）

	焊接车间机时（工作中心 1）	最后装配工时（工作中心 2）
E11-1-24	0.0500	0.0800
E11-2-26	0.0328	0.0650
E11-1-26	0.2000	0.3200

如果主生产计划提供了每种产品的计划量，那么用其计划量乘以资源清单中给出的机时要求，就得到总的机时需求数。为了简化和加快粗能力需求计划的处理过程，在编制粗能力需求时忽略了一些基本信息，诸如在制品信息、提前期。

主生产计划数据如表 5-13 所示。

表 5-13 主生产计划数据

	1 月	2 月
E10-1-24	250	240
E10-2-26	200	210
E11-1-24	220	230
E11-2-26	360	350
E11-1-26	150	165

焊接工作中心：

  1 月：

$250 \times 0.075 + 200 \times 0.0842 + 220 \times 0.05 + 360 \times 0.0328 + 150 \times 0.2 = 88.40 \approx 89$（小时）

  2 月：

$240 \times 0.075 + 210 \times 0.0842 + 230 \times 0.05 + 350 \times 0.0328 + 160 \times 0.2 = 90.662 \approx 91$（小时）

装配工作中心：

  1 月：

$250 \times 0.1 + 200 \times 0.1 + 220 \times 0.08 + 360 \times 0.065 + 150 \times 0.32 = 134$（小时）

  2 月：

$240 \times 0.1 + 210 \times 0.1 + 230 \times 0.08 + 350 \times 0.065 + 165 \times 0.32 = 138.95 \approx 139$（小时）

如果上述两个关键工作中心每天有效工作为 5 小时，每月按 25 个有效工作日计算，那么两个工作中心的生产能力分别都是 125 小时。将上述计算结果和这个能力数字进行比较发现：

焊接工作中心：

  1 月：89 < 125，结论：欠负荷

  2 月：91 < 125，结论：欠负荷

装配工作中心：

1月:134 > 125,结论:超负荷
　　2月:139 > 125,结论:超负荷

欠负荷说明设备能力有余,可以再增大生产量;超负荷说明设备能力不足,应当减小生产量或扩大生产能力。

粗能力需求的分析是一个反复进行的过程,直到能力和需求基本一致时,才能将主生产计划确认下来下达到有关部门执行。

为了有效地解决粗能力计划反映出的问题,需要提供一种方法来识别能力需求的来源。最简单的方法是提供一个报告或屏幕显示,表明在每个时区引起粗能力计划需求的具体的主生产计划订单。

如果粗能力计划的计算表明存在能力或资源的短缺,那么在批准主生产计划之前,必须解决这一问题,或者增加能力或资源,或者调整主生产计划;如果必须调整主生产计划以协调资源短缺,那么这种调整一定反映在最后的主生产计划中。

案例 5-2

某公司是典型的多品种小批量生产模式,专门生产加工高精度的压缩机机体,加工的零件主要由客户提供图纸,需求量一般不超过 10 件。该公司的多品种小批量生产有三个特点:一是客户均为国际制冷行业的龙头企业,具有行业领先性;二是产品的生产方式都是小批量,具有生产模式的代表性;三是设备的加工技术都达到国际领先水平,具有管理硬件的可靠性。

该公司把生产计划分解为三部分,一是采购计划,二是产能计划,三是生产计划。

采购计划:以客户订单为依据,根据全年预测、月度预测、当前订单、最低库存、安全库存、实际库存、经济生产批量、铸件报废率和加工报废率等数据,在进行物料需求分析的基础上,制订出当月铸件毛坯采购计划和外协零件采购计划。

产能计划:计算出制约多品种小批量的生产规划的关键设备工序产能,根据"每台设备的每天工作时间×月工作天数×机床利用率×台数"的计算得出的数值就是该工序的最大月生产能力。当产能负荷率超过100%时,说明生产负荷过大,需要将交货期延后;当产能负荷低于80%时,说明生产任务过少,产能闲置过多,需要多接订单。

生产计划:根据多品种小批量的特点,为关键工序编制周滚动生产计划,以根据客户的不同要求和实际生产进度,及时调整偏差,灵活安排生产。

资料来源:曹晓山,夏秋.生产总监实战手册.广州:广东经济出版社,2012.

5.4　主生产计划和最终装配计划

主生产计划是对将要生产什么的描述,它的依据是需求预测和接到的客户订单。主生产计划要覆盖整个计划展望期,且在整个生产制造过程中生成对各种资源的需求。最终装配计划(final assemble schedule,FAS)与主生产计划不同,它是短期计划,目的是满足实际的客户订单,将生成对最终装配工作中心的派工单。

在面向库存生产的环境下,最终装配计划的对象与主生产计划的对象相同,即使有区别也只是包装形式之类的不同。

在面向订单装配的环境下,主生产计划的对象要依据计划物料清单来确定,而最终装配计划的计划对象总是最终产品。例如,A公司生产台灯,台灯的金属灯罩有黑、白、红、绿四种颜色。该公司存储装配台灯所需的所有物料,包括没有涂颜色的金属灯罩。当接到客户订单时,A公司根据客户的要求为灯罩涂上颜色,包装所有的零件,发运给客户。这个过程的提前期为1周。A公司对灯罩涂色之前的台灯编制主生产计划,需求时界3周,累计提前期4周,计划展望期6周,如表5-14所示。表5-15列示了第1周应当发货的订单。

表5-14 台灯的主生产计划

物料:100-TCL　　　　　　　　初始库存:1040　　　　　　　　需求时界:3周

单位:件

周	0	1	2	3	4	5	6
销售预测		1 000	1 200	800	1 000	1 000	1 500
客户订单		1 200	500	300	200		
主生产计划	1 000		1 500		1 000	1 500	
ATP	840		700		800	1 500	
预计库存量		840	1 140	340	340	840	

表5-15 接到的客户订单

单位:件

灯罩颜色	黑	红	绿	白	小计
客户 A	50	100	25	50	225
客户 B	100	75	50	50	275
客户 C	100	50	100	100	350
客户 D	150	50	50	100	350
合计	400	275	225	300	1 200

表5-14表明在第1周共有2 040件台灯(初始库存1 040+过去的主生产计划量1 000)可用于最终装配。表5-15表明,第1周应当发货的订单总数为1 200。有了这些信息就可以制订最终装配计划了。最终装配计划一般按天表示。表5-16为黑色灯罩的最终装配计划,展望期为5天。

表 5-16　黑色灯罩的台灯第 1 周的最终装配计划

单位：件

天	0	1	2	3	4	5
客户订单		50		150	100	100
FAS		100		200	200	
ATP		50		50		
预计库存量	50	50	50	100	200	100

当接到客户订单时，订单录入人员首先检查最终装配计划，看看客户订单是否可以承诺。如果可以，则在最终装配计划的展望期内承诺满足客户订单；否则，检查主生产计划，确定客户订单的承诺日期。

假定接到一份新的客户订单，要购买 20 台黑色灯罩的台灯。表 5-16 所示的最终装配计划显示，第 1 天的 ATP 是 50，于是第 1 天就可以接受这份订单。如果这份新的客户订单要求的是 100 台黑色灯罩的台灯，那么从最终装配计划可知，直到第 3 天才可以完全发货。

假定接到一份新的客户订单，要购买 3 000 台黑色灯罩的台灯，显然不能在最终装配计划的展望期内承诺满足客户订单。检查表 5-14 所示的主生产计划，ATP 显示第 5 周才会有足够的台灯可用。如果要求更早的日期，主生产计划员可以增加第 4 周的主生产计划量（需求时界是 3 周），提前一周发货。或者，必须由企业高层领导做出违反需求时界的决定，然后生产计划员修改需求时界之内的主生产计划来满足需求。

知识链接

拉式系统

对加工装配型产品的生产，传统大规模生产采用推式系统，而准时制生产则采用拉式系统。在准时制生产中，客户从成品库中提货，该信息将拉动总装车间作业以便补充货物，该总装信息又将拉动前道工序的部件生产以便补充被总装消耗的在制品库存，该生产信息又将拉动前道工序的零部件生产以便补充被后道工序消耗的零部件库存，这样一直拉动直到原料库存的消耗，而该信息又将拉动供应商的原料补充。这就是拉式系统，如图 5-6 所示。

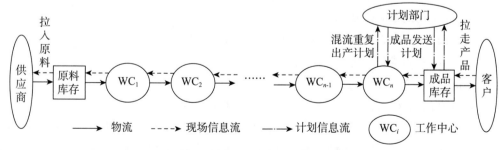

图 5-6　准时制生产对应的拉式系统

本章小结

主生产计划在 ERP 系统中是一个重要的计划层次,它确定每一个具体的最终产品在每个具体时间段内的生产数据,是销售与运作规划的具体化计划,是 MRP 运算的重要输入数据,起着承上启下、从宏观计划到微观计划过渡的作用,同时也是企业各部门协调运作的平台。因此,在制订主生产计划过程中需要综合考虑各方面的因素。

主生产计划的对象一般是最终产品,即企业的销售产品,但有时也可以是产品的基本组件和通用件。根据主生产计划的制定原则,结合产品结构特征,选择企业最终产品或产品中的某一个级次作为主生产计划的编制对象会有利于管理。

在面向库存生产的环境下,最终装配计划的对象与主生产计划的对象相同;在面向订单装配的环境下,主生产计划的对象要依据计划物料清单来确定,而最终装配计划的计划对象总是最终产品。

影响主生产计划的因素有优先权和能力,优先权能确定产品的时间,决定物料需求的种类和时间,而能力确定了能否生产,决定劳动力、设备需求的类型和时间。粗能力计划则用以保证主生产计划的执行,它是通过把 MPS 中的数量转换成所需要的负荷来决定所需要的资源,它能对主生产计划可否实现以及工作的瓶颈在哪提出警告。

主生产计划的维护方式有全重排式和净改变式两种。全重排方法的好处是计划全部理顺一遍,避免差错;净改变方法能使系统迅速应对变化的环境,副作用是系统常常过于敏感。

思考题

1. 什么是主生产计划?为什么要有主生产计划?如果没有主生产计划,企业将会出现什么现象?
2. 主生产计划的计划对象是什么?编制主生产计划需要遵循哪些原则?
3. 企业产品结构有哪几种?它们对企业 ERP 系统制订主生产计划有何影响?
4. 说明什么是时区、时界、需求时界、计划时界?
5. 什么是预计可用量?什么是可承诺量?
6. 企业常用的批量规则有哪几种?
7. 有几种计算 ATP 的方法?这些方法各有什么不同?
8. 如何编制和维护主生产计划?
9. 如何评估主生产计划?
10. 什么是最终装配计划?它和主生产计划有什么不同?
11. 某计算机制造公司利用计算机零配件来组装不同型号与配置的计算机出售,可选择的零配件有 5 种 CPU、4 种主板、3 种硬盘、1 种软驱、2 种光驱、3 种内存、3 种显示器、4 种显卡、2 种声卡、3 种 MODEM、3 种机箱和 1 种电源。根据这种情况,设计该公司主生产计划的编制对象,并说明这样设计的原因。

12. 某公司的主生产计划如下表所示,现接到一份新的客户订单,要求立即发货 25 件,假定原先的客户订单具有较高的优先级,而且最初的 3 周不可以重新计划,那么应当如何对新客户做出承诺(按离散 ATP 计算)?

提前期:0　　　　现有库存量:4　　　　订货批量:20　　　　计划时界:5　　　　需求时界:0

时区	1	2	3	4	5
预测	10	5	20	10	
客户订单	5	2	1		
预计可用量	14	9	9	19	
主生产计划	20		20	20	

主生产计划员的中午两小时

星期三上午,11:50,C 电器设备公司的主生产计划员朱女士正准备去吃午饭,电话铃响了,是公司主管销售的副总裁。

"朱女士,你好。我刚刚接到我们浙江的销售代表的电话,他说,如果我们能够比 D 公司交货更快,就可以和一家大公司做成 A3 系统的一笔大生意。"

"这是一个好消息,"朱女士回答,"一套 A3 系统可以卖一百万哪。"

"是的,"副总裁说道,"这将是一个重要的新客户,一直由 D 公司控制着。如果我们这第一步走出去了,以后的生意会接踵而来的。"

朱女士知道,副总裁打电话给她绝不仅仅是告诉她这个好消息。"如果我们能够比 D 公司交货更快"才是打电话的原因。作为主生产计划员,她意识到副总裁下面还有话说,她全神贯注地听着。

"你知道,朱女士,交货是销售中的大问题。D 公司已经把他们的交货期从原来的 5 周缩短到 4 周。"副总裁停顿了一下,也许是让朱女士做好思想准备。然后接着说:"如果我们要做成这笔生意,我们就必须做得比 D 公司更好。我们可以在 3 周之内向这家公司提供一套 A3 系统吗?"

朱女士在今天上午刚刚检查过 A3 系统的主生产计划,她知道,最近几周生产线都已经排满了,而且 A3 系统的累计提前期是 6 周。看来必须修改计划。"是 3 周以后发货吗?"朱女士问道。

"恐怕不行,3 周就要到达客户的码头。"副总裁回答。朱女士和副总裁都清楚,A3 系统太大,不能空运。

"那我来处理这件事吧。"朱女士说,"两小时之后我给您回电话。我需要检查主生产计划,还需要和有关人员讨论。"

副总裁去吃午饭了。朱女士继续工作、解决问题。她要重新检查 A3 系统的主生产计划,有几套 A3 系统正处于不同的生产阶段,它们是为其他客户做的。她需要考虑当前可用的能力和物料;她要尽最大的努力,使销售代表能够赢得这个重要的新客户;她还必须让其他老客户保持满意。尽一切可能把所有这些事情做好,这是她的工作。

下午 1:50,朱女士给销售副总裁打了电话:"您可以通知您的销售代表,从现在开始 3 周,一套 A3 系统可以到达客户的码头……"

"太好了!朱女士。您是怎么解决的呀?"副总裁高兴地问道。

"事情是这样,我们有一套 A2 系统正在生产过程中。我请您的助手给这套 A2 系统的客户代表打了电话,请他和客户联系,能否推迟 2 周交货。我们答应这家客户,如果他们同意推迟 2 周交货,我们将为他们延长产品保修期。他们同意了,我们的财务部门也批准了。我可以修改计划,利用现有的物料和能力把 A2 系统升级为 A3 系统,就可以按时交货了。但是还有一个问题,如果能解决,那就可以为您的浙江销售代表开绿灯了。"

"什么问题?"副总裁有点担心。

"您的广东销售代表有一份 A3 系统的单子正在生产过程中。如果我们按刚说的那样来改变计划,这份订单就得推迟 3—4 天,您看可以吗?"

球又回到了副总裁手里。他清楚,对原有计划的任何(即使是精心的)修改也往往要付出一些代价。"好吧,我来处理。"副总裁说。

问题终于解决了。朱女士看看表,2:15,她感到了饥饿。

资料来源:周玉清、刘伯莹、周强.ERP 原理与应用教程.北京:清华大学出版社,2010.

案例思考题:

1. 主生产计划员接到销售副总裁电话后,是如何重新做出安排,既要实现本公司的目标,又要让客户满意的?

2. 为什么说主生产计划员的工作是非常重要的?主生产计划员应当具有哪些能力?

第6章

物料需求计划

学习目标和要求

1. 掌握物料需求计划的三大基本要素;
2. 理解独立需求和相关需求的概念;
3. 了解 MRP 展开过程,理解 MRP 计算原理;
4. 了解 ERP 系统中 MRP 的运行维护方式及其特点。

导入案例

美艺公司的椅子生产量因季节而异,不允许有成品库存。每份客户的订单有一个指定的送货日。当公司收到订单后,就按顾客指定的日子安排当月的生产量。那些要求在指定月份送货的订单,大约会在前一个月的 15 日之前收到。当一个月的订货量达到计划生产量时,生产经理吴先生就得决定要么停止接收订单,要么提高生产量。

生产部有一个经理和三个职员,他们根据运输计划和标准部件结构清单决定需要哪些零件组装订单要求的椅子。根据每周的要求,针对每一种零件以它的标准批量(SOQ)或 SOQ 的倍数发出物料需求指令。

吴先生知道框架零件的生产控制体系需要做一番修改,他认为有三个地方值得立刻关注:零件生产指令、机器负荷和生产率确定。

吴先生的烦恼是:某些零件库存积压,另一些零件却供不应求。每天总有工人报告 1—3 种零件无货。当这种情况发生时,生产控制记录却显示几百种零件已生产完毕,应该有存货。这是由于组装工人在某种零件短缺时情急之下使用非标准零件以作替代(组装工人知道有时用一种零件代替另一种会加快组装速度,为赚取更多计件工资,某些组装工人经常使用非标准件)。有时也是因为过多浪费以至超过标准用量,那些零件的使用情况没有记录。

送货工人按规定应该报告这部分额外的变动,而且只应送标准件给组装工人。但这些规定很少被执行。尽管车间可以发出加快送货指令,但这需要主任和助手的合作。如何才能解决呢?

资料来源:http://www.docin.com/p-1106620744.html。

物料需求计划(material requirement planning,MRP)是 ERP 管理的核心内容之一,基于物料需求计划的企业生产计划的展开过程是生产管理的关键,因此,本章内容是 ERP 的重点之一,也是难点之一。物料需求计划过程是一个模拟过程。它根据主生产计划、物料清单和库存记录,对每种物料进行计算,指出何时将会发生物料短缺,并给出建议,以最小库存量来满足需求并避免物料短缺。本章将对 MRP 的处理逻辑做详细的介绍。

6.1 MRP 的基本要素

物料需求计划的基本原理是根据反工艺路线的原理,按照主生产计划规定的产品生产数量及期限要求,利用产品结构、零部件和在制品库存情况、各生产(或采购)阶段的提前期、安全库存等信息,反工艺顺序地推算出各个零部件的产出数量与期限。MRP 的逻辑流程如图 6-1 所示。

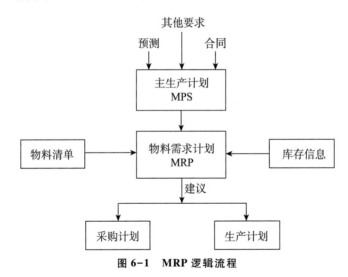

图 6-1 MRP 逻辑流程

主生产计划、物料清单、库存信息为 MRP 的三个基本要素。
(1) 主生产计划回答将生产什么(独立需求);
(2) 物料清单(产品信息)回答要用到什么(零部件及材料),要用多少(相关需求);
(3) 库存信息回答此物现在有多少。

1. 主生产计划

主生产计划是确定每一具体的最终产品在每一具体时间段内生产数量的计划。这里的最终产品是指对于企业来说最终完成、要出厂的完成品,它要具体到产品的品种、型号。这里的具体时间段,通常是以周为单位,在有些情况下,也可以是日、旬、月。主生产计划详细规定生产什么、什么时段应该产出,它是独立需求计划。主生产计划根据客户合同和市场预测,把经营计划或生产大纲中的产品系列具体化,使之成为展开物料需求计划的主要依据,起到了从综合计划向具体计划过渡的承上启下作用。

2. 产品结构与物料清单

MRP 系统要正确计算出物料需求的时间和数量,特别是相关需求物料的数量和时间,首先要使系统能够知道企业所制造的产品结构和所有要使用到的物料。产品结构列出构成成品或装配件的所有部件、组件、零件等的组成、装配关系和数量要求,它是 MRP 产品拆零的基础。举例来说,图 6-2 是一个简化了的自行车的产品结构图,大体反映了自行车的构成。

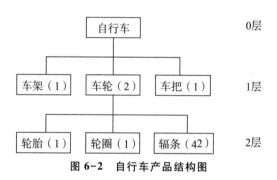

图 6-2 自行车产品结构图

当然,这并不是最终所要的产品结构与物料清单。为了便于计算机识别,必须把产品结构图转换成规范的数据格式,这种用规范的数据格式来描述产品结构的文件就是物料清单。它必须说明组件(部件)中各种物料需求的数量和相互之间的组成结构关系。表 6-1 就是一张简单的与自行车产品结构相对应的物料清单。

表 6-1 自行车产品的物料清单

层次	物料代码	物料名称	数量	计量单位	类型	成品率	生效日期	失效日期	提前期
0	GB950	自行车	1	辆	M	1.0	200101	231231	2
1	GB120	车架	1	件	M	1.0	200101	231231	3
1	GL120	车轮	2	个	M	1.0	000000	999999	2
2	LG300	轮圈	1	件	B	1.0	200101	231231	5
2	GB890	轮胎	1	套	B	1.0	000000	999999	7
2	GBA30	辐条	42	根	B	0.9	200101	231231	4
1	113000	车把	1	套	B	1.0	000000	999999	4

3. 库存信息

库存信息是保存企业所有产品、零部件、在制品、原材料等存在状态的数据库。在 MRP 系统中，将产品、零部件、在制品、原材料甚至工装工具等统称为"物料"或"项目"。为便于计算机识别，必须对物料进行编码。物料编码是 MRP 系统识别物料的唯一标识。

库存信息包括以下六个变量：

（1）现有库存量：在企业仓库中实际存放的物料的可用库存数量。

（2）计划接收量（在途量）：根据正在执行中的采购订单或生产订单，在未来某个时段物料将要入库或将要完成的数量。

（3）已分配量：尚保存在仓库中但已被分配掉的物料数量。

（4）提前期：执行某项任务由开始到完成所消耗的时间。

（5）订购（生产）批量：在某个时段内向供应商订购或要求生产部门生产某种物料的数量。

（6）安全库存量：为了预防需求或供应方面的不可预测的波动，在仓库中经常应保持的最低库存数量。

根据以上各个数值，可以计算出某项物料的净需求量。

6.2 MRP 的展开过程

6.2.1 MRP 的前期处理

基本 MRP 的物料需求计算需要将物料进行必要的前期处理。

首先将物料需求区分为独立需求和相关需求。

独立需求的物料是指物料的需求量不依赖企业内部其他的物料需求量而独立存在，不能从上一级需求派生出本级需求的需求类型与数量，即不会发生其他项目的需求对这一个项目的需求产生影响的需求形式，比如最终产品属于独立需求物料，备品备件的需求就属于这种类型，还有一些维修工具和维修件也属于独立需求。独立需求主要受市场等外部随机因素的影响，独立需求的物料的量一般直接由需求者或用户提出，也可以由预测或客户订单决定。

相关需求的物料是指物料需求量通过企业内部其他物料的需求量计算得出，计算比例关系通过产品结构将物料量之间的对应关系建立起来，在已知产品需求数量的前提下，通过产品结构将所需物料量计算出来，这样相关需求的物料之间自然存在一个固定的比例关系，而这个比例关系恰好能完成产品生产需求而不生产多余的物料（在不考虑残次品等损耗的情况下），这个产品结构数据就是前文所称的物料清单。相关需求是一种能够从上一级需求项目派生出这一级需求项目的需求类型，如半成品、原材料。相关需求是从独立需求中推导出来的。物料需求计划根据独立需求，自动地计算出构成这些项目的部件、零件以及原材料的相关需求量。企业内部大量的生产用物料属于相关需求物料,相关需求物料的量由企业其他物料量来决定,如产品量决定了该产品所需各种原材料或零部件的量。

最后,为满足精确管理的需要,对所需要的物料加上时间参数,每一种物料具体需求时间按企业管理的生产阶段划分,指明具体的生产需求时段,从而方便采购与库存掌握物料的采购与入库时间,以保证生产的正常进行。

产品的独立需求通常由主生产计划给出,主生产计划给出所需产品的种类、规格、数量、时间等信息,在对产品所需物料的计算过程中,需求由产品结构数据作为计算依据,这样计算出的物料需求并不是最终要采购的物料,而是该主生产计划所需要的物料,真正要采购的物料需要考虑企业库存。因此,在 MRP 运算过程中需要有库存数据提供给系统使用,也就是说 MRP 运算需要事先提供一些基础数据,其中物料清单和库存数据是必不可少的。主生产计划是 MRP 运行的驱动器,只有针对生产计划或生产需求运行 MRP 才有意义。

6.2.2 MRP 的基本原理

MRP 的基本原理是在保证交货期的情况下,按照提前期的原则,尽量压缩生产周期,以期得到最低的库存储备和最大的生产效率,如图 6-3 所示。

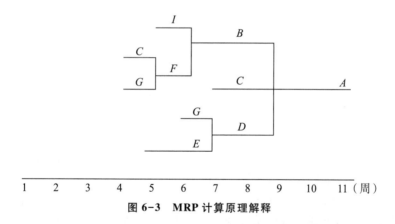

图 6-3　MRP 计算原理解释

图 6-3 标出了 A 产品的结构和每种物料的提前期。在理想情况下,第 4 周开始生产 C 零件和 G 零件;一周后开始装配 F 部件,同时开始生产 E 零件和 I 零件;第 6 周开始生产 G 零件和装配 B 部件;第 7 周装配 D 部件和生产 C 零件,第 9 周开始装配 A 产品;第 11 周装配完毕发运给用户。

按照这样的生产节奏,每种零部件生产完毕后,无须在仓库中存放,立即进入下一阶段加工,直至整个产品加工完为止。因此,此种情况下库存储备最低,甚至可以做到零库存,同时有很高的生产率,并能及时满足用户订货的要求。

在 MRP 的计算中,这种做法实际是从产品交货期倒推出来的。也就是,如果产品 A 的发运时间周期为 0,即第 11 周交货(订单规定的),而 A 的装配提前期为 2 周,所以要求在第9周将装配A所需要的零部件B、C、D生产出来,而它们的提前期又分别为3周和2周,要求I和F第6周生产出来,G和E第7周生产出来,C第9周生产出来,依次往前推,直到产品构成的最低层为止。这就是MRP计算的最简单的原理。

但是,实际生产中问题要复杂得多,诸如有下述问题:

(1) 在同一交货展望期内或同一时间周期内,一般有多种产品需要同时安排计划,而不是只生产单一产品,怎么办?

(2) 不同产品之间或同一种产品内都存在通用件的问题,通用件的生产计划如何安排?

(3) 零部件生产为了减少生产准备时间和机床调整时间,存在一个生产批量的问题,应如何确定生产批量?

(4) 在实际生产中,零部件和原材料库存肯定都是存在的;为了保证连续生产,车间在制品也是不可少的;同样,在开出库单到物品实际出库有一个时间差,为了保证数据随时正确,已分配量也是不可少的,在这种情况下如何制订物料需求计划?

下面阐述MRP的编制过程,并通过例子来说明上述问题的解决方法。

6.2.3 MRP的编制过程

MRP计算实际上从最终产品开始,逐层求其毛需求和净需求,然后根据给定的生产批量和提前期确定计划完工和计划投入的数量和周期,其步骤如图6-4所示。

(1) 计算物料的毛需求量。根据前文所述,物料的毛需求包括市场对其本身的独立需求量和由其父项根据产品结构展开产生的该物料的相关需求量。

$$毛需求 = 相关需求 + 独立需求 \tag{6-1}$$

(2) 计算物料的净需求量。其中,毛需求量加上已分配量和安全库存量为总需求量,这里的已分配量是尚保存在仓库中但已被分配掉的物料数量。现有库存量加上计划接收量为当前可达到的供给量,现有库存量就是上一时段末期的预计可用库存量。总需求量减去可达到的供给量就是真正的需求量。因此,净需求的计算公式为:

$$净需求 = 毛需求 + 安全库存量 + 已分配量 - 现有库存量 - 计划接收量 \tag{6-2}$$

(3) 计算计划完工量。根据净需求量,考虑批量规则,生成计划完工量和时间。计算公式为:

$$计划完工量 = \begin{cases} 净需求 & (直接批量法) \\ 生产批量 & (批量法) \end{cases} \tag{6-3}$$

(4) 计算计划投入量。根据计划完工量,考虑损耗系数,计算计划投入量;考虑提前期,计算计划投入时间。计算公式为:

$$计划投入量 = \begin{cases} 计划完工量 & (直接批量法) \\ (偏移提前期) & \\ 生产批量 & (批量法) \end{cases} \tag{6-4}$$

(5) 根据计划完工和计划投入,产生计划订单。

编制 MRP 时是先不考虑生产能力的约束的,ERP 系统是在编制完 MRP 后,再编制能力需求计划,按生产工艺要求,分类核算各制造件的生产负荷并汇总,以便进行能力与负荷的平衡,指导计划员调整 MRP,最终生成一份可行的物料需求计划。

例如,已知某产品有如图 6-5 所示结构参数:

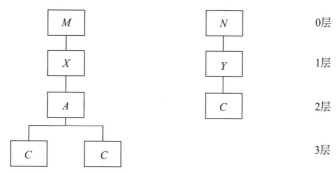

图 6-5 产品结构

同时假定上述产品有下面几个计划参数(见表 6-2)。

表 6-2 计划参数表

项目	X	A	Y	C
提前期	2	1	3	2
批量	直接批量	10	直接批量	20
预计库存	0	5	43	50

从图 6-5 中看出在 M 和 N 两种产品结构中材料 C 是共用材料,但它们在 BOM 中所处的层次不同,C 在 M 中处于产品结构的第 3 层,而在 N 中则处于产品结构的第 2 层。所处的产品层次不同,物料需求的计算处理方式也不同,因此在展开 MRP 的计算过程中,ERP 系统引入了物料的"低层码"的概念。

物料的低层码是系统分配给物料清单上的每个物品一个从 0 至 N 的数字码。在产品结构中,最上层的层级码为 0,下一层部件的层级码则为 1,以此类推。一个物料只能有一个 MRP 低层码,当一个物料在多个产品中所处的产品结构层次不同或即使处于同一个产品结构中但却处于不同产品结构层次时,则取处在最低层的级次码作为该物料的低层码,也即取数字最大的层级码。

根据上述产品结构参数计算出每个项目的低层码(见表 6-3)。

表 6-3 项目低层码

项目	X	A	Y	C	M	N
低层码	1	2	1	3	0	0

同时，假定作为最终产品的 M 和 N，在主生产计划中有如下产品需求（见表6-4）：

表6-4 主生产计划表

周期	1	2	3	4	5	6	7	8
M	5	7	13	5	6	5	4	3
N	12	15	22	16	9	15	10	12

根据以上已知数据和计算公式，展开产品 M 和 N 的物料需求计划。

（1）第一层，根据 M 和 N 的主生产计划计算 X 和 Y 的需求计划。由图6-5描述的产品结构可知，一个 M 需要一个 X，一个 N 需要一个 Y，由此可以计算展望期内 X 和 Y 的毛需求量。根据毛需求量和已知的预计库存量计算各时段净需求量，如第3个时段毛需求 = 13，净需求 = 毛需求 + 安全库存量 + 已分配量 - 现有库存量 - 计划接收量 = 13 + 0 + 0 - 0 - 13 = 0。当净需求大于零时才根据批量规则和提前期计算本时段的计划完工量和计划投入量。物料 X 和 Y 的需求计划计算结果如表6-5所示。

表6-5 X 和 Y 的需求量的分解

第一层：X 和 Y 的需求计划根据 M、N 对其产生的相关需求进行计算

周期	0	1	2	3	4	5	6	7	8
项目 M									
主生产计划		5	7	13	5	6	5	4	3
项目 X		↓							
毛需求		5	7	13	5	6	5	4	3
计划入库量		5	7	13					
预计库存量	0	0	0	0	0	0	0	0	0
净需求		0	0	0	5	6	5	4	3
计划完工量					5	6	5	4	3
计划投入量			5	6	5	4	3		
项目 N									
主生产计划		12	15	22	16	9	15	10	12
项目 Y				↓					
毛需求		12	15	22	16	9	15	10	12
预计库存量	43	31	16	14	0	0	0	0	0
净需求		-31	-16	-14	2	9	15	10	12
计划完工量					2	9	15	10	12
计划投入量		2	9	15	10	12			

（2）第二层，根据 X 的计划投入量计算 A 的需求计划。由图 6-5 描述的产品结构可知，一个 X 需要一个 A，由此可以计算各时段 A 的毛需求量。根据毛需求量和已知的预计库存量计算各时段净需求量，如第 3 时段的净需求 = 毛需求 − 现有库存量 = 6 − 0 = 6。已知条件中 A 的批量规则为固定批量，批量为 10，所以，当第 3 时段净需求为 6 时，计划完工量是 10，且在第 2 个时段投入（提前期为 1），投入量为 10。物料 A 的需求计划计算结果如表 6-6 所示。

表 6-6 A 的需求量的分解

第二层：A 的物料需求计划来自 X 产生的相关需求

周期	0	1	2	3	4	5	6	7	8
项目 X			5	6	5	4	3		
计划投入			5	6	5	4	3		
项目 A				↓					
毛需求			5	6	5	4	3		
计划入库量									
预计库存量	5	5	0	4	9	5	2		
净需求			−5	0	6	1	−5	−2	
计划完工量				10	10				
计划投入量			10	10					

（2）第三层，根据 A 和 Y 的计划投入量计算 C 的需求计划。根据图 6-5 描述的产品结构可知，物料 A 和 Y 对物料 C 都有需求，按照物料 A 和 Y 的计划投入量，计算 C 的毛需求量。由于 Y : C = 1 : 1，A : C = 1 : 2，所以在相应时段，物料 C 的毛需求 = 物料 Y 的计划投入量 + 物料 A 的计划投入量 × 2。如第 3 时段物料 Y 的投入量是 15，物料 A 的投入量是 10，则物料 C 的在第 3 时段的毛需求 = 15 + 10 × 2 = 35。物料 C 的期初库存量为 50，根据毛需求量和现有库存量计算各时段净需求量，如第 3 时段的净需求 = 毛需求 − 现有库存量 = 35 − 19 = 16。已知条件 C 的固定批量是 20，所以 C 在第 3 时段的计划完工量是 20，物料 C 的提前期为 2，计划投入量时间要比计划完工时间提前两个时段，物料 C 在第 3 时段有计划完工量 20，所以物料 C 在第 1 时段投入量 20。物料 C 的需求计划计算结果如表 6-7 所示。

表 6-7 C 的需求量的分解

第三层：C 的物料需求计划来自 A 和 Y 产生的相关需求

周期	0	1	2	3	4	5	6	7	8
项目 A									
计划投入量		2	9	15	10	12			

（续表）

周期	0	1	2	3	4	5	6	7	8
项目 Y									
计划投入量			10	10					
项目 C									
毛需求			2	29	35	10	12		
计划入库量									
预计库存量	50	48	19	4	14	2			
净需求			−48	−19	16	6	−2		
计划完工量					20	20			
计划投入量		20	20						

至此,产品 M 和 N 的物料需求计划计算完毕,汇总起来,在上述时间周期内应下达的计划订单为:

周期	1	2	3	4	5	6	7	8
项目 M	5	7	13	5	6	5	4	3
N	12	15	22	16	9	15	10	12
X		5	6	5	4	3		
Y	2	9	15	10	12			
A		10	10					
C	20	20						

这就是物料需求计划所要达到的目的。当然,在 MRP 展开时需要收集一些必备的已知参数,诸如时间周期参数、每个周期的独立需求量、计划接收量、预计库存量、产品结构数据、提前期、生产批量和低层码,这些数据可分别从主生产计划子系统、库存管理子系统和数据管理子系统中获得。

分析上面的例子,总结展开 MRP 需求计划的计算步骤如下:

(1) MRP 展开从产品结构的第 0 层开始,逐层向下进行;

(2) 如果在计划周期内同时有几种产品准备生产,那么几种产品同时进行展开,逐层向下;

(3) 当展到某项低层码时,才对其产生的各种毛需求按计划时间周期进行合并;

(4) 在计算出某项目的毛需求之后,就可以按已知的计算公式计算其净需求;

(5) 根据净需求量和给定的生产批量决定计划完工数量和周期;

(6) 根据计划完工量和完工周期以及项目的生产(或采购)提前期,决定该项目的计

划投入数量和周期;

(7) 此过程直至所有项目都展开为止。

综上所述,在 MRP 的展开过程中,物料的低层码起到重要的控制作用。一项物料可以出现在多个 BOM 中,在不同的 BOM 中所处的层次也会有所不同。所以每项物料都有一个低层码,用来指明在包含该项物料的所有 BOM 中该项物料所处的最低层次。此时,在所有较高层次上可能出现的对该项物料的毛需求量都已确定,于是可以把所有这些毛需求量按时区合并起来,再继续处理。因此,对每项物料只做一次需求展开,避免了重复检索和处理,提高了效率。

6.3 MRP 的主要输出信息

MRP 的主要输出信息有:①未来一段时间的计划订单;②下达计划订单的建议信息;③要求提前或推迟已下达订单的完工日期的建议信息;④撤销订单的建议信息;⑤关于未来的库存量预报和库存状态信息;⑥数据错误报告;⑦需求反查报告;⑧各种例外信息报告。

MRP 系统通常以报表形式输出信息,报表形式多种多样。以产品 VCD300 主生产计划为例,它的产品结构如图 6-6 所示。经过计算的 MRP 报表如表 6-8 所示。

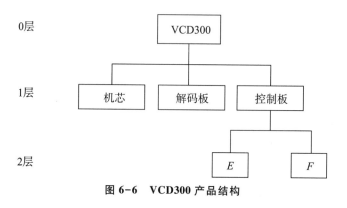

图 6-6 VCD300 产品结构

表 6-8 物料需求计划报表

项目代码:A00101	计划员:WL	计划日期:2015/3/27
项目名称:VCD300 解码板		
型号/规格:XS-1		计量单位:件
现有库存量:5	安全库存:5	已分配量:5
批量规则:固定批量	批量:10	提前期:7 天

(续表)

类别	时段	1	2	3	4	5	6	7	8	9	10
	过去	4/01	4/08	4/15	4/22	4/29	5/06	5/13	5/20	5/27	6/03
毛需求			30	20	30	20	30	30	30	30	20
计划接收量			40								
预计库存量	5	15	15	15	15	15	15	15	15	15	
净需求			−5	15	25	15	25	25	25	25	15
计划产出量				20	30	20	30	30	30	30	20
计划投入量		20	30	20	30	30	30	30	20		

以第二阶段的 MRP 计算为例分述如下：

(1) 毛需求量是由 MPS 的计划投入量 20 引起的需求；

(2) 净需求 = 毛需求 + 安全库存 + 已分配量 − 现有库存量 − 计划接收量 = 20 + 5 + 5 − 15 = 15；

(3) 按照批量规则计算计划产出量，净需求 = 15，固定批量 = 10 < 15，按倍数批量设置，所以计划产出量 = 10 × 2 = 20；

(4) 本时段预计库存量 = 前时段预计库存量 + 本时段计划接收量 + 本时段计划产出量 − 毛需求量 = 15 + 0 + 20 − 20 = 15；

(5) 计算该计划产出量的计划投入量，由于提前期为 7 天，即一个时段，则要在时段 1 投入 20 件；

(6) 本例的批量规则是固定批量，实际运行系统时也可以设置为"直接批量"等批量规则。

MRP 系统的输出信息成为其他计划和控制子系统的有效输入信息。这些子系统包括能力需求计划、车间作业管理、采购作业管理。

6.4 MRP 的运行与维护

6.4.1 MRP 的运行方式

MRP 系统有两种基本的运行方式：全重排式和净改变式。两种方式最主要的不同之处在于计划更新的频繁程度以及引起计划更新的原因。在第一种方式中，计划更新是由主生产计划的变化引起的；在第二种方式中，则是由库存处理引起的。

使用全重排方式，主生产计划中的所有最终项目的需求都要重新加以分解；每一个 BOM 文件都要被访问到；每一个库存状态记录都要经过重新处理；系统输出大量的报告。

全重排式运行方式是通过批处理作业完成的。因此，只能按一定时间间隔（通常为一周）定期进行。在两次批处理之间发生的所有变化以及计划因素的变化等，都要累计起来,等到下一次批处理一起处理,所以计划重排结果报告常有延迟。这就使得系统反映的状态总是在某种程度上滞后于现实状态。在具体情况下,这个缺点的严重程度取决于 MRP 系统的作业环境。

在一个动态的生产环境中,客户需求时时波动,订货每天都可能发生变化,主生产计划经常更改,产品的设计不断更新——所有这些都意味着每项物料的需求数量和需求时间也要随之迅速改变。在这类生产环境中,要求系统有迅速适应变化的能力。

在比较稳定的生产环境中,仅就物料需求而论,全重排式 MRP 系统或许能满足需求。然而 MRP 并不只局限于库存管理,还要确保已下达订单的到货期符合实际需求。因此,一个以周为时间间隔重排计划的 MRP 系统,显然不能使订单的完成日期时时与需求情况相符。由此可以看出,MRP 系统重排计划的时间间隔是一个重要问题。为了能以更小的时间间隔重排计划,必须既考虑到数据处理的经济性(重排计划的范围、时间段和输出数据量),又能避免批处理作业滞后的弊端。于是,净改变式 MRP 系统应运而生。

需求分解是 MRP 最基本的作业。净改变方式采用局部分解的作业方式,对计划进行连续的更新,取代以较长时间间隔进行全面分解的作业方式。

局部分解是问题的关键,因为缩小了每次的运算范围,从而可以提高重排计划的频率,而且每次的输出结果数据也少了。所谓局部分解,一是每次运行只分解主生产计划中的一部分内容;二是由库存事务处理引起的分解只局限于直接涉及的物料及其下属物料。

从净改变的角度看,主生产计划是一份不断更新、连续存在的计划,而不是一份一份间断产生的计划。

连续更新的概念可以用图 6-7 来说明,图中的主生产计划如同中国书画的长卷,卷轴是向未来无限延伸的,随着时间的推移逐渐展开。展开的这段行程计划期内,主生产计划的每一个时间单元上都含有具体的数据,在计划期之外的时间单元上没有数据。随着时间的推移,新的时间单元进入计划期,在这些时间单元便填上了确定的数据,即产生了新计划。

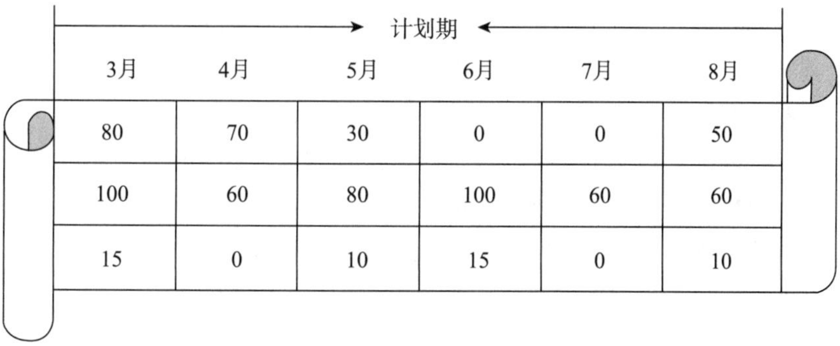

产品	3月	4月	5月	6月	7月	8月
X	80	70	30	0	0	50
Y	100	60	80	100	60	60
Z	15	0	10	15	0	10

图 6-7　主生产计划的连续性

表 6-9 进一步说明了这种方法。如果一个以 6 个月为计划期的主生产计划在 3 月

份看来如表 6-9(a)的样子,在 4 月份如表 6-9(b)的样子,这两者的差别在表 6-9(c)中以净改变的形式表现出来。

表 6-9 主生产计划中的改变

(a)

产品	3月	4月	5月	6月	7月	8月	9月
X	80	70	30	0	0	50	0
Y	100	60	80	100	60	60	0
Z	15	0	10	15	0	10	0

(b)

产品	4月	5月	6月	7月	8月	9月
X	70	30	0	0	35	40
Y	60	80	100	60	60	0
Z	0	10	15	0	10	15

(c)

产品	4月	5月	6月	7月	8月	9月
X					−15	40
Y						
Z						15

在上述例子中,在主生产计划的计划期内,总共有 18 个数据单元,其中 15 个单元没有发生变化。产品 Y 的计划一直保持不变。在这种情况下,全重排方式要把所有 18 个数据重新输入系统,所有库存记录都要被重新处理,产品 X、Y、Z 的 BOM 都要访问。而净改变方式的数据处理量就只相当于全重排方式数据处理的一小部分。

还有很重要的一点应当指出,假如在 3 月份就预知产品 X 在 8 月份的需求量要减少,则 3 月份即可通过净改变方式处理这个数据的改变,而不必等到 4 月份。这样,到了 4 月份,对产品 X 而言,处理净改变数据的工作量就只需要考虑 9 月份新增的 40 了。

与全重排方式相比较,净改变方式使系统能够做到以下几点:

(1) 减少每次发布主生产计划后进行需求计划运算的工作量;

(2) 在两次发布主生产计划的间隔期间也可以对计划中的变化进行处理;

(3) 连续地更新,及时地产生输出报告,从而可以尽早通知管理人员采取相应的措施。

净改变方式也有不足之处,可以归纳如下:

(1) 系统的数据自清理能力较差。净改变方式对数据的自清理能力较差,而全重排方式具有很好的数据清理能力。因为每次运行时,原有的主生产计划就被抛弃,原计划中的所有错误也随之一起清除。

（2）数据处理的效率相对来说比较低。由于在库存事务处理和进行分解运算时要多次访问库存记录，所以净改变方式的数据处理效率较低，成本较高。但是，净改变方式是着眼于库存管理和生产计划的效率而不是数据处理的效率。

（3）系统对变化过于敏感。净改变方式常表现得过于敏感，这是因为在净改变方式中，每次更新计划都会向管理人员提出建议信息，但是有些建议是不必采纳的。为此必须注意，系统给出行为建议信息和计划人员采纳系统给出的建议信息，是两件完全不同的事情。在完全掌握最新信息的基础上，有选择地忽略系统的某些建议总是比不了解情况而不采取措施要好。

由于一般 ERP 软件系统都提供两种运行方式可供选择，所以在实际应用中，企业一般的做法是，每月第一次运行 MRP 系统采用全重排方式，然后每天运行 MRP 系统则采用净改变方式。

6.4.2　MRP 的重排假设

重排假设是 MRP 的基本逻辑之一，它假设在短期内重排已下达订单比下达和接收新订单容易得多。因此，将所有计划接收量全部用于覆盖毛需求之后，才生成新的计划订单。例如，假定某项物料的生产提前期为 3 周，下周存在一项关于该物料的未满足的需求，而车间里有一份关于该物料的生产订单正在加工过程中，按计划，其完成日期在这项未满足的需求之后。这时，净需求的计算逻辑将会假定这个订单会加速完成来满足需求。这种假设反映了现实世界的真实情况，因为在一般情况下，如果有订单能在下周完工的话，那么应当是正在车间里加工的订单而不是新创建的订单。

但是，净需求的计算逻辑并不真的修改这份生产订单的完成日期，它只是在做净需求计算时使用这份订单。与此同时，MRP 系统将产生一条行为建议信息，提醒计划员，这份订单的完工日期应当提前以防止物料短缺的发生。而具体的修改则是计划员的事情。

类似地，如果有生产订单的完成日期早于未满足的需求，净需求的计算逻辑将会假定这份订单会推迟完成来满足需求；同时，MRP 系统也将产生一条行为建议信息，提醒计划员将这份订单的完工日期推迟。

6.4.3　需求反查

MRP 的需求展开过程是从计划订单产生毛需求。而需求反查的过程正好相反，它是查毛需求的来源。这项功能是闭环 MRP 系统的重要组成部分。在一个闭环 MRP 系统中，从两个方向给出优先级计划，即自顶向下的和自底向上的。

在自顶向下的计划过程中，主生产计划被展开，对每项物料产生毛需求和净需求，产生计划订单，并展开计划订单求子项的毛需求和净需求。计划沿着物料清单自顶向下地进行。

但是，实际情况的发生常会偏离计划。当出现了意料之外的问题时，计划过程就需要反过来了。例如,供应商不能按时交货,有些零部件出现了质量问题,设备出了问题,就会影响原有计划的执行。此时,就需要知道这些问题的出现会影响到哪些需求的满足。于是,计划过程就转到了自底向上的方向上:既然供应不能满足需求,那就只好修改需求,让需求和可用的供应相匹配。这就需要找到引起毛需求的父项物料,分析并修改父项的计划,使得父项的需求和子项物料的可用性相匹配。

为了实现自底向上的计划过程,计划员要有一种找到毛需求来源的方法。这就是需求反查(pegging)功能。有两种需求反查功能,即单层需求反查(single-ievel pegging)和完全需求反查(full pegging)。单层需求反查是根据毛需求所对应的物料代码、日期和数量来确定产生这项毛需求的所有父项的物料代码,以及每个父项所要求的毛需求的数量。完全需求反查不但要找出引起毛需求的父项物料以及父项所要求的毛需求数量,还要沿物料清单指明的产品结构,一直追溯到主生产计划,甚至客户订单。一般来说,计划员在解决这类问题时,总是按照产品结构每次反查一层,并分析能否在这一层上解决问题。如果在这一层上不能解决问题,再继续反查一层。换言之,计划员解决问题是一次或多次地使用单层反查功能,而不是直接使用完全需求反查功能。在大多数情况下,问题可以在主生产计划以下的层次上解决,而主生产计划根本无须修改,更不会复杂到要和客户讨论修改其订单的问题。因此,完全需求反查功能并非计划员解决问题的常规方式。从这个意义上说,完全需求反查功能并非至关重要。

本章小结

物料需求计划是按照主生产计划规定的产品生产数量及期限要求,利用产品结构、零部件和在制品库存情况、各生产(或采购)阶段的提前期、安全库存等信息,反工艺顺序地推算出各个零部件的出产数量与期限。主生产计划、物料清单、库存信息称为 MRP 的三个基本要素。主生产计划回答将生产什么;物料清单回答要用到什么,要用多少;库存信息回答此物现在有多少。经过 MRP 运算后回答何时需要,需要多少?

在 MRP 展开计算过程中,引入了物料的"低层码"的概念。物料的低层码是系统分配给物料清单上的每个物品一个从 0 至 N 的数字码。数字越大,层码越低。在 MRP 计算时,通常先确定物料的最低层码,并从物料的最低层码开始运算。

MRP 系统有两种基本的运行方式:全重排式和净改变式。两种方式最主要的不同之处在于计划更新的频繁程度以及引起计划更新的原因。在第一种方式中,计划更新是由主生产计划的变化引起的;在第二种方式中,则是由库存处理引起的。两种运行方式各有利弊,企业一般的做法是,每月第一次运行 MRP 系统采用全重排方式,然后每天运行 MRP 系统则采用净改变方式。

MRP 的需求展开过程是从计划订单产生毛需求。而需求反查的过程正好相反,它是查毛需求的来源。需求反查功能有两种:单层需求反查和完全需求反查。

思考题

1. MRP 的主要输入信息有哪些？
2. 什么是物料的低层码？低层码的作用是什么？
3. MRP 的主要运行方式有几种？各有什么特点？
4. 在实践中一般如何采用 MRP 的不同运行方式？
5. 什么是 MRP 系统的重排假设？MRP 系统如何应用重排假设？
6. 需求反查的功能是什么？有几种需求反查的功能？
7. 需求反查功能和反查物料清单有什么区别？
8. MRP 的主要输出信息有哪些？
9. 某企业计划生产 200 辆汽车，所有汽车备件需要在第 5 个时段完成。假设一辆汽车需要一个传动器，一个传动器需要一个齿轮箱，一个齿轮箱需要一个齿轮，而一个齿轮需要两个齿轮锻坯。预计在各子件完工期内，库存将有传动器 10 台，齿轮箱 30 台，齿轮 20 个，齿轮锻坯 80 个，计算各时段各物料需求的数量和时间。假设每个子装配件需要 1 个时段提前期。

MRP 能否带来管理变革

在旧的生产模式下，一汽大众的生产完全靠大量的库存来保证，企业有一个车队专门给整车车间送货。在整车车间还有一个不小的仓库，专门用来堆放大量的零部件，而且经常是库满为患。

为了适应市场的变化，企业决定从改变生产的组织方式入手，拿"物流"开刀。考虑到应用德方的系统需要一次性投入 5 000 万元，公司领导层决定自己进行物流管理系统开发，总投资不超过 300 万元。

后来，物流管理系统的应用使企业的面貌发生了意想不到的变化，仓库没有了，运输车队解散了，车间的入口变成了零件进出的唯一通道，进货"零库存"变成了现实。零部件送货采用三种形式：一种是电子看板，公司定期把生产信息提供给各供货厂，供货厂按需生产并按照送货指令，将物料送达生产车间的入口处，然后再分配到各个工位。另一种是准时供应，公司按顺序把整车配货单传送到供货厂，供货厂按照装配顺序直接将零部件送达工位。还有一种是批量订货，一些变化较小、影响不大的小零件由供货厂安排批量送货。整车车间的生产方式也因此发生了根本性的转变：过去生产一种车型还拥挤不堪，如今在一条生产线上同时组装两三种车型也有条不紊了，线上工人伸手拿到的零部件都是他们所需要的。物流管理系统使原本复杂的生产变成简单高效的"傻子工厂"。

仅"库存减少"一项就使公司每年可节约六七亿元人民币,供货厂家的在制品库存也因此减少了三到五成。先进的物料管理方式,给企业和供货商带来了实实在在的效益。

资料来源:曹晓山,夏秋.生产总监实战手册.广州:广东经济出版社,2012.

案例思考题:

1. 一汽大众采取什么方式实现"零库存"?

2. 有人说,MRP 是一种管理模式。你认为这种观点正确吗?结合案例谈谈你的观点。

第 7 章

能力需求计划

学习目标和要求

1. 理解能力需求计划的含义和作用;
2. 了解粗、细能力需求计划管理目标的差异;
3. 掌握能力需求计划的计算原理与编制步骤;
4. 掌握能力需求计划的平衡措施与调整方案;
5. 了解高级计划排产的主要内容以及与 ERP 的集成含义。

导入案例

我国南方有个冰箱公司实行流水线作业,劳动强度很大,不断有人因为劳动强度太大而辞职。这样一个繁忙的流水线让大家感觉已经是超负荷运转了。

后来请来一个韩国的专家,韩国专家对这个公司的总经理说,贵厂的劳动生产率大有潜力可挖,现在的利用率只有63%。总经理当时很惊讶,说这么紧张的流水线利用率竟然只有63%?这个韩国专家拿出一整套的根据,具体说出了哪个地方停了单,哪个地方因为什么原因又出了故障,等了多长时间,这样一算,利用率果然只有63%。通过改善,该厂在不加大劳动强度的情况下,一个星期内利用率就提高到75%,最终提高到83%。由此,该厂的效益也提高了。

资料来源:http://www.docin.com/p-452151212.html。

7.1 能力需求计划概述

7.1.1 CRP 的基本概念

能力需求计划(capacity requirement planning,CRP)也称为细能力需求计划,是把物料需求转换为能力需求,把 MRP 的计划生产订单和已下达生产订单所需的能力,转换为每个工作中心在各个时区的负荷的过程。能力需求计划是 ERP 系统中的重要组成部分,是一个将生产计划和各种生产资源连接起来管理和计划的功能。

ERP 的出发点首先是满足客户和市场的需求,每一个计划层次都要遵守这个原则。因此,在编制计划时,首先进行需求的优先级计划,然后再进行能力的计划。经过多次反复运算落实,才转入下一个层次。只有先不考虑能力的约束,才能谈得上对能力的计划。如果考虑了能力的约束再做需求计划,这样的计划不一定能符合客户和市场的需求日期,因此会偏离 ERP 的计划原则。能力需求计划的依据如下:

(1) 工作中心。它是各种生产或加工能力单元和成本计算单元的统称。对工作中心,都统一用工时来量化其能力的大小。

(2) 工作日历。它是用于编制计划的特殊形式的日历,由普通日历除去每周双休日、假日、停工和其他不生产的日子,并将日期表示为顺序形式而形成。

(3) 工艺路线。它是一种反映制造某项"物料"加工方法及加工次序的文件。它说明加工和装配的工序顺序、每道工序使用的工作中心、各项时间定额、外协工序的时间和费用等。

(4) 由 MRP 输出的零部件作业计划。对各个生产阶段和各工作中心(工序)所需的各种资源进行精确计算,得出人力负荷、设备负荷等资源负荷情况,并做好生产能力与生产负荷的平衡工作,最后制订出能力需求计划。

能力需求计划可解决以下问题:

(1) 各个物料经过哪些工作中心加工?
(2) 各工作中心的可用能力和负荷是多少?
(3) 工作中心的各个时段的可用能力和负荷是多少?

7.1.2 CRP 和 RCCP

CRP 与 RCCP 同属于对以上问题的求解,都是为了平衡工作中心的能力与负荷,实现计划的可执行性与可靠性。但 CRP 与 RCCP 又有区别,如表 7-1 所示。

从计划层次上来看,RCCP 与 MPS 位于相同的层次,而 CRP 与 MRP 位于相同的层次,因此,RCCP 位于需求计划的高层,CRP 位于需求计划的较低层次。

表 7-1 粗能力需求计划与细能力需求计划的区别

对比项目	区别	
	粗能力需求计划	细能力需求计划
计划阶段	MPS 制定阶段	MRP 制定阶段
能力计划对象	关键工作中心	各个工作中心
负荷计算对象	独立需求件	相关需求件
计划的订单类型	计划及确认的订单	全部订单
使用的工作日历	工厂日历或工作中心日历	工作中心日历
计划的提前期考虑	偏置天数	开始、完工时间

从内容上来看，RCCP 是粗能力需求计划，CRP 是细能力需求计划，两者都是能力需求计划，都用于校验编制的计划是否可行。不同的是，RCCP 用于校验 MPS(独立需求件)，而 CRP 的校验对象是 MRP(相关需求件)。由于 MRP 是 MPS 的进一步细化，因此，CRP 也是 RCCP 的进一步细化。

从编制方式来看，CRP 与 RCCP 有着很大的差别。例如，RCCP 仅仅考虑关键工作中心的能力需求，而 CRP 则考虑整个工作中心的能力需求；RCCP 的计算过程主要是依据资源清单，但 CRP 的计算过程主要依据工艺路线。

7.1.3　CRP 的编制方式

从 CRP 的编制方式来看，可以把 CRP 分为两种类型，即无限能力计划和有限能力计划。无限能力计划和有限能力计划在是否考虑 CRP 时是一样的，两者的主要差别在于处理超负荷时采取的方式不同。

无限能力计划是指在做物料需求计划时不考虑生产能力的限制，以满足生产订单需求为目标，如果出现产能不足，则调整能力或通过外协加工等措施想办法完成计划。这时能力需求计算内容较简单，不必对各工作中心计算其负荷情况，只将主生产计划的能力需求单向展开并将加工与完成时间按生产计划要求分时段计算并分配给生产车间完成。无限能力计划可以体现出企业以市场为中心千方百计地满足市场全部需求的战略思想。

有限能力计划认为工作中心的能力是不变的，计划的安排按照优先级进行，优先级高则需要提前安排生产，在负荷满时，将优先级低的推迟安排生产。从理论上来看，当多个计划负荷向工作中心分配时，这些计划负荷总得有一个处理的顺序，无序的处理方式对于生产管理来说是一种不负责任的粗放管理方式，因此，优先级计划实际上是一种理性管理方式的表现。从实践上来看，优先级计划反映了市场和客户的需求状况，因此具有更大的应用价值。有限能力计划体现出企业根据自己能力满足市场需求的战略思想，是一种扎实稳健的经营作风。

7.2 能力需求计划编制

7.2.1 CRP计算逻辑

能力需求计划的运算过程就是把物料需求计划订单换算成能力需求数量,生成能力需求报表,这个过程可用图7-1表示。当然,在计划时段中有可能出现能力需求超负荷或低负荷的情况。ERP系统通常是通过报表的形式(直方图是常用工具)向计划人员报告,但是并不进行能力负荷的自动平衡,这个工作由计划人员人工完成。

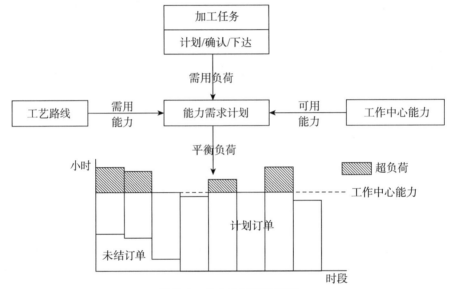

图7-1 能力计划逻辑流程

考虑能力需求计划的计算方式时,要把物料需求计划的物料需求量转换为负荷,不但要考虑MRP的计划订单,还要结合工作中心和工厂日历,考虑工作中心的停工及设备维修等情况,来确定各工作中心在各时间段的可用能力,计算模型如图7-2所示。

其中,工作中心加工物品的负荷计算方法如下:

负荷 = 该物品产量 × 占用该工作中心的标准工时(或台时)

能力 - 负荷 ≥ 0,则满足加工要求,能力富余(或刚好);

能力 - 负荷 < 0,则不能满足加工要求,能力不足。

7.2.2 CRP编制步骤

编制能力需求计划的具体做法是将MRP计划的各时间段所需要加工的所有制造件,通过工艺路线文件得到所需要的各工作中心的负荷,再同各工作中心的额定能力进行比较,提出按时间段划分的各工作中心的负荷报告。然后由管理人员根据报告提供的负荷情况及订单的优先级等因素加以调整和平衡。

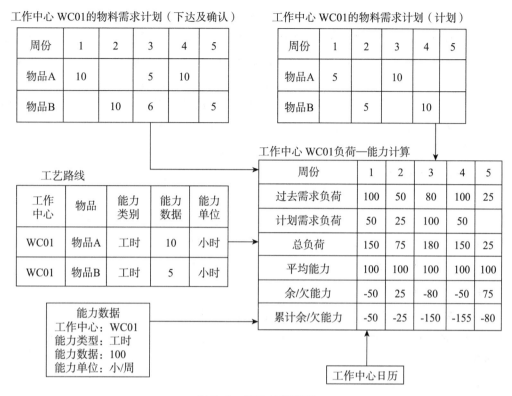

图 7-2 CRP 计算模型

编制能力需求计划的步骤如下所示：

1. 收集数据

能力需求计划需要的数据有以下四种：

（1）任务单数据。任务单是下达生产制造指令的有关单据。它的内容是对经 MRP 运算后或虽未经 MRP 运算但需要由企业自行制造的物料下达加工任务书。根据其不同的状态和阶段，又可将任务单分为 MRP 计划任务单、确认任务单和投放任务单等。

（2）工作中心数据。工作中心是能力的基本单元，与能力有关的数据有每天班次、每班小时数、每班人数、每班设备数、效率、利用率、超额系数等。

（3）工艺路线数据。工艺路线是表达 BOM 中制造物料的加工与传递工序的资料。工艺路线描述一个或若干个物料从现行库存状态经过加工到另一个库存状态的过程。工艺路线是能力需求计划运算时的重要信息，主要提供了物料加工的工序、工作中心和加工时间等数据。

（4）工厂日历。工厂日历是企业用于编制计划的特殊日历。该日历一般将不工作的日期排除（星期天、法定假日及其他非生产日期）。

2. 计算负荷

将所有的任务单分派到有关的工作中心上（不考虑有效的能力和限制），然后确定有关工作中心的负荷,从任务单的工艺路线记录中计算出每个有关工作中心的负荷。当不同的任务单使用同一个工作中心时,将按时间段合并计算。最后将系统每个工作中心的负荷与工作中心记录中存储的额定能力数据进行比较,得出工作中心负荷(需求)和能力之间的对比,以及工作中心的利用率。工作中心上的工序负荷的计算公式为:

$$工序负荷 = 准备时间 + 加工物料数量 \times 加工时间 \tag{7-1}$$

式中,准备时间是每一个加工物料批次需要的开机、安装刀具、夹具和设备调试等准备性操作耗费的时间,加工时间是加工单个物料耗费的时间。

3. 分析负荷情况

能力需求计划指出了工作中心的负荷情况(负荷不足、负荷刚好、超负荷)及存在问题的时间和问题的程度。导致问题的原因是多种多样的,有主生产计划阶段的问题,有 MRP 存在的问题,也有工作中心和工艺路线方面的问题。对每个工作中心都要进行具体的分析和检查,确认导致各种具体问题的原因,以便正确地解决问题。

4. 能力/负荷调整

能力需求计划中有两个要素,即能力和负荷。在解决负荷过小或超负荷的能力问题时,应视具体情况对能力和负荷进行调整:增加或降低能力,增加或降低负荷,或两者同时调整。

5. 确认能力需求计划

在经过分析和调整后,将已确定的调整措施的有关修改数据重新输入到有关文件记录中。通过反复的平衡和调整,能力和负荷达到平衡时即可确认能力需求计划,正式下达任务单。

7.2.3 CRP 编制案例

1. 已知案件条件

简化的产品 X 的结构图(附带提前期)如图 7-3 所示。每个 X 由 1 个 A 物料和 1 个 B 物料组成,每个 B 物料由 2 个 C 物料组成。产品 X 的简要工艺路线和生产批量要求如表 7-2 所示。

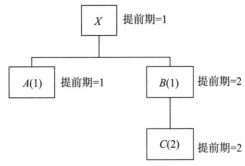

图 7-3 产品 X 自制部件的结构

表 7-2　与产品 X 相关的主要工艺路线资料

作业编号	010	020	030(前)	040(后)	050(前)	060(后)
零件号	X	A	B	B	C	C
平均批量	10	60	80	80	100	100
工作中心	WC04	WC02	WC02	WC03	WC01	WC03
加工时间	0.1	0.2	0.2	0.1	0.1	0.1
批量准备时间	1.0	1.0	1.0	1.0	0.4	1.0

主生产计划按展望期要求应该达到 8 个时段,产品 X 的主生产计划如表 7-3 所示。

表 7-3　产品 X 的主生产计划

	0 期	1 01/31	2 02/07	3 02/14	4 02/21	5 02/28	6 03/07	7 03/14	8 03/21
产品 X 主生产计划	30	20	20	40	40	50	30	40	

2. 计算产品与各子项物料的净需求

由于产品 X 的提前期为一个时段,前面曾说明过,主生产计划的产品完工期是指当期期末,因此 X 产品最后工序(装配)时间是在当期,因此第 1 期产品已经投入生产,属于在途产品;第 0 期属于已过去时段,第 2—8 时段产品尚没有投入生产,但应该在当期期初开始生产,当期期末收到计划的产品数量,计划投入量在上一期期末下达指令。在考虑库存量情况下计算的产品 X 的净需求量如表 7-4 所示。

表 7-4　产品 X 的生产计划报表

物料编号:00101　　　　　计划员:WL　　　　　计划日期:2016/01/30
物料名称:X　　　　　　　安全库存:0　　　　　现有库存:10
提前期:1　　　　　　　　生产批量:10　　　　　单位:件

	0 期	1 01/31	2 02/07	3 02/14	4 02/21	5 02/28	6 03/07	7 03/14	8 03/21
毛需求量		30	20	20	40	40	50	30	40
计划接收量		20							
预计库存量	10	0	0	0	0	0	0	0	0
净需求量		0	20	20	40	40	50	30	40
计划产出量			20	20	40	40	50	30	40
计划投入量	(在制 20)	20	20	40	40	50	30	40	

表 7-4 是产品 X 主生产计划报表。生产批量为 10,需求都是 10 的倍数,所以对计划接收量不必进行数量上的调整,安全库存设为零,不必储存库存产品,计划产出量是产品 X 的产出计划,其数量与时间决定了 X 子项物料需求的时间与需求量。根据 X 产品的生产计划,计算得出 X 产品各子项物料的需求表,子项物料 A 的需求如表 7-5 所示,子项物料 B 的需求如表 7-6 所示,子项物料 C 的需求如表 7-7 所示。

表 7-5 子项物料 A 的需求表

物料编号:00102　　　　计划员:WL　　　　计划日期:2016/01/30
物料名称:A　　　　　　安全库存:0　　　　现有库存:40
提前期:1　　　　　　　生产批量:60　　　　单位:件

	0 期	1 01/31	2 02/07	3 02/14	4 02/21	5 02/28	6 03/07	7 03/14	8 03/21
毛需求量		20	20	40	40	50	30	40	
计划接收量		0	0						
预计库存量	40	20	0	20	40	50	20	40	40
净需求量		−20	0	40	20	10	−20	20	
计划产出量		0	0	60	60	60	0	60	
计划投入量		0	60	60	60	0	60	0	

表 7-6 子项物料 B 的需求表

物料编号:00103　　　　计划员:WL　　　　计划日期:2016/01/30
物料名称:B　　　　　　安全库存:0　　　　现有库存:60
提前期:2　　　　　　　生产批量:80　　　　单位:件

	0 期	1 01/31	2 02/07	3 02/14	4 02/21	5 02/28	6 03/07	7 03/14	8 03/21
毛需求量		20	20	40	40	50	30	40	
计划接收量									
预计库存量	60	40	20	60	20	50	20	60	60
净需求量		−40	−20	20	−20	30	−20	20	
计划产出量				80		80		80	
计划投入量		80		80		80	*	*	

表 7-7 子项物料 C 的需求表

物料编号:00104　　　　计划员:WL　　　　计划日期:2016/01/30
物料名称:C　　　　　　安全库存:0　　　　现有库存:360
提前期:2　　　　　　　生产批量:100　　　　单位:件

	0 期	1 01/31	2 02/07	3 02/14	4 02/21	5 02/28	6 03/07	7 03/14	8 03/21
毛需求量		160		160		160		*	*
计划接收量								*	*
预计库存量	360	200	200	40	40	80	80	*	*
净需求量		−200	−200	−40	−40	120		*	*
计划产出量						200		*	*
计划投入量				200				*	*

注:*表示数据要等待第 9、10 时段计算获得。

3. 计算工作中心的工序负荷

根据表 7-4 至表 7-7 中产品 X 与各子项物料需求的时间与数量和所占用的工作中心进行负荷分析。

(1) 工作中心 WC04：只有 X 的作业 010，而且提前期 = 1。所以第 1 周 20 件 X 应该在第 1 周周末完成，占用 WC04 的时间也在本周内（见图 7-4），以后各周都有 X 产品需求，因此在第 1—8 周对 WC04 都有负荷要求，需要工时 = 加工时间 × 加工件数 + 准备时间（与粗能力计划准备时间按生产批量平均，只求得近似的工作中心负荷数据有所不同），比如第 1 周 WC04 负荷 = 20 × 0.1 + 1.0 = 3.0，总提前期应该加上排队、等待与运送时间。其余在时段 2—8 时段对 WC04 都有能力需求。

(2) 工作中心 WC03：有两道作业，分别是 B 的第二道作业（040）和 C 的第二道作业（060）。假设 B 与 C 的两道作业各占用一周时间，则这两道作业的提前期均为一周。因为 B 与 C 不在同一产品层次上，因此作业加工发生的时间不会在同一周内。根据表 7-6 和表 7-7 中物料 B、C 的需求时间计算 WC03 发生生产负荷的时间为第 3(B)、第 5(B + C)、第 7(B)时段，因此将同时发生的负荷累加起来就是当期的工作负荷。

(3) 工作中心 WC02：有两道作业，分别是 B 的第一道作业（030）和 A 的作业（020，只有一道工序）。从 X 的结构来看，B 的第一道作业与 A 的作业各占用一周时间，同时 B 与 A 在同一产品层次上，因此 A 与 B 物料的完工时段是一致的，从 A 的投入时间看，A 的作业时间发生在第 3、4、5、7 周，物料 B 第一道作业加工时间发生在时段 2、4、6，其中第 4 时段 W02 负荷较大，该时段需要将 B 与 A 的负荷累加起来。

(4) 工作中心 WC01：只有 C 的第一道作业（050）的加工任务，占用一周时间，根据表 7-7，工作中心 WC01 的生产负荷发生在时段 4 上，计算方法与前面相同。

将上述分析结果计算出来列入表 7-8 中，可以清晰地反映每个工作中心的负荷情况。

表 7-8 工作中心的工序负荷表

单位：工时

物料	作业编号	工作中心	1	2	3	4	5	6	7	8	累计
X	010	WC04	3	3	3	5	5	6	4	5	34
B	040	WC03			9	9	9	27			27
C	060						21				21
A	020	WC02			13	13	13		13		52
B	030			17		17		17			51
C	050	WC01				20.4					20.4
合计			3	20	25	55.4	48	23	26	5	205.4

注：7、8 时段的数据仍会有变化，因为 9、10 时段的生产计划没有列入计算。

表7-8的计算结果是以时段为单位计算的,因此它只能精确到时段,一般是周。对精确生产管理而言,生产订单的下达应该精确到天,即某项生产任务最迟应该在哪天下达,晚于这个时间可能出现生产任务不能按时完成的事件。

为了计算各个工序在工作中心的开工日期和完工日期,还需要得到物料在各个工作中的排队时间、运送时间等;最后需要计算出每个工作中心的实际利用率。为简化问题,假设每天工作8小时,每个工作中心的效率为90%、利用率为90%,因此工作中心的工作能力为 $8 \times 0.9 \times 0.9 = 6.48$ 小时/天。产品X的其他数据如表7-9所示,时间单位为天。

表7-9 工作中心的领料、排队和运送时间

工作中心编码	领料时间	排队时间	运送时间
WC04	1	1	1
WC03	1	1	1
WC02	1	1	1
WC01	1	1	1

下面采用倒序排产法计算物料的能力需求编制过程。假如表7-4至表7-7中计算MRP的时段为周。倒序排产法是用工序完工时间减去领料时间、排队时间、运送时间和生产作业时间(准备时间和加工时间)得到工序开工时间的方法。

(1)产品X。产品X只在WC04上有一道工序010,提前期1个时段,加工的周次与主生产计划完工的周次相同。其加工的具体计算方法为:以第1周为例,本周生产计划需要完工X产品20件,其加工时间 $= 0.1 \times 20 + 1.0 = 3$ 小时,近似1天($3/6.48 = 0.46 \approx 1$),将其他时间分配到生产过程中去,如图7-4所示。

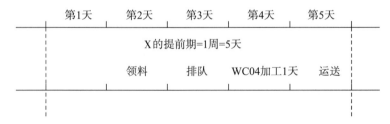

图7-4 产品X的工艺路线和时间的关系

也就是说,为完成第1周产品X的生产计划,最迟应该在本周第2天开始领料生产。同样方法可以计算出展望期内各周产品X生产计划的最迟开始时间应该在本周的第几天。如果工作量大,比如加工80件,加工时间是9小时,需要2天加工时间,就需要将领料时间与排队时间再倒推一天,即再提前一天领料开工。

(2)物料A。物料A只在WC02上有一道工序020,提前期1个时段,发生净需求的

时间分别是 3、4、5、7 时段,计划生产量为 60。以第 3 周为例,按表 7-2 提供的数据计算,60 件的加工时间为 2 天(60 × 0.2 + 1.0 = 13 小时,13/6.48 = 2 天),则 A 的生产时间如图 7-5 所示。

图 7-5 物料 A 的工艺路线和时间的关系

A 在 3、4、5、7 时段发生的计划产出量都是 60 件,因此在每个时段的实际批量提前天数是每个时段的第 1 天开始领料生产。

(3)物料 B。物料 B 在 WC02、WC03 上各有一道工序(作业 030、040)。计划产出时间为 3、5、7 时段,提前期为 2 个时段,各工序提前期为 1 个时段。在 WC02 上的加工时间为 3 天(80 × 0.2 + 1.0 = 17 小时,17/6.48 = 2.63 ≈ 3 天);在 WC03 上的加工时间为 2 天(80 × 0.1 + 1.0 = 9 小时,9/6.48 = 1.39 ≈ 2 天),则 C 的生产时间如图 7-6 所示。

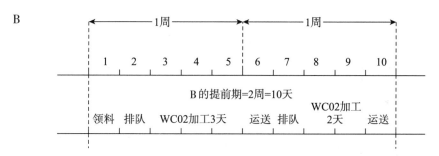

图 7-6 物料 B 的工艺路线和时间的关系

物料 B 的第一道工序(030)在 2、4、6 时段发生的作业数量都是 80 件,因此在每个时段的实际批量提前天数都是每个时段的第 1 天开始领料生产,而第二道工序(040)在 3、5、7 各时段的第 1 天将物料 B 从 WC02 运送到 WC03,第 2 天开始排队准备在 WC03 上的作业。

(4)物料 C。物料 C 在 WC01、WC03 上各有一道工序(作业 050、060)。计划产出时间为 5 时段,提前期为 2 个时段,各工序提前期为 1 个时段。在 WC01 上的加工时间为 4 天(200 × 0.1 + 0.4 = 20.4 小时,20.4/6.48 = 3.15 ≈ 4 天);在 WC03 上的加工时间为 4 天(200 × 0.1 + 1.0 = 21 小时,21/6.48 = 3.24 ≈ 4 天),则 C 的生产时间如图 7-7 所示。

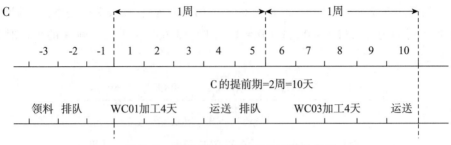

图 7-7 物料 C 的工艺路线和时间的关系

物料 C 在时段 5 的计划产出量是 200 件,从图 7-7 中发现,当计划产量为 200 件时,C 的生产提前期超过了 2 个时段,领料时间应该在提前期 3 周的第 3 天领料,否则会导致生产计划不能按时完成。所以当产品产量较大时,由于加工时间长而导致的物料提前期大于静态提前期,这时工作中心占用的时间也会有变化,物料 C 在 WC01 的加工时间比预计时间提前 1 天,即前一个时段的最后 1 天,使 WC01 在时段 3 和时段 4 的工作负荷量有变化,如表 7-10 中的斜体数字。物料 C 在 WC03 上的加工时间依然全部在时段 5 完成,因此 WC03 的加工时间没有变化。通过按实际批量计算,可以及时发现工作中心负荷变化情况,从而按实际需求下达生产任务。考虑到这个变化后重新计算的各工作中心不同时段的生产负荷如表 7-10 所示。

表 7-10 按实际批量计算工作中心的工序负荷表

单位:工时

物料	作业编号	工作中心	1	2	3	4	5	6	7	8	累计
X	010	WC04	3	3	3	5	5	6	4	5	34
C	040	WC03			9		9		9		27
D	060						21				21
B	020	WC02			13	13	13		13		52
C	030			17		17		17			51
D	050	WC01			*6.48*	*13.92*					20.4
合计			3	20	*31.48*	*48.92*	48	23	26	5	205.4

能力需求计划是 ERP 系统中难度较大、计算量较大的部分,充分理解能力需求计划的计算方法与过程,利用能力需求计划检验主生产计划的可行性并对生产过程进行科学的管理与安排是制造企业中应用 ERP 的重要目标之一。在本章学习的基础上,结合 ERP 应用软件,掌握 ERP 系统能力需求计划的实际应用方法,使 ERP 在企业中的管理效能得到有效发挥。

7.3 能力需求计划调整与控制

7.3.1 CRP 的平衡与输出

超负荷和负荷不足都是应该解决的问题。如果超负荷,则必须采取措施解决能力问题。否则不能实现能力计划;如果负荷不足,则作业费用增大。对于流程工业来说,设备不易关闭,负荷不足则问题更严重。因此,必须调整能力与负荷。

1. 调整能力的措施

(1) 调整劳动力。如果缺少劳动力,则根据需要增加工人。如果劳动力超出当前需要,则可安排培训,提高工人技术水平;或重新分配劳动力,把负荷不足的工作中心的劳动力分配到超负荷的工作中心。

(2) 安排加班。加班只能是一种应急措施,经常加班不是好方法。

(3) 重新安排工艺路线。一旦某个工作中心承担的任务超负荷,则可把一部分订单安排到负荷不足的替代工作中心,从而可以使两个工作中心的负荷水平都得到改善。

(4) 转包。如果在相当长的时间超负荷,可以考虑把某些瓶颈作业转包给供应商。

案例 7-1

某电气公司由于技术先进、品种齐全,产品很受市场欢迎,订单急剧增长。但现有生产车间狭小,形成了产能瓶颈,严重地制约了公司的订单履约。为了改变生产受制的局面,公司进行了设备升级项目,消除了产能瓶颈,订单履约的问题也随之解决了。

资料来源:曹晓山,夏秋.生产总监实战手册.广州:广东经济出版社,2012.

2. 调整负荷的措施

(1) 重叠作业。为了减少在工艺路线中两个相连的工作中心的总的加工时间,可以在第一个工作中心完成整个批量的加工任务之前,把部分已完成的零件传给第二个工作中心。

(2) 分批生产。将一份订单的批量细分成几个小批量,在同样的机器上同时安排生产。这种方法不能降低负荷,而是将负荷集中在更短的时间内。

(3) 减少准备提前期。将准备过程规范化,可以减少准备时间,从而降低负荷。于是可以把节省下来的能力用于加工过程。

(4) 调整订单。考虑可否把一份订单提前或推迟安排;或者可否先完成一份订单的一部分,其余部分推迟安排;有些订单是否可以取消;等等。

假如工作中心负荷报告如图 7-8 所示。从图中可以看到,第 1、3、4 周的能力小于负荷,而第 2、5 周的能力大于负荷。总的累积是能力小于负荷,欠 80 工时。

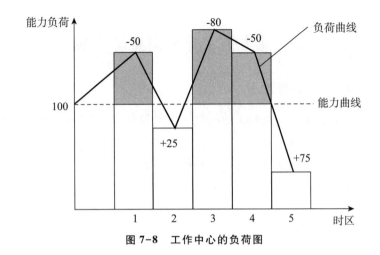

图 7-8 工作中心的负荷图

以下是一个能力与负荷平衡的方案：①如果第 1 周需求计划日期不能改变，则调整能力，如加班 50 小时；②如果第 3 周需求的物料提前到第 2 周加工，第 3 周仍需加班 55 小时；③第 4 周的物料推后加工。

实际上，能力需求计划的查询与输出报表可以从下列多种角度进行输出：①工作中心各时段的总能力/负荷情况；②工作中心某时段各物品的能力需求情况；③工作中心某时段各种资源的利用情况等。同时以图形的方式进行输出，便于进行能力平衡。

案例 7-2

有一位老农的农田中，多年以来横亘着一块大石头。这块石头碰断了老农的好几把犁头，还弄坏了他的种耕机。老农对此无可奈何，巨石成了他种田时挥之不去的心病。一天，在又一把犁头碰断之后，想起巨石给他带来的无尽麻烦，老农终于下决心要了结这块巨石。于是，他找来撬棍伸进巨石底下。他惊讶地发现，石头埋在地里并没有想象的那么深、那么厚，稍使劲就可以把石头撬起来，再用大锤打碎，清出地里，老农脑海里闪过多年来被巨石困扰的情景，再想到可以更早些把这桩头疼事处理掉，禁不住一脸的苦笑。

从这则寓言故事中，我们会领悟出企业管理中的道理：遇到问题不应回避，而应抓住苗头，及时调查，追根溯源，找出解决问题的途径和办法。

资料来源：李震.ERP 原理、应用与实践.北京：清华大学出版社，2012.

知识链接

溯 源

多数 CRP 模块的局限性是：虽然标示了过载的资源，但不能指出过载的源处，而等待计划员确定。简单的解决方案可能是推迟排程或大大超载，延长工作时间也不能满足需要。

通过溯源程序确定过载源或评估行动的潜在原因。溯源将组件的毛需求与产品树中与其向上连接的所有父件物料项的计划订单下达连接起来,按照这种方式再向上找,直到最终项。过载状态一旦标示,溯源就可以确定对这一过载有贡献的源。

7.3.2 CRP的控制

控制能力是为了发现现存的问题并预见潜在的问题,以便采取措施。为了保证能力计划的执行,必须做好日常的能力检查。主要包括三方面的报告,即投入/产出报告、劳力报告和设备性能分析报告。

投入/产出报告是一种计划和控制报告,它显示出各工作中心计划的投入和产出与实际的投入和产出的偏差,从而可以对能力需求计划进行度量,以发现能力需求计划在何处未得到执行以及为什么未得到执行。利用投入/产出报告可以在问题明显暴露之前就发现它们,在严重地影响计划执行之前就解决它们。投入/产出报告包含以下信息:

①计划投入,指安排到工作中心的计划订单和已下达订单;②实际投入,指工作中心实际接收的任务;③计划产出,指计划完成的任务;④实际产出,指实际完成的任务;⑤与计划的偏差,指投入偏差和产出偏差;⑥允许范围,指允许的偏差程度。

表7-11是一份投入/产出报告。

表7-11 投入/产出报告

单位:标准工时

周	1	2	3	4
计划投入	260	260	260	260
实际投入	260	255	260	
累积偏差	0	−5	−5	
计划产出	260	260	26	260
实际产出	255	250	240	
累积偏差	−5	−15	−35	

投入/产出报告中,必须对比计划的投入产出和实际的投入产出。表7-11显示出计划投入和计划产出从第1周到第4周都是260标准工时,从第1周到第3周,实际投入比计划少5标准工时;而实际产出连续减少,累计负偏差达到35标准工时。这样,报告可以提前发出关于能力问题的警报。假设允许的累计产出偏差为±20标准工时,第4周则需要采取纠正措施。

劳动力报告反映出勤情况、加班情况和劳动状况。因为人力的利用率和工作效率在一定程度上影响着现有能力。所以要通过劳动力报告来记录和分析,以便发现问题。

(1)出勤记录。缺席多,必定影响能力;人员流动大,效率必定降低;生产人员被安排做非生产工作,能力也会减少。

(2) 加班。大量或长期的加班,会降低生产率。

(3) 劳动状况。记录实际效率是否符合计划的需求。

除了通过劳动力报告对劳动力进行分析和控制之外,还应对设备性能加以检查、记录和定期分析,以便发现潜在的问题。应检查和记录的项目有以下三项:

(1) 维修历史。记录维修机器的原因和时间,特别应记录和分析非计划维修,找出潜在的原因。

(2) 停机时间。停机时间长说明机器或机器的检修有问题。

(3) 预防性维修规程。检查预防性维修规程,保证适当的维修。设备越陈旧,维修应越频繁,否则往往会增大停机时间。

知识链接

追求物流平衡的解决方案——"鼓、缓冲器与绳子"机制

每个生产系统都需要一些控制点来控制系统中的物流。如果系统中存在瓶颈,那么瓶颈就是最好的控制点。控制点称为鼓,因为它决定了系统其余部分(或是能影响的部分)发挥作用的节奏。瓶颈是实际生产能力不能满足需求的资源,用瓶颈作为控制点的原因在于确保其上游作业不过量生产,这样可以预防瓶颈因不能处理过量的在制品而出现过多库存。如果系统没有瓶颈,那么设置鼓的最佳位置莫过于次瓶颈。次瓶颈是那些运行时间接近生产能力,如果作业计划安排得当的话,还有适当剩余能力的资源。如果一个系统既没有瓶颈,也不存在次瓶颈,那么控制点的位置可以任意选择。当然,一般来讲最好的位置是物流分叉点,即该处资源的产出流向好几个下游作业。

案例 7-3

一个从 A 到 H 的线性流程。假如加工中心 E 是一个瓶颈,这意味着 E 上下游的生产能力都比 E 的生产能力大。如果不对这个线性流程加以控制,那么加工中心 E 前面必然会出现大量库存,而其他地方基本上没有库存,当然也就没有多少成品库存。有两件与瓶颈有关的事情要做:①在瓶颈的前面设置缓冲库存确保瓶颈能够连续工作,这是因为瓶颈的产出决定了系统的产出;②将 E 的已加工信息传递给上游作业 A 以便 A 能按需生产,这样才能避免库存的增加。这种信息的传递成为绳子,它可以是正式的(如作业计划),也可以是非正式的(如日常讨论)。瓶颈作业前的缓冲库存是一种时间缓冲,因为希望的是加工中心 E 总是在工作状态。若瓶颈前任务序列提供 96h 的缓冲库存,这就意味着即使瓶颈 E 的上游作业在正常波动或发生意外而暂时中断工作的情况下,加工中心 E 还有另外的 96h 来保护系统产销率。至于时间缓冲的数值设定,可利用过去作业数据统计获得,也可以通过模拟获得,只要确保瓶颈能够连续工作就行。

如果鼓不是瓶颈,而是有少量空闲时间的次瓶颈,则可以设置两个缓冲库存:一个设置在次瓶颈前面,另一个则是成品缓冲库存,如图7-9所示。成品库存保证了能够满足市场需求,而次瓶颈前面的时间缓冲则保护了系统的产销率。在这种情况下,市场不能买走企业所能生产的所有产品,因此企业希望只要市场决定购买本企业的产品,本企业就能确保有产品可以供应。在这种情况下,企业需要两根绳子:一根绳子把信息从成品缓冲库存传到鼓点,以便鼓点增加或减少其产品;另一根绳子则把信息从鼓点传到原材料发放点,指明需要多少原材料。

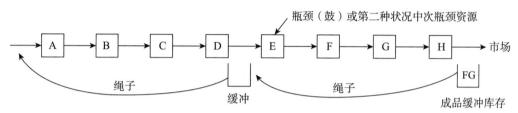

图7-9 有一个瓶颈或者带有次瓶颈资源的线性流程(蔡斯,1999)

资料来源:田军等.ERP制造系统原理.北京:机械工业出版社,2013.

7.4 高级计划排产

7.4.1 生产排产方法

编制能力需求计划从生产排产开始。生产排产即编制工序计划,其目的是使得生产订单的生产能够满足交货日期,并最有效地利用制造资源。生产排产要为产品的每一道工序确定开始日期和完成日期。

有很多生产排产方法可用于生产订单的排产,其中,最基本的技术是向前排产和向后排产。

1. 向前排产

向前排产(forward scheduling)是对一个部件的工序排产从订单收到这一天开始向前安排而不管到期日期是什么。图7-10中的第一条线展示了这种方法。向前排产方法的结果是产品在到期日期之前完成,这通常导致库存量的堆积。这种方法用来确定一个产品最早的交货日期。

2. 向后排产

图7-9中的第二条线表示了向后排产(backward scheduling)方法。首先考虑产品工艺路线中最后的工序,并安排在到期日期那天完成。然后,从最后的工序开始向后安排其他的工序。向后排产方法按产品的需要来安排产品的可供性。它与MRP系统所使用的逻辑是相同的,因而在制品库存减少。

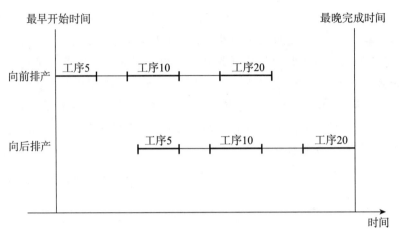

图 7-10 向前排产和向后排产

向后排产方法用来确定一份订单必须开始加工的时间。这种排产方法在制造业中广为使用,因为它有助于减少库存量。

7.4.2 APS 概念及内容

高级计划排产(advanced planningand scheduling,APS)是一个计划排产软件包,主要解决"在有限产能条件下,交期产能精确预测、工序生产与物料供应最优详细计划"的问题。APS(高级计划排产)系统制订合理优化的详细生产计划,并且还可以将实际与计划结合,接收 MES 制造执行系统或者其他工序完工反馈信息,从而彻底地解决工序生产计划与物料需求计划难做的问题。

APS 系统是企业实施 JIT 精益制造系统的最有效工具。APS 计划可以根据公司目标建立一个资源能力与生产设备能力模型。一旦完成模型的设置,就可以选择通过高级算法或模拟计划规则,自动地调配资源,达到优化计划排程的目标。它可以通过生产的工艺路径、订单、能力等复杂情况自动地生成一个优化的、符合实际的详细的生产计划。它能检查、评估计划的表现。如果需要可及时调整约束条件,产生动态的目标计划。

1. APS 所包括的内容

APS 内容主要有以下几点:

(1) 基于订单任务(job-based)的订单优先级计划;
(2) 基于事件(event-based)的资源利用率最大化计划;
(3) 基于资源(resource-based)的瓶颈约束计划;
(4) 基于物料约束的可行的计划;
(5) 基于历史、现在、未来的需求计划;
(6) 基于供应资源优化的分销配置计划;
(7) 基于运输资源的优化运输计划。

2. APS 为制造业提供的解决方案

APS 为制造业的四类制造模型提供的解决方案：

（1）流程式模型，APS 主要是解决顺序优化问题；

（2）离散式模型，APS 主要是解决多工序、多资源的优化调度问题；

（3）流程和离散的混合模型，APS 同时解决顺序和调度的优化问题；

（4）项目管理模型，APS 主要解决关键链（资源约束）和成本时间最小化问题。

3. APS 考虑不同行业的解决方案

APS 的主要着眼点是工序逻辑约束和资源能力约束，物料和工序流程紧密联接，各种优化规则，计算最早可能开始时间和最迟可能开始时间。物料可重分配和可替代，资源可重分配和可替代。计划排程考虑柔性（缓冲），考虑成本约束，考虑非确定流程和统计概率论，考虑多种优化方案的比较分析。

知识链接

APS 约束规则

选择合适的规则是决定计划的目标的先决条件。一旦目标确定了，就可以选择工序和资源规则来完成目标。

一般来说，先选择工序选择规则，然后选择合适的资源选择规则。在一些情况下，有关的资源规则被工序规则决定。

（1）预先确定任务的参数类规则，适用于面向库存生产环境。

（2）最小化任务延迟类规则，适用于面向订单生产环境。

（3）最小化任务流程时间类规则，适用于最小时间的控制，提高工时利用率。

（4）最大化设备能力类规则，适用于使用计划设备效率来最大化整个设备的生产能力。集中于根据设备能力的效率提高产生计划。

（5）定制规则。允许企业自己控制计划活动，可以利用自定义规则。

7.4.3 APS 与 ERP 的集成

在 ERP 解决了企业管理流程化、信息集成化、决策科学化的同时，还应该让计算机帮助解决更复杂的问题，让供应链、制造过程智能化来代替人的更为复杂、动态、模糊的决策。并且这些不仅是要求分析，而且是自动的行动。试想一个企业在使用 ERP 时连 MRP/CRP 计划都不准确（这意味着库存不准、BOM 不准、工艺工时不准、计划不合理）会造成什么样的后果呢？如果用基于约束的 APS，会造成意想不到的困难。因为所有的约束都不准，就会约束企业所需的灵活性。所以 APS 对企业管理的基础数据、企业的整体素质要求更高。

1. APS 与 ERP 的集成方式

APS 与 ERP 的集成有以下两种方式：

（1）分离数据模式，如图 7-11 所示。

图 7-11　分离数据集成

（2）公用数据模式，如图 7-12 所示。

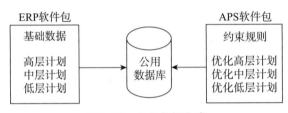

图 7-12　公用数据集成

第一种模式是典型的集成方式，第二种模式是先进的方式。这取决于计算机技术的发展。

2. APS 与 ERP 的集成内容

ERP 与 APS 在业务上的集成主要体现在以下几个方面：

生产计划管理与车间管理采用 APS，采购计划管理与物料库存管理采用 MRP 逻辑，工程管理 BOM 与工艺管理 BOR 共享。

（1）主需求计划。主需求计划包括汇总预测、供应链计划、销售订单的承诺。APS 通过市场约束、供应链物料瓶颈约束及工厂能力约束及历史数据的算法，使预测与供应链计划更精确、更实际。在销售订单的承诺上，利用 ERP 的计划可承诺量（available to promise，ATP）、集成 APS 的能力可承诺量（capable to promise，CTP）、可交货能力（capable to deliver，CTD）及智能客户处理系统（intelligent client processes，ICP），使销售订单更精确、更真实、更能满足客户需要。

（2）主生产计划。ERP 的 MPS 是工厂的核心计划，需反复模拟平衡的计划，该平衡包括对需求计划的平衡，对工厂粗能力 RCCP 的平衡，对存货的平衡。而这些平衡在 ERP 中均是分析后手工介入。APS 通过优化过的需求计划，自定义的资源组或瓶颈资源的约束，采购可供应的约束，现有库存的配套约束自动产生满足目标计划。而此复杂的平衡模拟由 APS 的基于约束的高级算法，基于内存的快速计算所代替。

（3）资源组与资源。在 ERP 里定义资源组，在 APS 中利用资源组。资源组包括一个或多个资源,一般来说它包括同样类型的资源。此外,一个资源可能存在于多个资源组。资源的可用性和有效性相结合,在 APS 的排产过程中,通过计划来决定处理哪个资源以及怎样处理。

APS 对不同的生产环境设置不同的资源类型,包括单一资源、无限资源、并发资源、共享资源与可调整共享资源。单一资源是使用最多的资源类型,如一台机器、一个人、一台设备、一个夹具、一个固定装置及任何可以用一种能力约束的资源。无限资源是指无限能力的资源,如外加工厂、烘干设备等。并发资源是指在同样时间做同样的活动,所有活动同步化,即必须有同样的开始与结束时间。例如干燥炉,它是用立方米来衡量能力。只要工件的体积不超过干燥炉的体积,它可同时加工多个工件。一旦装进干燥炉,则必须在加工其他零件之前完成,也可以规定某工序用来同时加工。共享资源与可调整共享资源是一个共享资源,任何任务、工序都可以使用任何一个共享资源,如人数、工时资源、固定设备和场地空间。

(4) 工作中心与工序。在 ERP 里设置工作中心及工序。APS 通过工作中心及工序进一步地定义顺序约束。它一般是生产的一部分或是工作的工艺流程,决定哪一个工序执行。ERP 系统有些简单的或是按订单列出的工序清单。在第二个工序开始之前,第一个工序必须完成等。ERP 系统也允许在工艺流程中有平行或并发工序。这些系统的类型经常是装配、拆卸工序。APS 解决最困难的顺序约束——网络化的工艺流程。

APS 还能提供几个特点决定怎样计划准备时间、维护时间与拆卸时间;允许多重时间,能处理平行或顺序的方式;提供对连续工序操作之间的时间控制;允许重叠工序的时间处理。

(5) 工厂日历与班次。在 APS 里,可以定义任何资源的班次、预防性维护及停工期;也能用单一资源、无限资源、并发资源和效率一起定义,当改变效率时,可以用这些资源计划排程,加速、延缓这些工序。

(6) 作业排程计划。APS 有两种计划方法:有限能力计划和基于模拟的顺序计划。

① 有限能力计划。向前顺序计划:一个用于订单的规则可以按优先值排序任务,并且分配到每一个任务。每一个规则代表不同的策略和计划的重点。例如,与完成日期相关的规则是集中于减少延迟订单的数量,而基于优先级的规则着重于尽快完成最重要的任务。

向后顺序计划:向后顺序计划的优势总是产生一个不会延迟的计划,然而,计划也许有不可行的开始时间。基本上,向前顺序计划固定了开始时间,决定结束时间(这也许会违反完成日期)。然而,向后顺序计划固定结束时间,决定开始时间。向后顺序计划有一些特别的限制,即为满足完成日期尽可能迟地开工。这就意味着系统没有时间缓冲,因为任何中断出现(机器故障、物料延迟等)将会建立延迟任务。再加上,由于延迟使用能力和等待最后时刻开始每一个任务,我们放弃了考虑需要增加的计划任务的机会。所以，许多计划宁愿用向前顺序计划。

双向计划或瓶颈计划：在此，我们选择任务顺序和计划工序中的一个工序，用向前计划此工序的前一个工序，用向后计划此工序的后一个工序。这对瓶颈工序或利用率高的资源是有用的。我们要把一个工序分配给瓶颈资源，然后计算此资源的上游和下游工序。瓶颈算法顺序计划的优势是可以最小化所有任务的周期。

总之，APS 的有限计划是简单和快速地把一套任务计算在可视计划板上。此作业计划完全是由规定任务的订单和资源之间的规则所决定的。其规则主要包括瓶颈、完成日期、先到先服务、升序订单属性值、优先级、加工时间、下达日期、相反优先级、闲散时间和用户定义规则。

② 基于模拟的顺序计划。提供一个简单的、吸引人的、可选择的算法计划，又是一个建设性的灵活的方法。总之，任何计划都能由基于模拟的顺序器产生。

基于模拟的顺序计划计算的是工序而不是整个任务。基于模拟的顺序计划是一个出色的控制工序计算到计划板上的方法。用模拟顺序计划产生计划主要是增加顺序计划选择规则(operation-at-time)的灵活性。

（7）库存与物料清单。库存约束是典型的用库存物料约束计划的。这个设置是在 BOM 中建立和指定每一个库位材料所需的数量和那个工序所需数量。APS 是结合 ERP 的详细物料清单、工艺流程进行计算的。

对每一个库存物料，必须决定库存补充是基于数量还是工序批量。这个决策的依据是库存管理策略。

物料能按配套库存数的需要量和约束来计划或取消。一个配套库存也许是一个库存物料或库存物料的倍数。当工序需要一个配套库存数时，这个工序只有等到满足配套库存数才能计划。

在典型的 ERP 或 MRP 环境中，所有低层物料有工艺流程与一个库位，基于工序批数。于是，MRP 系统在面向订单环境的物料的计划中只强调产品的展开、低层的净需求和提前期偏置。而 APS 能保证在高层物料计划中低层物料的可供货量。

总之，APS 的优势在于能对复杂的制造环境提供比 MPS/MRP/CRP 更好的计划，利用最先进的计算机技术——基于内存计划，一般计划时间在几分钟内完成。当然，它的不足是产生的计划不一定是最优的计划。因为它是受到某一约束规则产生的，要求很高的数据精度。依赖 ERP 系统——需要大量的 ERP 系统的数据，需要 ERP 的采购计划、库存控制和成本控制。

本章小结

ERP 的出发点首先是满足客户和市场的需求，每一个计划层次都要遵守这个原则。为保证物料需求计划的可执行性，在相应计划层次就有了能力需求计划。这样，当产能不能满足需求时势必要做出计划的调整。当需求或生产供应出现了变化时，计划也要做出相应的调整,生产单元也需要重排计划。

能力需求计划的运算过程就是把物料需求计划订单换算成能力需求数量,生成能力需求报表。如果超负荷,则必须采取措施解决能力问题,否则不能实现能力计划;如果负荷不足,则作业费用增大。对于流程工业来说,设备不易关闭,负荷不足则问题更显得严重。因此,必须调整能力与负荷。

近年来,高级计划排产(advanced planning and scheduling,APS)作为一种基于供应链管理和约束理论的先进计划与排程工具出现了,它包含大量的数学模型、优化及模拟技术。APS 是一种在资源约束前提下的优化技术,既可用于单个企业内部的短期计划与排产,又可跨越供应链进行计划协调。

思考题

1. 什么是 CRP? 它的作用是什么?
2. 如何看待有限能力计划与无限能力计划?
3. 比较粗能力需求计划与细能力需求计划的差异。
4. 能力需求计划的输入数据有哪些?
5. 基本的排产方法有哪些?
6. APS 的加入对于 ERP 的作用是什么?
7. 如何进行生产能力和负荷的调整?
8. 什么是投入/产出报告? 它的作用是什么?
9. 已知产品 Q 的结构树如图 7-13 所示,其中低层物料均为外购件,且均为非关键资源。产品 X 的工艺路线如表 7-12 所示,零件加工有批量要求(见表 7-13),产品 X 的主生产计划如表 7-14 所示。产品 Q 与物料 A、B、D 的生产提前期为 1 个时段,C 的生产提前期为 2 个时段,画出产品 X 在坐标轴上各工序加工时间的倒推示意图,并计算单个产品的能力需求计划。

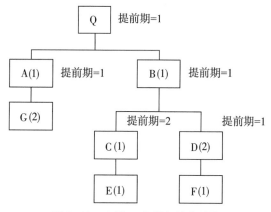

图 7-13 产品 X 自制部件的结构

表 7-12 产品 X 相关的主要工艺路线

作业编号	010	020	030	040	050	060
零件号	X	A	B	C	C	D
工作中心	WC5	WC4	WC2	WC2	WC3	WC1
加工时间	0.1	0.3	0.2	0.4	0.2	0.3
准备时间	1.0	1.0	3.0	1.0	1.0	4.0

表 7-13 各物料的标准加工批量

物料	X	A	B	C	D
标准批量	10	20	30	40	30

表 7-14 产品 X 的主生产计划

生产期间(时段)	0	1	2	3	4	5
X 的主生产计划	0	20	40	20	30	40

第 8 章

供应链管理

学习目标和要求

1. 了解进销存业务流程及主要内容;
2. 了解常用的需求预测方法的适用特点;
3. 理解库存成本构成及库存管理的主要控制环节;
4. 了解采购模式和库存管理模式。

导入案例

有个跨国公司,总部在美国,在世界主要工业地区有分部,分部不但要为客户及时提供技术支持,而且要提供零配件,因为缺料会导致客户机台停转,损失动辄几十万。该公司零配件的储备是典型的多阶段仓储模式,即在美国有主仓库,各地区有分仓库,在一些重要客户处有寄售点。零配件体积小,价值高,客户对时效性要求高,国际货运都采取空运方式。几年来,该公司推行外包战略,整条供应链从仓库到运输到报关、清关,都由第三方物流公司负责。

最近日本分部发现,总部从发出配货到配货完毕待运,原来在 24 小时内即可完成,现在却动辄得两天,有时甚至更长。别的地区也发现类似的问题:原本应该已经在飞机上的货,现在却经常还待在总部。空运又不是天天有,因为货量较低,为节省运费,公司的航运只定在一、三、五,这意味着总部迟配货一天,分部可能延迟拿到货 3 天。如果适逢周末,便是 5 天。难怪分部怨声载道。

此公司背后隐藏的问题是什么呢?应如何解决?

资料来源:http://doc.mbalib.com/view/504fcc6370b8c76891efc2fcc66746f6.html.

广义地说,企业的供应链涉及企业所有物资流动(资金)过程,其中包括生产过程中的物资生产与管理过程。美国的史迪文斯(Stevens)认为:"通过增值过程和分销渠道控制从供应商的供应商到客户的客户的流就是供应链,它开始于供应的源点,结束于消费的终点。"美国供应链管理专业协会(councilof supply chain management professionals,CSCMP)对供应链的定义是:"供应链管理包含了规划和管理所有复杂的原料、采购、加工及物流管理活动。更重要的是,它也包括了与渠道伙伴之间的协调与合作,涉及供应商、中间商、第三方服务供应商和客户。从本质上说,供应链管理是企业内部和企业之间的供给和需求管理的整合。"本章的供应链管理是从狭义的角度进行讨论的,包括物资采购、物资管理、物资销售等全过程。

8.1 采购管理

8.1.1 采购业务作用

采购管理在企业经营管理中占据非常重要的位置。任何企业要向市场提供产品或服务都离不开原材料或消耗品的采购。对于制造业来说,物料成本占整个产品成本的比重较大或者说非常大,如石油炼油企业,其原材料成本占销售额的80%。而几乎是最少原材料费的加工制药业,其原材料成本也占了近30%。制造业大多数原材料成本都占其销售额的一半以上,如此重的资金占用份额,也就可以理解采购管理在企业管理中的分量了。当然,更重要的是企业的采购部门必须适时、适量、适质、适价地完成采购任务,为生产部门提供生产所需要的原材料(或外加工件)。

由于材料在产品中的费用份额较高,因此,采购部门必须想方设法降低材料的采购成本,同时还必须考虑物料的库存。大量物品库存积压,意味着物料的库存成本增加,资金占用增加。降低材料成本、提高采购作业的质量成为每个企业所追求的目标。

8.1.2 采购业务概述

采购管理业务流程如图8-1所示。

1. 接受物料需求或采购指示

物料需求大部分来自生产计划产生的需求。采购部门必须按物料规格、数量、需求时间及质量要求提供给生产部门。对要求外协加工的物料由生产技术部门(或生产部门)与采购部门共同协商确定,但主要还是采购部门确定外加工方案,因为采购部门对市场的加工能力、供应情况更加了解。另外,有部分物料需求不是来自生产制造部门(或计划部门),而是来自库存部门,这些物料主要是按订货点控制的方法,一般多为固定的消耗物料。

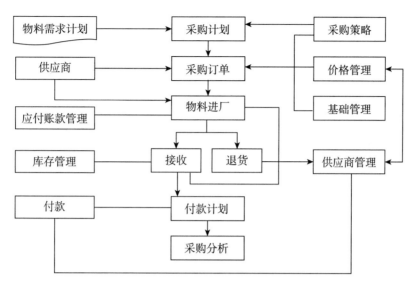

图 8-1　采购管理业务流程

2. 选择供应商

供应商处于企业供需链的供应端,供应商资源也是企业的资源之一,采购部门掌握越多的供应商,企业的供应来源就越丰富。当然供应商多但并不一定优,现代管理思想已经趋向于"企业与供应商是合作关系"或"合作伙伴"的关系。企业考虑选择供应商时一般来说有三个要素,即价格、质量、交货期。传统的企业与供应商的关系是一种短期的、松散的竞争对手关系,这种关系容易产生价格上的波动、质量上的不稳定及供货期的不可靠等现象。

现代企业管理者们意识到供应商对企业的重要影响,把建立和发展与供应商的关系作为企业整个经营战略的重要部分,与供应商共同分析成本与质量因素,并向供应商提供技术支持。尤其是在 JIT 的生产方式下,要求供应商在需要的时候按需要的数量提供优质产品。因此,JIT 方式下这种合作关系要求更稳定、更可靠。

ISO9000 质量保证与管理体系,要求企业对分供方(供应商)进行评估,并向分供方(供应商)提供全部的质量与技术要求,帮助分供方(供应商)进行质量改善。这本身也体现了企业与供应商的合作关系。但企业对供应商太过于依赖也容易产生供应商缺乏竞争力的现象,并且企业的风险也会增加。一般来说,企业对每种物料的供应至少要保持两家供应商才较为合适。当然企业要根据自身特点与市场环境制定合作的策略。

3. 下达订单

根据物料需求计划制订采购计划,并根据采购计划选择供应商,下达采购订单。这要求采购人员必须把材料的质量、数量及交货时间的要求准确无误地下达给供应商。因此,采购人员除应具有采购专业知识外,还要熟悉企业所需求的材料技术要求与制造工艺知识。当然企业的质量管理人员、技术人员、生产人员及计划人员都要对采购工作给予充分的支持。

4. 订单跟踪

采购员发出采购订单后,为了保证订单按期、按质及按量交货,要对采购订单进行跟踪检查,控制采购进度。

5. 验收货物

采购部门要协助库存与检验部门对供应商来料进行验收,按需收货,不能延期也不能提前,以平衡库存物流。

8.1.3 采购模式

采购在现代社会已经有了很大的发展,仅凭原有的观念和知识来采购是远远不够的。现代采购的模式主要有 JIT 采购、MRP 采购和供应链采购三种。不同的采购模式有其各自的特点。

1. JIT 采购模式

JIT 采购也称为准时制采购,源于准时化(just in time,JIT)生产方式,追求无库存的生产系统,或是趋向于无库存的生产系统。基本思想是在需要的时候,按需要的量,生产所需的商品。为此,"看板"管理的方法成为准时制生产独具特色的生产系统。

JIT 采购与传统采购的区别如表 8-1 所示。

表 8-1　JIT 采购与传统采购的区别

项目	JIT 采购	传统采购
采购批量	小批量,送货频率高	大批量,送货频率低
供应商选择	长期合作,单源供应	短期合作,多源供应
供应商评价	质量、交货期、价格	质量、价格、交货期
检查工作	逐渐减少,最后消除	收货、检货、质量验收
协商内容	长期合作关系,质量和合理价格	获得最低价格
运输	准时送货,买方负责安排	较低成本,卖方安排
文书工作	文书工作少,重要的是有能力改变交货时间和质量	文书量大,改变交货期和质量的采购单多
产品说明	供应商革新,强调性能宽松要求	买房关心设计,供应商没有革新
包装	小包装,标准化容器包装	普通包装,无特别说明
信息交流	快速可靠	一般要求

2. MRP 采购

所谓 MRP 采购,就是利用 MRP 技术进行的采购。MRP 的结果,一是生成生产计划,二是生成采购计划。实施 MRP 采购的基础是企业实施了 MRP 管理系统。

如果企业没有 MRP 系统,就谈不上 MRP 采购;不运行 MRP 系统,没有 MRP 系统生成的计划订货量,MRP 采购就失去了依据。在 MRP 采购中,购货的时间性要求比较严格;如果没有严格的时间要求,MRP 采购也就失去了意义。MRP 采购管理必须要有良好的供应商作为基础,如果没有良好的供应商管理,不能与供应商建立起稳定的客户关系,则供货的时间性要求很难保证。

MRP 采购的特点:需要的相关性;需求的稳定性;计划的精细性;计算的复杂性。

3. 供应链采购模式

供应链采购是指供应链内部企业之间的采购,供应链内部的需求企业向供应商企业采购订货,供应商企业将货物供应给需求企业。供应链采购是基于需求的采购,需要多少就采购多少,什么时候需要就什么时候采购。由于供应链各个企业之间的战略合作伙伴关系,采购观念和采购的操作都发生了很大变化,如表 8-2 所示。

表 8-2 供应链采购与传统采购特点

项目	供应链管理	传统采购
基本性质	基于需求的采购	基于库存的采购
	供应方主动型,需求方无采购操作	需求方主动型,需求方需采购操作
	合作型采购	对抗性采购
采购环境	友好合作环境	对抗竞争环境
信息关系	信息传输,信息共享	信息不通,信息保密
库存关系	供应商掌握库存	需求方掌握库存
	需求方可以不设仓库,零库存	需求方设立仓库,高仓库
送货方式	供应商小批量多频次连续补充货物	需求方大批量少频次进货
双方关系	供应双方关系友好	供应双方关系敌对
	责任共担,利益共享,协调性配合	责任自负,利益独享,互斥性竞争
货检工作	免检	严格检查

供应链采购是供应商主动型采购,由于供应链中需求者的需求信息随时传给供应商,供应商能够随时掌握用户需求信息,所以可以根据需求状况、变化趋势,及时调整生产计划、补充货物,主动跟踪用户需求,适时适量地满足用户需求。此外,供应双方是友好合作的利益共同体,供应商也会主动关心产品质量,保证需求方的产品质量。

双方在采购过程中,互相协调配合,提高采购工作的效率,最大限度地降低采购成本,最好地保证供应。供应链采购的根本特征是一种友好合作的环境,这也是它最大的特点。

供应链采购一个的重要特点是供应链企业之间实现信息连通,信息共享。供应链各个企业可以通过计算机网络进行信息沟通和业务活动。供应链采购的基础就是企业的信息化,要建立企业内部网络(intranet)、企业外部活动(extranet),并且和因特网

(internet)连通。

供应链采购是供应商管理客户的库存,客户零库存,这样客户可以大大节省费用、降低成本,专注于提高核心竞争力,从而提高供应链的整体效益。除此之外,供应商掌握库存自主权,可以根据需求变动情况适时调整生产计划和配送计划,避免盲目生产造成的浪费和库存积压产生的风险。由于这种机制把供应商的责任(产品质量)与利益(销售利润)相联系,因此,加强了供应商的责任感,将会主动提高客户服务水平和客户满意度,供需双方都将从中获益。

8.1.4 采购子系统与其他业务子系统的关系

采购管理子系统与物料需求计划、库存、应付账管理、成本管理等子系统有密切关系。现做简要概述:由 MRP、库存等的需求产生采购需求(请购)信息;采购物料收货检验后直接按分配的库位自动入库;物料的采购成本计算和账款结算工作则由成本与应付账子系统完成。采购子系统与其他业务子系统的关系如图 8-2 所示。

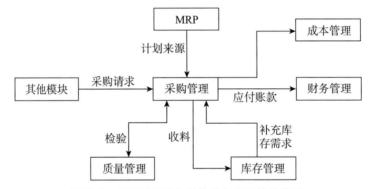

图 8-2 采购子系统与其他业务子系统的关系

8.2 销售管理

8.2.1 需求预测(自学)

一个公司最主要的目标是在满足需求的过程中获得利润。市场和销售部门关注于满足客户的需求,而生产部门必须提供相应的产品来实现市场和销售部门的目标。这两个领域的计划协调就是需求管理。需求管理分为短期需求管理、中期需求管理和长期需求管理。从长远来说,企业经营规划需要对工厂设施等进行需求预测;从中期来说,需求管理的目的是预测生产规划总需求;短期来说,需求管理适用于所制造的产品,它与主生产计划息息相关。在 ERP 的管理与实施过程中,需求管理以一个需求预测管理的方式整合在系统中,通过销售过程的实际结果来检验预测的效果,同时通过销售过程的数据分析给预测人员一个有价值的信息反馈。

1. 需求的类型与特点

需求有一次性需求和长期需求两种类型。一次性需求指时效性极强的产品,一旦在某特定时间内产生需求,不论是否得到产品供给,超过这个时限,需求即降为零,这种产品需求通常发生在特殊时期,比如战争对某种武器弹药的需求。大多数产品虽然也有需求的有效期,但需求的时间比较长,因此可以将需求看成是长期存在的。

从长期存在的需求看,需求还分为独立需求和衍生需求。独立需求的产品需要做单独观测;衍生需求又称相关需求,是指产品或服务的需求是由对其他产品或服务的需求引发的,比如产品与原料之间的需求,衍生需求的预测需要通过独立需求来推算。长期需求的变化特点有以下几种情况:

(1) 平稳型需求。平稳型需求在某一个时间点来看具有随机性,但长期来看是一个平衡趋势。趋势图如图 8-3 所示。

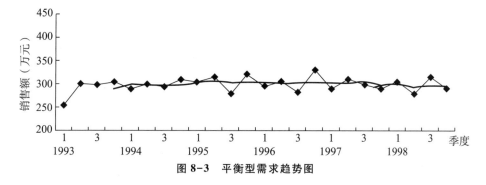

图 8-3 平衡型需求趋势图

(2) 稳定变化型需求。稳定变化型需求有增长或下降的趋势,从短期或某一个时间点上看也具有随机性,但长期看是一个增长或下降的趋势。增长型趋势图如图 8-4 所示。

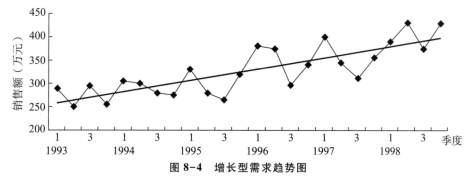

图 8-4 增长型需求趋势图

(3) 按规律波动型需求。波动型需求主要以季节性波动为主,很多产品具有这种特性,比如空调销售、棉花收购都呈季节性变化。趋势图如图 8-5 所示。

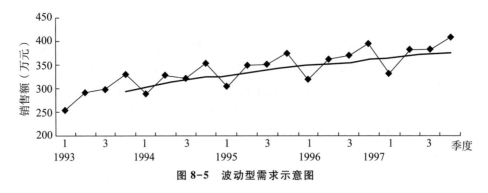

图 8-5 波动型需求示意图

（4）无规律型需求。需求变化没有明显的规律，需求完全随机。

2. 需求预测方法

需求预测与其他预测一样有许多方法，可归纳为定性预测方法和定量预测方法两类，其中定量预测法又可大致分为回归预测法和时间序列预测法。

定性预测方法也称经验判断法，是由预测者根据已有的历史资料和现实资料，依靠个人经验和综合分析能力，对预测对象未来的发展变化趋势做出判断，并以此为依据做出预测。常用的有专家意见法、个人判断法、专家会议法、头脑风暴法、Delphi 法、相关类推法、对比类推法、比例类推法等。

定量分析预测法是依据调查研究所得的数据资料，运用统计方法和数学模型，近似地揭示预测对象及其影响因素的数量变动关系，建立对应的预测模型，据此对预测目标做出定量预算的预测方法。具体方法有时间序列分解分析法、移动平均法、指数平滑法、趋势外推法、自适应过滤法、平稳时间序列预测法和灰色预测法等。

在选择预测方法时，应考虑三个主要的问题，即合适性、费用和精确性。任何一个预测方法都是建立在一定的假定条件之上的，而任何一种假定条件都无法囊括现实世界中错综复杂的关系，因此，必须考虑方法的适用条件。也就是说，一个合适的方法不仅要适合于影响被预测项目的因素，而且也应适合于预测的环境和条件。例如，一种适合于一次性预测的方法可能不适合于库存量的预测。在精确性和费用问题上，要权衡两者的轻重，要依靠自己的判断能力去断定应该用多大的力量，从而决定使用哪一种方法。

表 8-3 概括了常用预测方法的特点，以供事前选择之用。

表 8-3 各种预测方法的特点

方法	时间范围	适用情况	应做工作
定性预测法	短、中、长期	对缺乏历史统计资料或趋势面临转折的事件进行预测	需做大量的调查研究工作
一元线性回归预测法	短、中期	自变量与因变量之间存在线性关系	为两个变量收集历史数据，此项工作是此预测中最费时的

(续表)

方法	时间范围	适用情况	应做工作
多元线性回归预测法	短、中期	因变量与两个或两个以上自变量之间存在线性关系	为所有变量收集历史数据是此预测中最费时的
非线性回归预测法	短、中期	因变量与一个自变量或多个其他自变量之间存在某种非线性关系	必须收集历史数据,并用几个非线性模型试验
趋势外推法	中期到长期	当被预测项目的有关变量用时间表示时,用非线性回归	只需要因变量的历史资料,但用趋势图做试探时很费时
分解分析法	短期	适用于一次性的短期预测或在使用其他预测方法前消除季节变动的因素	只需要序列的历史资料
移动平均法	短期	不带季节变动的反复预测	只需要因变量的历史资料,但初次选择权数时很费时间
指数平滑法	短期	具有或不具有季节变动的反复预测	只需要因变量的历史资料,是一切反复预测中最简易的方法,但建立模型所费的时间与自适应过滤法不相上下
自适应过滤法	短期	适用于趋势型态的性质随时间而变化,而且没有季节变动的反复预测	只需要因变量的历史资料,但制定并检查模型规格很费时间
平稳时间序列预测法	短期	适用于任何序列的发展型态的一种高级预测方法	计算过程复杂、烦琐
干预分析模型预测法	短期	适用于当时间序列受到政策干预或突发事件影响的预测	收集历史数据及影响时间
灰色预测法	短、中期	适用于时间序列的发展呈指数型趋势	收集对象的历史数据

3. 预测检验

需求预测通常对有规律的预测比较有效,但不论采用何种预测方法,预测总会有误差,预测的时间段越长,误差越大。当企业对未来一段时间内需求做出预测后,在执行过程中还要不断地检验,对偏差较大的预测要及时调整,以减少经营中的风险与损失。ERP 系统中预测检验主要有两种方法:预测消耗数据和非正常需求识别。

(1) 预测消耗数据。在 ERP 系统中,对预测的检验通过预测消耗数据计算获得预测与实际需求的偏差情况。所谓预测消耗,是指将显示的需求从预测中剪掉,余下的数据如果是正数,表明还有预测没有实现;如果是负数,表明预测小于实际需求。

计算预测消耗可以在每一笔销售确认实现时或每一份客户订单输入系统时,立即计算出还没有消耗的预测量。这样可以实时获得预测效果的数据,但考虑到实际需求与预测在时间上会存在差异,有时需求会提前预测。比如,开展较大规模的促销活动或预期某商品会涨价时,用户会提前使需求实现。相反,有时需求也会滞后,比如预期某种商品降价或受经济发展或气候等原因使某些需求滞后于预测,因此实时统计反映出的情况有时并不具有较强的说服力。因此,预测消耗计算还可以按阶段进行,即在实际需求或用户订单输入的一段时间内统计预测消耗情况,这时系统对预测消耗统计是单独进行的,需要能够独立地处理任务完成这个计算过程,获得阶段内的预测消耗情况数据。

(2) 非正常需求识别。实际发生的需求与预测常常不会完全一致,但通常会有一个上下限的空间,当需求围绕预测在预先设置的上下限内时,我们认为需求是正常的。但如果超出这个区间,就应当给予重视,因为这可能是市场发出的某种信号,对我们以后的预测与经营会产生影响。

一份客户订单在一个时区内超过预测数量一定的百分比(具体数据根据经验或推算确定),则是非正常需求;一个时区内客户订单总量超过或低于预测数量一定的百分比,则是非正常需求,可能预示需求增长或降低,应当审查后期预测;多个时区未实现的预测超过相应区间的预测的特定百分比,可能是需求下降的表现,也需要重新审查后期预测。

对预测消耗的计算与非正常需求的识别工作在手工状态下是非常难实现的,在计算机系统中,用简单的方法就可以进行各种数据的比较并给出相应的提示,从而对管理、决策与计划的制定产生很大的帮助。

8.2.2 销售业务概述

销售管理是企业实现利润、获得持续经营能力的关键环节,因此它是企业管理中的核心。销售管理的主要业务如图 8-6 所示。

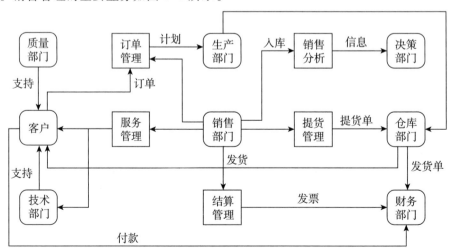

图 8-6 企业销售管理业务流程

1. 制订销售计划和产品报价

开拓市场,并对企业的客户分类管理,维护客户档案信息,制定针对客户的合理价格策略,建立长期稳定的销售渠道。制订销售计划是建立企业经营计划体系的龙头,因为规模企业只有在计划标准和通盘规划之下,才能实现企业资源的充分利用,才能保障企业有序经营与持续发展。

客户管理是销售工作的重心,客户是企业最重要的资源,满足客户需求是企业永恒的主题。客户管理的目的就是开发新客户,维护老客户,充分掌握客户信息,并且从不同角度分类分析,有针对性地采取措施满足客户需求,从而实现企业和客户价值的最大化。

销售渠道是客户管理的一种特殊形式,渠道管理的重要程度同产品类型和选择的营销模式有关。不同等级的渠道客户、不同产品的不同销售价格政策、不同客户的不同信用风险额度、多样化的营销方案和促销手段等,仅靠传统的管理方式无法做到准确无误和及时管理;市场推出的眼花缭乱的营销套餐,市场经常反映的窜货问题,渠道的忠诚度问题等,没有先进管理手段的支持,不依靠信息化手段,渠道管理不仅不能成为企业成功的关键要素,反而是营销管理的短板。

2. 进行市场销售预测

市场预测指根据市场需求信息,进行产品销售的分析与预测。其过程是通过对历史的、现在的销售数据进行分析,同时结合市场调查的统计结果,对未来的市场情况及发展趋势做出推测,指导今后的销售活动和企业生产活动。

科学的市场分析预测需要了解国家有关政策法令及市场发展变化趋势、客户需求的变化、竞争对手经营状况及发展趋势、与产品相关的信息(相关技术发展状况、替代产品发展状况等),在此基础上结合企业本身的经营状况及历史信息制订企业短期销售计划及运营计划。销售计划及运营计划是企业计划体系的核心,是制订其他配套计划的龙头,是企业经营管理的标准,是整合企业资源的工具。

3. 编制销售计划

销售计划是按照客户订单、市场预测情况和企业生产情况,对某一时期内企业的销售品种、各品种的销售量与销售价格做出安排。企业的销售计划通常按月制订(或按连续几个月的计划滚动)。企业也可以制订针对某个地区或某个销售员的销售计划。

其他业务内容如下所示:

(1) 根据客户需求的信息、交货信息、产品的相关信息及其他注意事项制定销售订单,并通过对企业生产可供货情况以及产品定价情况和客户信誉情况的考察来确认销售订单。销售部门将销售订单信息传递给生产计划人员,以便安排生产,并进行订单跟踪与管理。销售订单是企业生产、销售发货和销售货款结算的依据,销售订单的管理体制是销售工作的核心。

(2) 按销售订单的交货期组织货源,下达提货单,并组织发货,然后将发货情况转给财务部门。销售发货管理的内容包括根据销售订单中已到交货期的订单进行库存分配,下达提货单。在工厂内交货的订单由用户持提货单到仓库提货;厂外交货的则按提货单出库并组织发运。

（3）开出销售发票向客户催交销售货款,并将发票转给财务部门记账。销售发票管理是对销售出去的产品开出销售发票,向客户收取销售货款,同时将发票转给财务部门记账。对于客户退货可以开红字发票冲抵销售收入。销售账款结算是财务部门根据销售发票收取销售货款。将客户来款分配到未收款的销售发票上。对于拖欠货款的客户,销售人员要做好收款计划,同时要配合财务人员积极催款。

（4）对客户提供各种相关的服务,为进一步稳固市场与开拓市场打下基础。销售服务是企业对客户提供售前、售中和售后服务并进行跟踪。销售部门(或联系技术部门)解答售前客户对产品的技术咨询,跟踪合同、了解订单的交货情况及客户对产品质量、交货期的满意程度,提高售后服务支持(或联系技术部门),如产品安装、产品维护和产品维修等,并向质量部门和技术部门提供产品的售后质量记录。

（5）进行销售与市场分析。销售统计分析是对各种销售信息进行汇总统计分析。对各种产品的订单订货情况、销售情况、订单收款情况、销售发货情况、销售计划完成情况以及销售盈利情况等,从地区、客户、销售员及销售方式等多角度进行统计与分析。

8.2.3 销售子系统与其他业务子系统的关系

销售规划是 ERP 的第一个计划层次,属于决策层,其业务包含生产规划(或产品规划)。销售计划是根据市场的信息与情报,同时考虑企业的自身情况,如生产能力、资金能力等制定的产品系列生产大纲。如果销售管理子系统连接分销资源计划子系统(DRP),则销售计划来自分销资源计划子系统。销售计划在计划层次关系中的位置如图 8-7 所示。

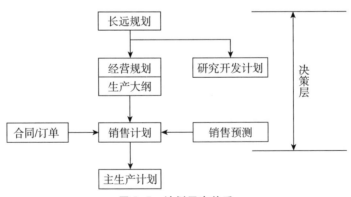

图 8-7 计划层次关系

综合说来,ERP 的销售管理提供的销售预测、销售计划、销售合同(订单)是主生产计划的需求来源。销售管理子系统帮助企业的销售人员完成客户档案及信用管理、产品销售价格管理、销售订单(合同)管理、销售提货、服务管理及发票管理等一系列销售事务,为企业的销售人员提供客户的信用信息、产品的订货情况以及产品的销售情况和获利情况,指导企业生产经营活动顺利进行,提高企业的客户服务水平,使企业的市场适应能力加强,始终能在竞争中保持优势地位。

销售管理子系统与库存、成本、应收账管理、生产等子系统有着紧密的联系,它们之间的关系如图 8-8 所示。概要地说,销售的产品从成品库中发出,销售成本及利润由成本会计核算,销售产品的应收账款由应收账管理来结算,销售订单(合同)为生产提供了各类产品的计划数据。

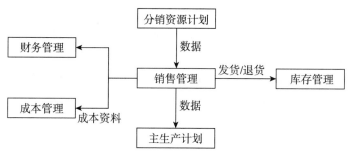

图 8-8 销售管理子系统与其他子系统的关系

8.3 库存管理

8.3.1 库存管理与控制

1. 衡量库存管理的主要指标

库存管理的目标是企业在保证生产与供应的前提下维持零库存记录,既没有资金的占用也没有库存空间的占用,这是库存管理的理想状态,然而,现实中由于受到诸多不确定因素的制约,企业的库存不可能绝对为零。零库存所代表的是企业降低库存的努力方向,是企业追求的一种境界。因此,对库存管理水平的评估就围绕降低库存的目标进行,以下指标可用来衡量库存管理水平:

(1)客户服务水平,保证生产和销售的需求;
(2)库存占用的资金额,控制在企业预算之内;
(3)库存资金周转次数,超出竞争对手。

库存资金周转次数(次) = 产品年销售成本(元)/库存年平均占用资金额(元)

这里考虑的只是库存资金占用,而不是企业全部流动资金。换句话说,只是流动资金中的盘存资金部分,即储备资金、生产资金和成品资金,不包括结算(如应收账款)和货币资金。这样处理,同成本计算采用制造成本法是一致的,它反映了企业的库存管理水平。

在考核企业业绩时,库存资金周转次数是一项重要的指标,说明为了实现某个销售金额需要用于库存的流动资金的金额数。通过实施 ERP,既要增加销售收入,又要提高库存资金周转次数。通俗地讲,就是一个钱能顶几个用。库存占用资金同销售收入两者之间并不存在必然的线性关系,管理的目标是既要增加销售收入又要降低库存资金占用。

2. 库存控制策略

库存控制策略以"何时订货"和"订货量多少"这两个问题为中心进行分析,人们从长期的库存实践中研究总结了许多库存控制方法,而在 ERP 中,根据物料需求的特点,库存控制方法可归结为独立需求库存控制和相关需求库存控制两类。

下面介绍两种常用的库存控制方法。

(1) 经济订货批量(economic order quality,EOQ)。经济订货批量是指库存总成本最小的订货量。由于库存与采购是一对矛盾,不能一味地增加库存,或一味地增加采购,而要找到一个合理的订货批量,使总成本(库存成本和采购成本之和)最小。经济订货批量就是对这个合理订货批量的求解,如图 8-9 所示。

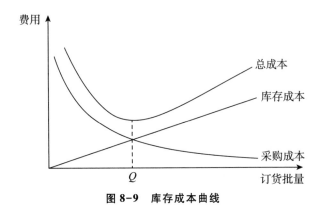

图 8-9　库存成本曲线

经济订货批量方法是使用经济批量公式计算出使采购成本与库存成本总和最低的订货批量。其基本公式为:

$$\mathrm{EOQ} = \sqrt{\frac{2CD}{H}} \tag{8-1}$$

式中,EOQ 为经济订货量(件),C 为单位订货费用(元/次),D 为年需要量(件/年),H 为单位库存保管费(元/件·年)。

常采用订货点法确定何时进行订货,采用经济批量法确定每次订货的最佳批量,然后发出订单和催货。用这一方法建立的库存控制模型需建立在"物料需求是连续发生的""各种物料的需求是相互独立的""库存消耗之后重新补满"等条件下,往往与实际应用有出入。

(2) ABC 分析法。ABC 分析法是经济学中帕累托原理在库存管理上的一种应用,它是按照库存物资的价值重要程度,分别采取不同的管理措施。企业各种物资需要量与品种之间存在着一个基本规律,即少数品种的物资占用了大部分储备资金,多数品种的物资占用储备资金少。在库存管理中,应对品种少、资金占用额大的物资进行重点管理。

一般企业的统计数据显示:有 10%—30% 的库存,其价值约占全部库存价值的 70%—80%,此类库存统称为 A 类库存;另有 40%—60% 的库存,其价值占全部库存价值的 5%—15%,被称为 C 类库存;剩余的库存则被称为 B 类库存。

A 类库存物料是重点管理的对象,从订货、入库、保管、盘点、检查和发放等都应该严格按照库存管理制度进行管理,并且应该尽可能地降低该类物料的库存数量。C 类库存的管理相对来说可以松一些。B 类库存的管理严格程度介于 A 类库存和 C 类库存之间。需要注意的是,ABC 库存管理策略是库存手工管理阶段常用的管理方法。在 ERP 系统中,由于计算机存储、计算和检索能力非常强大,有可能采取更加严格的物料管理和控制策略。

8.3.2 库存管理的模式

企业要有效地缓解供需矛盾,尽可能均匀地保持生产,甚至参与投机,就必须持有一定的库存。但是库存常常掩盖生产经营过程中不确定的需求与预测,不可靠的供应商、产品与服务的质量问题以及生产能力不足等诸多问题,因此企业必须尽力减少库存来暴露上述潜在问题,从而提高企业的经营管理水平和快速应变能力。供应链中存在的不确定性和由此造成的"牛鞭"效应,增加了供应链体系中的整体库存,给供应链中各节点企业带来了不必要的成本负担。

供应链的库存管理不是简单的需求预测与补给,而是要通过库存管理获得客户服务与利润的优化,其主要内容包括采用先进的商业建模技术来评价库存策略、提前期和运输变化的准确效果;决定经济批量时考虑供应链企业各方面的影响;在充分了解库存状态的前提下确定适当的服务水平。通过对客户、生产、运输等资源的平衡利用,企业对供应链中不确定性产生的缺货、延迟等风险进行有效的识别、缓解与控制。根据供应链中的库存管理主体及内涵的不同,库存管理主要存在以下四种模式:

1. 传统的库存管理模式

各节点企业的库存管理是各自为政的,物流渠道中的每一个部门都各自管理自有库存,都有自己的库存控制策略而且相互封闭。供应链中传统库存管理模式是基于交易层次之上的由订单驱动的静态单级管理库存的方式。

2. 联合库存管理模式

联合库存管理(joint managed inventory,JMI)模式是一种基于协调中心的库存管理模式,更多地体现了供应链节点企业之间的协作关系,能够有效地解决供应链中的"牛鞭"效应,提高供应链同步化程度。在这种模式下,强调供应链节点企业同时参与、共同制订库存计划,从而使供应链管理过程中的每个库存管理者都能从相互的协调性来考虑问题,保证供应链相邻两节点之间的库存管理实体对需求预测水平的高度一致,从而消除需求变异放大。任何相邻节点需求的确定都是供需双方协调的结果,库存管理不再是各自为政的独立运营过程,而是供需的连接纽带和协调中心。在 JMI 模式中,风险分担思想、减少库存浪费思想、供应商战略联盟思想和避免需求放大的思想得以充分展示。

3. 供应商管理库存模式

供应商管理库存(vendor managed inventory,VMI)模式是一种战略贸易伙伴之间的合作性策略,是一种库存决策代理模式。它以系统的、集成的思想管理库存,使供应链系统能够同步化运行。在这种库存控制策略下,允许上游组织对下游组织的库存策略、订货策略进行计划与管理,在一个共同的框架协议下以双方都获得最低成本为目标,由供应商来管理库存,由供应商代理分销商或批发商行使库存决策的权力,并通过对该框架协议经常性的监督和修正使库存管理得到持续的改进。

VMI 的好处是可以更好地提高客户服务水平,增加公司的竞争力,提供更精确的预测,降低营运成本,计划生产进度,降低库存量与维持库存成本,以及实施有效地配送。

4. 协同式供应链库存管理模式

协同式供应链库存管理模式(collaborative planning forecasting & Replenishment,CPFR)是一种协同式的供应链库存管理技术,建立在 JMI 和 VMI 的最佳分级实践基础上,同时抛弃了两者缺乏供应链集成等的主要缺点,能同时降低分销商的存货量,增加供应商的销售量。它应用一系列处理过程和技术模型,覆盖了整个供应链合作过程,通过共同管理业务过程和共享信息来改善分销商和供应商的伙伴关系,提高预测的准确度,最终达到提高供应链效率、降低库存和提高客户满意度的目的。CPFR 的最大优势是能及时准确地预测由各项促销措施或异常变化带来的销售高峰和波动,从而使分销商和供应商都做好充分的准备,赢得主动。CPFR 采取了多赢的原则,始终从全局的观点出发,制定统一的管理目标以及实施方案,以库存管理为核心,兼顾供应链上其他方面的管理。因此,CPFR 更有利于实现伙伴间更广泛深入的合作,帮助制定面向客户的合作框架、基于销售报告的生产计划,进而消除供应链过程约束等。

8.3.3 库存管理业务流程

库存数据信息在各部门间流动的过程中生成入库单、领料单、库存盘点单、调库单、提货单以及库存分析报告等一系列的单据。参与库存管理的部门、人员、单据等构成了库存管理的业务流程,如图 8-10 所示。

主要库存事务包括如下几个方面:

1. 外购入库业务管理

外购入库业务的原始单据是外购入库单,又称收货单、验收入库单等,是确认货物入库的书面证明。

2. 生产领料业务管理

生产领料单是确认货物出库的书面证明。它是体现库存业务的重要单据,生产领料

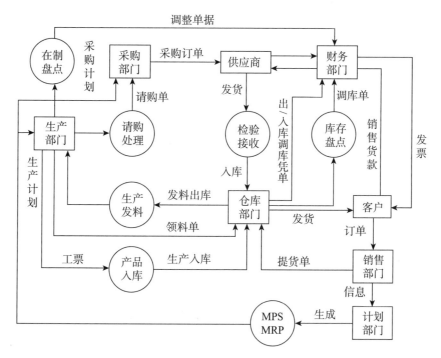

图 8-10 库存管理业务流程

单也是财务人员据以记账、核算成本的重要原始凭证。生产领料单确认后,需要继续处理出库成本的计算,生产领料单是企业产品生产成本核算的重要单据。

3. 产品入库管理

产品入库单是处理完工产品入库的单据,产品入库单也是财务人员据以记账、核算成本的重要原始凭证,产品入库确认后,需要填入或引入入库成本。

4. 生产退料管理

生产退料是生产部门将剩余的不合格的物料送回仓库的过程,仓库审核后验收入库。

5. 受托加工管理

"受托加工"是"委外加工"的相反业务,是指企业接受其他企业的"受托加工"业务。将受托加工功能与销售、仓储、生产等环节的相关功能相集成,实现对受托加工生产和物料的管理和控制。

受托加工管理包括以下几个部分:

(1) 受托加工材料入库的管理,其指对委托方送来的加工材料的入库的管理。

(2) 受托加工生产的管理,在系统中可以通过受托加工生产任务单进行处理,如果是领取客户的材料则通过受托加工领料单处理,如果是领取自己的材料则通过生产领料单处理,产品入库和正常的产品入库一样进行处理。

(3) 受托加工产品出库的管理,与正常的销售出库一致。

6. 仓库调拨管理

仓库调拨是指物料从一个仓库转移到另一个仓库。调拨单则是确认货物在仓库之间流动的书面证明。

7. 销售出库管理

销售出库单又称发货单，是确认产品出库的书面证明，是处理包括日常销售、委托代销、分期收款销售等各种形式的销售出库业务的单据。与仓储管理系统的外购入库单一样。

8. 库存盘点

库存盘点是处理库存实物与库存数据相关的日常操作，主要记录盘点数据、与仓库账面数据核对，在许多 ERP 系统中可以打印盘点表、输入盘点数据，编制盘点报告表等对账面数据和实际库存数据进行核对的重要工具，是保证企业账实相符的重要手段。盘点报告单则是确认货物在仓库中盘盈、盘亏的书面证明。

8.3.4 库存子系统与其他业务子系统的关系

库存管理子系统通过对库存物品的入库、出库、移动和盘点等操作，从而对库存物品进行全面的控制和管理，帮助企业的仓库管理人员管理库存物品，以达到降低库存、减少资金占用、杜绝物料积压与短缺现象、提高客户服务水平、保证生产经营活动顺利进行的目的。库存管理子系统从级别、类别、货位、批次、单件、ABC 分类等不同角度来管理库存物品的数量、库存成本和资金占用情况，以便客户及时了解和控制库存业务各方面的准确数据。库存管理子系统与采购、生产、销售、成本及总账等子系统有密切的数据传递管理。例如，采购物料通过库存接受入库；生产所需原材料和零部件通过仓库发放；销售产品由成品仓库发货；库存物料成本及占用资金由成本和总账管理来核算等。库存管理子系统与其他业务子系统的关系如图 8-11 所示。

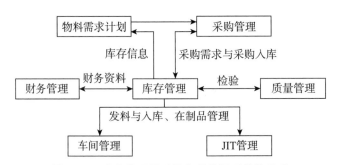

图 8-11 库存管理子系统与其他子系统的关系

本章小结

供应链是企业价值链中的重要组成部分。任何企业要向市场提供产品或服务都离不开原材料或消耗品的采购。降低材料成本,提高采购作业的质量是企业采购管理所追求的目标。采购管理的主要业务包括:接受物料需求或采购指示;选择供应商;下达订单;订单跟踪和验收货物等。

需求是企业生产经营的外在动力,对需求的预测是企业经营管理的重要内容。需求预测通常对有规律的预测比较有效,预测总会有误差,预测的时间段越长,误差越大。ERP 系统中预测检验主要有两种方法:预测消耗数据和非正常需求识别。

销售管理是企业实现利润、获得持续经营能力的关键环节,因此它是企业管理中的核心。销售管理的主要业务包括:制订计划和产品报价;进行市场销售预测;编制销售计划;订单管理;退货处理和销售统计与分析等。

库存管理主要针对物料收、发、存的库存事物处理、库存明细的管理以及库存的分析与评估。库存管理一般应做到保证生产需要、工程需要、工厂正常运行的需要,并维持尽量低的库存量,降低库存成本。

思考题

1. 简述采购作业流程。
2. 如何评估和选择供应商?
3. 简述长期需求有哪几种类型。
4. 常用的定性和定量方法有哪些?
5. 说明在 ERP 系统中如何对预测进行检验。
6. 简述销售管理的主要业务内容。
7. 企业库存有哪几种类型?如何衡量企业库存管理水平?
8. 阐述库存管理的几种模式。
9. 库存管理子系统与其他业务子系统的关系如何?

Y 公司的供应链管理

Y 公司是 H 省的珠宝首饰批发商,从事珠宝饰品的批发和零售业务。珠宝首饰行业供应链条环节较多,主要包括顾客、零售商、批发商或分销商、制造商、零部件或原材料的供应商。Y 公司属于分销商,因其产品的多样性决定了其产品供应商不止一家。

珠宝行业的供应链管理具备以下特点:第一,保管难度大;第二,库存水平高;第三,周转速率慢;第四,管理流程复杂。为此,公司李总分别对进货、补货、库存和物流等几个方面进行了深入的调研,了解 Y 珠宝公司的供应链管理的现状。

一、进货

Y 公司根据自己的库存情况和经验预测,根据同各个品牌企业签署的协议,向上游企业发出订单申请进行订货,其订货周期会受到上游企业的制约。Y公司通常采取先目标后采购、以采购定销售的策略。由于珠宝首饰产品的多样性,公司频频面临临时补货、货品积压、库存波动大的问题,平均库存水平很高,库存管理往往是疲于应付。

二、补货

Y公司负责向其下游的几十家店铺供货,各个店铺根据自己的销量计划申请Y公司对其进行补货,补货的多少都是根据店铺实际管理者的业务经验,大多通过口头上的约定沟通,Y公司也没有要求各个门店遵守一定的订货周期。Y公司和供应商、零售商都缺乏沟通,双方停留在初级的交易关系上。在零售商层面,Y公司作为供应商基本不了解下属零售店铺的促销活动,而零售店铺当然更不可能知道Y公司的库存情况。

三、库存

为了保证及时向下属的店铺供货,Y公司有专门的储备仓库。Y公司对于仓储管理还是比较重视的,专门制定了仓储管理的规章制度,责任落实到人,对于在库物资的品类数量、进出库数量等都有文字和报表记录,也会定期进行库存的盘点、清理工作。但在保管时,并没有针对不同的珠宝品类分库管理,虽然黄金、钻石、翡翠等摆放在不同的托盘中,但并没有再按照黄金或者钻石的成分等进行细致的分类,也没有所谓的"先进先出"或者"后进先出"等操作方法。

四、物流

供应商发往Y公司的黄金、钻石等首饰采用的是第三方物流送货的方式,为了保证送货的安全性,一般都采取空运的办法,到达目的地后由Y公司派车辆前往机场自取。而对于翡翠这样具有鉴赏、甄选价值的首饰,需要Y公司派专人到供应商店内挑选,公司负责来回运输;而对于Y公司发往零售店铺的货物,各店铺有专门的人员到Y公司的仓库提货。

在了解了Y公司供应链现状后,李先生感到进退两难了,一方面,市场竞争的压力直接要求加大库存水平,以解决销售过程中的商品短缺问题,另一方面,由于库存水平太高,直接导致了运营成本居高不下,使得销售利润微薄。

尽管十分关注即将到来的销售高峰期,李先生更关心企业长期的生存问题。如何通过供应链的再造解决库存控制问题,在保证商品供应的同时,降低库存水平,从而极大地降低运营成本,以促进企业的发展?

资料来源:中国管理案例共享中心案例库.

案例思考题:

1. Y公司供应链管理的流程与现状如何?
2. Y公司如何优化或再造供应链,提高公司经营效益。

第 9 章

车间管理

学习目标和要求

1. 了解车间管理的主要内容；
2. 理解加工单与派工单的区别与作用；
3. 了解企业不同生产领料方式；
4. 掌握作业排序的主要方法和评价标准；
5. 了解生产进度控制的方法。

导入案例

上海某中型模具加工厂，产品种类很多，没有产量很大的品种，一个产品从不连续生产，很多产品都是很长时间才生产一次。因此，企业没有一个常用的生产流程，必须随时根据生产请求制订一个作业计划。它们长期以来的方式是计划部门下达一个新的生产任务，各个部门分别制订自己的作业计划。问题是不同的部门之间的连接很不顺畅。一个部门在制订工作计划时根本不知道其他部门是如何计划的。常常是 A 部门这样的方式很顺，但是却导致 B 部门必须加班加点，B 部门的计划顺了，C 部门又要等待。于是生产调度不断根据各部门提出的意见进行调整，整体计划也就不断改变。这种方式表面上满足了各部门的要求，同时加入了人工优化的效果，但是实际上计划工作效率很低，计划执行效果也不佳，部门间矛盾不断。不合理的加班加点、停工等待成为困扰企业的严重问题。企业上下都强烈反映必须改变这种工作方式。

资料来源：http://blog.vsharing.com/mangguo/A1430000.html.

顾名思义,车间管理就是对生产车间的工作管理,涉及生产计划的执行、现场物料管理、人员管理、质量控制等。在ERP计划体系中,车间管理处于计划执行与控制层。其管理目标是按已经确认(下达)的物料需求计划要求,按时、按质、按量、低成本地完成加工制造任务。车间管理的过程主要是依据MRP、制造工艺路线与各工序的能力编排工序加工计划,下达车间生产任务单,并协调与控制计划进度,最终完工入库。

9.1 车间管理概述

9.1.1 车间和车间管理

1. 车间的概念及特征

车间是企业内直接从事生产活动的场所,是企业组织生产的基本经济单位、行政管理和经济核算单位,是执行层的管理组织机构。车间一般是按照生产的专业性质设置的,拥有一定的厂房或场地,拥有完成一定生产任务所必需的设备和设施,并配备一定数量的工人、技术人员和管理人员。每个车间运用这些生产条件,担负着完成某种产品、产品的某些工艺、某些零部件或辅助物料等的生产任务。车间具有以下特征:

(1) 车间必须具备一定规模,一个或几个工作场地不能成为一个车间;

(2) 车间必须具有一定的管理职能,不具备相对完整管理职能的生产单位充其量只能是班组或工段,而不是车间;

(3) 车间必须具有相对明确的生产对象和一定的生产条件,无明确生产对象,不具备生产条件,或流动性很大的室外、野外作业场所不能称为车间;

(4) 车间是企业生产活动的第一线,其生产活动的科学合理与否,直接决定着企业的生产效果和经济效益。因此,车间必须加强管理,以保证完成生产任务和提高生产效率,使车间成为企业管理系统中的一级行政管理单位。为了贯彻经济利益原则、调动职工积极性,也应把车间作为一级经济核算单位。

2. 车间管理的含义

车间管理就是车间根据厂部制定的目标、计划、指令、命令和各项规章制度,运用车间拥有的资源条件和管理权限,对车间的生产经济活动进行计划、组织、指挥、控制、调度和考核,包括对职工进行激励、教育和生活福利管理工作。

按照管理层次的划分,企业管理位于管理的最高层,车间管理位于管理的中间层,班组管理位于管理的作业层。对于最高管理层来说,车间管理属于执行型;对于作业管理层来说,车间管理又属于指令型。车间既要执行厂部下达的指令,并且为厂部提供信息,又要对工段、班组下达指令,以便协调整个车间的生产活动。

车间管理是企业整体管理的基础,是生产第一线的管理工作,是执行性的效率管理。这表现在车间管理是企业以生产为中心的主要管理环节,搞好车间管理,保证企业有正常的生产秩序,才能全面完成企业计划,实现企业目标。

9.1.2 车间管理的内容

按车间管理的业务流程描述,车间管理工作的内容主要有以下几项:

1. 按 MRP 计划生成车间任务

MRP 计划提供的是各种物料的计划需求日期(也可以有开始投入日期),有的物料可有多条加工路线、由多个车间完成。由于车间接收的 MRP 计划订单是生产计划员根据理想状态的资料制定的,所以在投放前要仔细地核实车间的实际情况,要检查工作中心、工具、物料及生产提前期等的有效性,解决计划与实际间存在的问题,最后建立与落实车间任务,做出各物料加工的车间进度计划(加工单),并根据物料短缺报告所说明的物料在任务单上的短缺量,帮助管理人员及时掌握有关情况,采取相应措施,并及时加以解决。

2. 生成各工作中心的加工任务与进行作业排序

工作中心的加工任务也称为工作中心进度表,工作中心进度表是根据工作中心的正在加工情况,已经进入该工作中心(排队等候)、上工序的加工情况(即将到达的加工任务),做出工作中心的任务计划,用来控制生产过程中任务的流动和优先级。它说明了在某个工作中心将要或正在生产什么订单、物品、已完成的数量和未完成的数量、计划生产准备和加工时间与订单优先级。

3. 下达生产指令,进行生产调度、生产进度控制与生产作业控制

常见的生产指令如生产工单或称生产工票。每个任务可以下达一张工票,也可以分开多张工票下达,可以对应一个工序或多个工序。通常的是一个任务对应一张工票,再流经多道工序。

生产进度控制贯穿了整个生产过程。有的企业进度控制的主要对象是客户需求产品的最终完工进度。但完整的进度控制包括投入进度控制、工序在制进度控制和产出进度控制。

生产控制活动在制造业的生产管理中占据非常重要的位置。车间生产管理人员的大部分工作都是从事生产的控制活动。生产计划一旦下达并实施,生产制造的控制活动就同时开始运作。生产控制的主要内容是进度控制、质量控制、车间物流控制与成本控制。影响生产经营活动的主要因素有人、设备、物料、计划、资金与过程的各种信息流,车间管理子系统的集成为企业的生产控制提供了良好的管理平台与解决方案。

4. 能力的投入、产出控制

能力的投入、产出控制是调度与控制投入、产出的工作量,平衡与充分发挥各工序能力,同时控制投入、产出的物品流动,控制在制品(work in product,WIP)库存量,保持物流平衡、有序。

5. 登记加工信息

根据加工任务、工票记录加工的信息。一般加工工票记录并说明了任务单在工艺路

线中每道工序的情况:发放到工序上的数量;在工序上加工的数量;已经加工完成的数量;已转下道工序的数量;在工序中报废的数量;工序计划开始与结束时间;实际加工的开始与结束时间;物料的计划和实际发放量;加工工作中心、加工人员或班组、加工工时、台时、完工数量、完工时间、废品数量和费用等。

收集车间数据有助于计划和控制生产活动,保证产品质量,记录实际生产成本。车间数据包括人工数据、生产数据、质量控制数据和物料移动数据。数据收集的频率取决于企业具体的生产方法。

6. 在制品管理

在制品管理也是车间管理的一项重要的工作内容。由于物料占用了企业的大量资金,是生产成本的主要构成部分,车间必须对车间原材料、半成品及成品进行严格的管理,并且要有科学、合理的管理方法。对车间物料要定期组织盘点,盘盈或盘亏的物料和在制品在得到有关部门确认后要及时进行调整,并要总结分析加以预防控制。

7. 统计分析

对车间生产过程的各种信息进行统计与分析,用以改进车间管理工作。统计分析的数据有进度分析、在制品物流分析、投入产出分析、工作效率分析、车间成本分析及车间人员考勤分析等。

车间作业管理子系统帮助车间管理人员监督和控制车间生产活动,同时帮助企业提高劳动生产率,减少车间在制品,提高产品质量。

车间管理子系统的业务流程如图9-1所示。

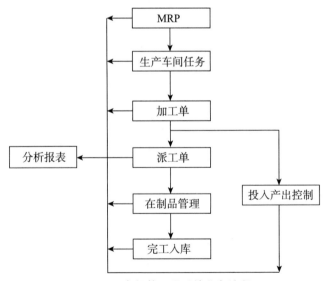

图9-1 车间管理子系统业务流程

案例 9-1

某印刷厂购置了一台新型光胶印机。设备虽然在技术上非常先进,但运行情况并不理想,实际利用率不到80%。车间生产主管宣称这是由于每班开机前的准备时间及下班停机前的整理时间过长造成的,并称每天这两个小时的准备时间和整理时间很正常。但随后的数据分析表明原因并不在此。调查发现,车间操作人员没有在生产日报上如实填写停机、等工、等印版、等纸、缺少印件等数据,因而造成管理及决策的失误。原因查明后,经过相关措施的落实,新设备的实际利用率明显提高。同时,车间要求操作工必须按要求如实填写生产日报,以确保数据的真实性和可靠性。

9.2 车间生产任务管理

9.2.1 车间生产任务概述

生产任务管理就是根据物料需求计划、工艺路线、工作中心等编制出车间生产计划、产生生产指令,对需要下达的车间任务,可以进行模拟下达,检查物料、能力能否满足生产计划要求。依据任务优先级数,生成工作中心派工单,分配物料和下达生产指令,并通过车间调度管理实现从计划到实施的闭环控制,使各级管理人员及时掌握车间生产情况。

在ERP生产管理系统中,生产任务管理应该至少包括生成生产任务单、加工单、作业排产计划、派工单、在制品单、生产完工入库、投入/产出控制等内容,如图9-2所示。

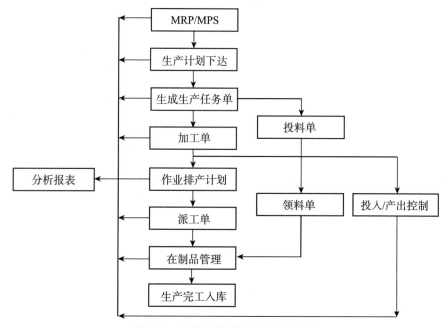

图 9-2 生产任务管理系统业务流程

实际业务是不停地变化的,所以,在生产任务管理系统中,必须能对原来的生产任务进行调整和变更。

9.2.2 生产任务单

生产任务单是生产系统唯一的需求来源,可以手工输入,也可由 MPS/MRP 系统自动生成。通过任务单的拆分,将一个任务单拆分成不同数量和不同加工单位的任务单。系统应允许用户直接根据销售订单生成任务单,这一功能特别适合严格按照销售订单生产的企业。它能够提供对指定任务单可用物料及可用能力的分析和任务单拆分功能,便于用户随时调整并安排任务单。

建立车间任务就是要把 MRP 中的物料制造任务下达到车间。有时车间还会涉及一些临时任务,如返工、翻修和改装等。表 9-1 是一份典型的生产任务单。

表 10-1 生产任务单

生产任务单号	生产任务单状态	计划员	下达人	下达日期	生产车间
G09110056	下达	王伟	王伟	2016-1-5	总装车间
产品编码	产品名称	单位	生产数量	计划开工日期	计划完工日期
KGB093201	M95 型计算机主机	台	100	2016-1-6	2016-1-10

9.2.3 生产投料单

生产任务建立、确认后,要对任务的物料再次进行落实,也就是对车间任务进行物料分配,完成物料分配后就可以下达任务,确保任务的执行。物料分配后会影响库存物料的可分配量(已分配量),当然各种 ERP 软件的处理流程与方式会有些差别。

生产投料单是一个生产任务单的领料计划表,它根据所要生产物料的物料清单生成,能够控制物料的领用数量。生产任务单确认后,由投料员根据库存的实际情况,确定所需物料的领料仓库和库位,也可以修改物料的投料数量(有时各批次的物料质量不同,物料损耗也就不同,可能影响投料数量)。表 9-2 是一份典型的生产投料单。

表 9-2 生产投料单

生产任务单号	生产任务单状态	计划员	审核人	审核日期	生产车间
G09110056	下达	王伟	投料员	2016-1-5	总装车间
产品编码	产品名称	产品单位	生产数量	计划开工日期	计划完工日期
KGB093201	M95 型计算机主机	台	100	2016-1-6	2016-1-10

物料清单

序号	子件	子件名称	单位	倒冲	单位用量	损耗率（%）	应发数量	计划发料日期	工序	仓库	备注
1	02001	机箱	个	否	1	0.00	100	2016-1-6	装配	半成品	
2	02002	主板	个	否	1	0.00	100	2016-1-6	装配	原材料	
3	02003	CPU	个	否	2	0.00	200	2016-1-8	装配	原材料	
4	02004	硬盘	个	否	1	0.00	100	2016-1-9	装配	原材料	

表9-2中，指明了编号为G09110056生产任务单所需物料的清单，并指明了这些物料的计划发料日期、发料仓库、应发数量、发料方式等。

投料员对投料单修正并审核无误后，车间才可以根据投料单进行领料、安排生产。

9.2.4 加工单

当确认生产任务单后，即可将其作为可行的生产任务来实施，其表现形式是加工单。加工单又称物料加工单，有时也称制造令、工令等，是面向物料的加工说明文件，用来说明某物料的加工工序、工作中心、工作进度及使用设备等，相当于手工作业中的加工传票或加工卡。在ERP系统中，加工单是基于车间任务、工艺路线和工作中心文件数据生成的。

不同工作中心在加工工序之间的物料传递有不同的方式。从理论上讲一道工序完成后，才能进入下一道工序，这种方式叫依次顺序作业或叫串行顺序作业。但实际加工中，当一个工作中心加工完成一定数量的物料后，不等全部加工完成就传送到下一个工作中心去加工，这种传递方式叫平行顺序作业。平行作业可以缩短加工周期，但频繁的运送会增加搬运成本。串行顺序作业有时会使某些工作中心出现窝工等待情况。采取何种方式传送物料可以在加工单中注明。常见的加工单形式如表9-3所示。

表9-3 加工单

加工单号：D01　　计划日期：2016/1/3　　计划员：ZH
物料代码：A00　　物料名称：LED333-22　　需求数量：10　　需求日期：2016/1/10

工序	工序名称	工作中心	标准时间			本工序时间	计划进度				状态	传递标志
			准备	工时	台时		最早开工日期	最早完工日期	最迟开工日期	最迟完工日期		
1	插1号板	C01插小件组	0.1	1	—	10.1	2016/1/6	2016/1/9	2016/1/7	2016/1/10	开工	正常
2	插2号板	C02插大件组	0.1	1.5	—	15.1	2016/1/6	2016/1/9	2016/1/7	2016/1/10	确认	平行

9.2.5 派工单

生成物料的加工单后,根据各个工作中心的当前正在加工任务与排队任务等生产情况,进行各个工序的作业安排,下达派工单,即面向工作中心(工序)的任务说明文件。计划员进行派工时,应充分考虑各个任务的优先级、工序能力(工作中心能力)、任务所用物料的分配等情况,进行作业排序与派工。

派工单是说明某时段(如周、月)工作中心的加工任务与各任务优先级别的文件。当生产订单下达后,订单信息进入车间订单文件。车间订单文件记录了所有已下达但尚未完成的生产订单。每天的派工单,列出要在每个工作中心或部门加工的作业,也列出未来几天将要到达工作中心的作业单。派工单中列出工序的开始日期和完成日期以及作业订单完成日期。工序开始日期用来确定作业的加工顺序。工序完成日期和订单完成日期都是非常重要的信息。

派工单是生产过程说明的详细文件,派工单使车间调度员与物料加工人员对目前的任务以及将要加工的任务一目了然。如果实际加工时间与计划加工时间不符,加工人员会及时发现并根据情况采取补救措施。

有些公司的派工单是按部门而不是按工序描述的。在这种情况下,派工单中列出部门的开始日期和完成日期,以及生产订单完成日期。这对于在一个部门中连续完成几道工序而每一道工序的加工时间都很短的情况是更适当的。这种情况的一个例子是制药公司。在制药公司,混合、溶解、成颗粒等工序是在一个部门同一天内发生的。另一个例子是木器家具制造公司,刨平、打磨、粘合等所有工序在几个小时里完成。

根据车间文件和工艺路线信息,以及所使用的调度原则,每天由计算机为每个工作中心生成一份派工单,说明各生产订单在同一工作中心上的优先级,利用硬拷贝或计算机屏幕显示方式,在每个工作日一开始送达车间现场,向工长指明正确的作业优先级。

派工单包括生产订单的优先级、物料存放地点、数量及能力需求的详细信息,所有这些信息都是按工序排列的。另外,派工单也向车间人员提供了对照计划度量生产过程的手段。表9-4是一个派工单的例子。

表9-4中的派工单给出了物料号、生产订单号、工序号以及每项作业的加工数量、生产准备工时和加工工时等信息。其中,生产准备工时指一个工作中心从生产一种项目转换到生产另一种项目所需的时间;加工工时是指实际加工生产指定数量的物料项目所需的时间。另外,还提供了上道工序和下道工序的信息。

派工单与加工单是不同的单据,加工单是说明完成一个物料的加工任务所需要的工序、各工序生产所在工作中心,以及各工序的计划进度时间;而派工单是在作业计划生成后,针对具体的工作中心,由车间调度员开出的,用于指导具体的生产人员进行生产作业。

表 9-4 派工单

车间代码 WC01

工作中心:1002　　　　　名称:铣床　　　　　时间区间:2016/1/1—2016/1/30

物料代码	任务号	订单完成日期	工序号	工序开始日期	工序完成日期	准备工时	加工工时	剩余数量/件	上道工序号	上道工作中心	下道工序号	下道工作中心	优先级
已经到达工作中心的作业													
L930	1326	3/16	10	1/6	1/8	0	4.0	1500			20	WC05	1
K421	2937	3/18	5	1/12	1/13	2.0	6.0	2000			10	WC07	1
D430	2566	3/24	10	1/17	1/18	1.0	1.0	500	5	WC03	20	WC10	2
N862	3752	3/24	20	1/19	1/20	0.5	3.5	1000			30	WC08	2
将要到达此工作中心的作业													
K319	2597	4/2	15	1/27	1/28	1.0	3.0	800			20	WC15	3
B422	3638	4/5	20	1/28	1/29	2.0	20.0	10000	10	WC02	30	WC12	4

9.2.6 领料单

当生产任务单下达到车间后,车间就需要开始进行生产准备并安排生产。对于 ERP 系统来说,生产准备中需要考虑的重要一环就是生产领料业务。企业的生产领料可以分为两种方式:一次全部领料和按照工序进行领料。前者是指在生产准备前,把所有需要用到的物料全部从仓库领到车间;后者是指按照生产进度的不同,在需要的时候进行领料。按照工序领料对于企业车间和仓库的管理水平有较高的要求。

1. 全部领料

仓库也应该对领料进行控制,不允许车间不按照生产任务单直接领料,同时应根据投料单的额定数量进行发料。表 9-5a 和 9-5b 是根据生产投料单,按仓库生成的两张领料单。

表 9-5a 领料单 1

领料单号	生产任务单号	领料车间	领料日期
LL091106001	G09110056	总装车间	2016-1-6
产品编码	产品名称	领料人	发料人
KGB093201	M95 型计算机主机	李立强	高小猛

序号	子件	子件名称	单位	应发数量	实发数量	仓库	备注
1	02001	机箱	个	100	100	半成品	

表 9-5b 领料单 2

领料单号	生产任务单号	领料车间	领料日期
LL091106001	G09110056	总装车间	2016-1-6
产品编码	产品名称	领料人	发料人
KGB093201	M95型计算机主机	李立强	李兰新

序号	子件	子件名称	单位	应发数量	实发数量	仓库	备注
1	02002	主板	个	100	100	原材料	
2	02003	CPU	个	200	200	原材料	
3	02004	硬盘	个	100	100	原材料	

2. 工序领料

如果企业是按照工序进行领料的，在开出派工单的同时，应根据工序作业计划，开出领料单进行领料。进行工序领料时，首先要确定每个工序需要领用的物料，然后再下达派工单，根据工序作业计划和已定义的应领物料进行领料业务。

通过工序领料，可以减少仓库库存资金的挤压。在生产过程中，各个物料并不都是在开始生产时就必须用到，多数物料是在加工过程中陆续被用到的，没有必要在生产开始时就领用到车间去。

但是，使用工序领料，需要企业具有较高的车间生产管理水平，每道工序能够在正确的时间准确获得所需物料，否则很可能出现停工待料的情况。

3. 倒冲法领料

在生产领料时，有一种特殊的领料方式——倒冲法领料（也称反冲领料），这种方法是针对某些物料，先把物料批量地移动到车间（虚拟）仓库，在生产完工入库时，根据入库数量，按照BOM中的单位定额耗用数量，自动生成领料单或生成物料耗用量。这种方法一般适用于一些低值易耗品，或难以个别领料的物品，比如螺丝钉、胶水、油漆等。在进行倒冲领料时，首先需要在物料主文件中标明需倒冲领料的物料、倒冲的仓库和库位，并在BOM中准确确定单位定额耗用量。在生产前，要确保相应的倒冲仓库中有足够数量的物料，以确保倒冲领料能够自动实现。

在很多企业中，车间和仓库之间经常会出现相互借料的情况，应坚决予以制止。比如车间需领用100个A物料，仓库只有95个，但很快就会有A物料到达仓库，仓库为了做账方便，可能会直接先记账发给车间100个，当另5个到达仓库时，就直接由仓库送到车间。或者有时候由于特殊原因，车间在计划部门未下达计划前就安排某产品的生产，先从仓库借料进行生产，当生产任务单下达后，再办理领料手续。由于存在这样的情况，其直接后果就是导致仓库的账物不一致，直接导致MRP计划的错误，造成整个ERP系统的失败。所以，企业应用ERP系统前，一定要规范企业内部特别是企业的仓库管理业务。

9.2.7 工序在制品

车间在制品管理一般是按照工序进行管理的,由于供需之间的转移、报废等原因,每个工序结存的在制品数量是不同的。

工序在制品数量 =
期初结存数量 + 移入数量 − 报废数量 − 移出数量 + 盘盈数量 − 盘亏数量

在工序在制品管理中,对于生产周期较长的企业来说,应该进行定期的盘点,以使工序在制品的账物保持一致。当账面数量与实际数量不一致时,应采取措施,查清原因,避免再次发生同类问题。同时,应实时控制各工序的投入产出,控制工序在制品数量。

通过工序在制品管理可以帮助企业从多个角度了解工序在制品的存量水平和变化趋势,有效地降低工序在制品库存,减少资金积压,提升车间物料管理水平。

9.2.8 完工入库单

车间生产完工后,必须把经过检验合格的物料送入仓库,办理入库手续。入库后的物料可用于销售或被其他部门领用。表 9-6 是根据生产任务单生成的产品入库单。仓库根据实际收到的数量填写实收数量。

表 9-6 产品入库单

产品入库单号	生产部门	入库日期	验收人	保管员	审核人
RK09111001	总装车间	2016-1-10	李明	陈琳	陈琳
产品编码	产品名称	应收数量	实收数量	生产任务单号	入库仓库
KGB093201	M95 型计算机主机	100	100	G09110056	成品仓库

需要注意的是,在 ERP 系统中,如果完工数量等于或者超过生产任务单的数量,系统就会自动关闭生产任务单,表示已经完工。但如果生产中出现了废品,实际完工数量小于生产任务单数量,则系统不能自动关闭生产任务单,需要手工及时关闭生产任务单,然后手工补新生产任务单,或者忽略不足数量。这样可以避免 MPS、MRP 计算时出现数据错误。因为在 MRP 计算中,会把已经下达但尚未完工的数量作为计划接收量,从而会减少净需求量。

9.3 作业排序

运用 MRP 确定了各项物料的生产、采购计划之后,还需要把企业自加工工件的生产计划转变为每个班组、人员、每台设备的工作任务,即具体地确定每台设备、每个人员每天的工作任务和工件在每台设备上的加工顺序,这一过程就称为作业排序。作业排序要解决先加工哪个工件、后加工哪个工件的加工顺序问题,还要解决同一设备上不同工件的加工顺序问题。在很多情况下,可选择的方案都很多,而不同的加工顺序得出的结果差别很大。为此,需要采用一些方法和技术,尽量得出最优或令人满意的加工顺序。

9.3.1 作业计划与排序

一般来说,作业计划(scheduling)与排序(sequencing)不是同义语。排序只是确定工件在机器上的加工顺序,而作业计划不仅包括确定工件的加工顺序,还包括确定机器加工每个工件的开始时间和完成时间。因此,只有作业计划才能指导工人的生产活动。

在编制作业计划时,有时一个工件的某道工序完成之后,执行它下一道工序的机器还在加工其他工件,这时,工件要等待一段时间才能开始加工,这种情况称为"工件等待"。有时,一台机器已经完成对某个工件的加工,但随后要加工的工件还未到达,这种情况称为"机器空闲"。

由于编制作业计划的关键是要解决各台机器上工件的加工顺序问题,而且,在通常情况下都是按最早可能开(完)工的时间来编制作业计划。因此,当工件的加工顺序确定以后,作业计划也就确定了。所以,人们常常将排序与编制作业计划这两个术语不加区别地使用。在本章里,只有在需要的情况下,才将这两个术语区别使用。一般情况下只使用排序这个术语。

在制造业领域和服务业领域中,有两种基本形式的作业排序:一是劳动力作业排序,主要是确定人员何时工作;二是生产作业排序,主要是将不同工件安排到不同设备上,或安排不同的人做不同的工作。在制造业中,生产作业排序是主要的,因为要加工的工件是注意的焦点。许多绩效度量标准,如按时交货率、库存水平、制造周期、成本和质量都直接和排序方法有关。在服务业中,劳动力作业排序是主要的,因为服务的及时性是影响公司竞争力的主要因素。很多绩效标准,如顾客等待时间、排队长度、设备(或人员)利用情况、成本和服务质量等,都与服务的及时性有关。

在制造业的生产作业排序中,还可进一步按机器、工件和目标函数的特征分类。按照机器的种类和数量的不同,可以分为单台机器的排序问题和多台机器的排序问题。对于多台机器的排序问题,按工件加工路线的特征,可以分成单件车间排序问题和流水车间排序问题。工件的加工路线不同是单件车间排序问题的基本特征;而所有工件的加工路线完全相同,则是流水车间排序问题的基本特征。

按工件到达车间的情况不同,可以分成静态排序问题和动态排序问题。当进行排序时,所有工件已到达,可以一次性对它们进行排序,这是静态排序问题;若工件是陆续到达,则要随时安排它们的加工顺序,这是动态排序问题。

按目标函数的性质不同,也可划分不同的排序问题。例如,同是单台机器的排序,目标是使平均加工时间最短和使拖期完工的工件数最少,实质上是两种不同的排序问题。按目标函数的情况,还可以划分为单目标排序问题和多目标排序问题。

由此可见,由于机器、工件和目标函数的不同特征以及其他因素上的差别,构成了多种多样的排序问题及相应的排序方法。

9.3.2 作业排序的方法

1. 约翰逊法

这是一种适合于 $n/2/P/F\min$ 排序问题的静态排序方法。约翰逊法的目标是要求得到全组零件具有最短生产周期的生产进度表。

（1）约翰逊排序规则。如果满足 $\min\{t_{1k},t_{2h}\}<\min\{t_{2k},t_{1h}\}$，则将 k 工件排在 h 工件之前。式中，t_{1k}，t_{2k} 为 k 工件第一工序、第二工序的加工时间；t_{1h}，t_{2h} 为 h 工件第一工序、第二工序的加工时间。

（2）约翰逊排序法的进行步骤如下：

第一步：列出零件组的工序矩阵。

第二步：在工序矩阵中选出加工时间最短的工序。如果该工序属于第一工序，就将该工序所属工件排在前面。反之，最小工序是第二工序，则将该工序所属工件排在后面。若最小工序有多个，可以任选其中一个。

第三步：将已经排序的工件从工序矩阵中消去。

第四步：继续按照以上步骤进行排序，直至所有工件排序结束。

[**例 9-1**] 如表 9-7 和表 9-8 所示。

表 9-7　零件工序矩阵

工件号	1	2	3	4	5
第一工序 M1	8	9	5	2	6
第二工序 M2	6	5	4	8	3

表 9-8　按约翰逊法排序后的新工艺矩阵

工件号	4	1	2	3	5
第一工序 M1	2	8	9	5	6
第二工序 M2	8	6	5	4	3

对于同顺序排序问题，通过表上作业，按零件工序和零件加工顺序，计算全组零件的最大流程时间 $F_{\max}$，如表 9-9a 所示。零件在各工序的加工时间和顺序如表 9-9b 所示。

表 9-9a　最大流程时间 $F_{\max}$ 计算表

工作号	4	1	2	3	5
第一工序 M1	2/2	8/10	9/19	5/24	6/30
第二工序 M2	8/10	6/16	5/24	4/28	3/33

表 9-9b 零件加工时间表

M1	4		1		2			3		5		
M2			4		1			2	3		5	
	1 2	3 4 5 6 7 8 9 10	11 12 13 14 15 16	17	18	19	20 21 22 23 24	25 26 27 28	29	30	31 32 33

表中斜线右方的数字是到该工序结束时的流程时间,计算方法为:

该工序结束时的流程时间 = 该工序的开始时间 + 该工序的加工时间

在生产过程中,一个工序的开始时间取决于两个因素:一是该工序前一道工序的结束时间;二是该工序所用设备上紧前工件的加工结束时间。该工序的开始时间应取上述两数中之大者。

2. 关键工序法

用关键工序法进行排序的步骤和方法如下:

第一步:按工序汇总各零件的加工工作量,定义加工工作量最大的工序为关键工序。

第二步:比较各零件首尾两道工序的大小,并把全部零件分成三组,若首<尾,分在第一组;若首=尾,则分在第二组;若首>尾,分在第三组。

第三步:各组分别对组内零件进行排序。

第一组,每一零件分别将关键工序前的各工序相加,根据相加后的数值按递增序列排队;第二组,当第一组的零件数少于第三组时,本组零件按第一组的规则排列,反之按第三组的规则排列;第三组,每一零件分别将关键工序后的各工序相加,根据相加后的数值按递减序列排队。

第四步:全部零件的排序第一组排在最前,第二组排在中间,第三组排在最后。

[例 9-2] 如表 9-10 所示。

表 9-10 产品—工序时间

零件	A	B	C	D	E	F	合计
M1	3	8	6	9	1	2	29
M2	13	2	2	4	7	5	33
M3	7	16	10	9	6	0	48
M4	15	7	8	10	11	14	65
M5	6	4	7	12	5	11	45

(1) 确定关键工序为 M4。

(2) 分组。第一组:ACDEF;第二组:无;第三组:B。

各组组内排序:

第一组:把关键工序前的工时相加(M1+M2+M3)。

A:23;C:18;D:22;E:14;F:7。递增顺序排列:F,E,C,D,A。

第二组:无。

第三组:B。

总投产顺序为:F,E,C,D,A,B。

(3) 求 Fmax,全组的生产进度表,如表 9-11 所示。

表 9-11 生产进度表

零件	F	E	C	D	A	B
M1	2/2	1/3	6/9	9/18	3/21	8/29
M2	5/7	7/14	2/16	4/22	13/35	2/37
M3	0	6/20	10/30	9/39	7/46	16/62
M4	14/21	11/32	8/40	10/50	15/65	7/72
M5	11/32	5/37	7/47	12/62	6/71	4/76

3. 优先规则法

在进行作业排序时,需要用到优先调度规则。这些规则可能很简单,仅需根据一种数据信息对作业进行排序。这些数据可以是加工时间、交货日期或到达的顺序。其他的规则尽管也同样简单,但可能需要更多的信息。通常是需要一个指标,比如最小松弛时间规则或关键比率规则。下面列出了 10 个常用的优先调度规则:

(1) FCFS(first come first served)规则:先到先服务,优先安排最先到达的工件。

(2) SPT(shortest processing time)规则:优先选择加工时间最短的工件。

(3) LPT(longest processing time)规则:优先选择加工时间最长的工件。

(4) EDD(earliest due date)规则:优先选择加工期限最近的工件。

(5) SCR(smallest critical ratio)规则:优先选择紧迫系数最小的工件。紧迫系数为工作允许停留时间与工件剩余加工时间之比。

(6) MWKR(most work remaining)规则:优先选择剩余加工时间最长的工件。

(7) LWKR(least work remaining)规则:优先选择剩余加工时间最短的工件。

(8) MOPNR(most operations remaining)规则:优先选择剩余加工工序最多的工件。

(9) RANDOM 规则:随机挑选下一个工件。

(10) LCFS(late come first served)规则:后到先服务,优先安排最后到达的工件。

迄今为止,人们已经提出了 100 多个优先调度规则,上面仅介绍了其中最常见的 10 种。这 10 种优先规则各有特色。有时,运用一个优先规则还不能唯一地确定下一个应选择的工件,这时可使用多个优先规则的组合。

按照这样的优先调度方法,可赋予不同工件不同的优先权,使生成的排序方案按预定目标优化。当然,以上这些优先调度规则的简单性掩饰了排序工作的复杂性。实际上要将数以百计的工件在数以百计的工作中心(机器)上决定加工顺序是一件非常复杂的工作,需要有大量的信息和熟练的排序技巧。对于每一个准备排序的工件,计划人员都需要两大类信息:有关加工要求和现在的状况。加工要求信息包括预定的完工期、工艺路线、标准的准备时间、加工时间、各工序的预计等。现状信息包括工件的现在位置(在某台设备前排序等待或正在被加工)、现在完成了多少工序(如果已开始加工)、在每一工序的实际到达时间和离去时间、实际加工时间和准备时间、各工序所产生的废品(可以用来估计重新加工量)以及其他的有关信息。优先顺序规则就是利用这些信息的一部分来为每个工作中心决定工件的加工顺序,其余的信息可以用来估计工件按照其加工路线到达下一个工作中心的时间和最初计划使用的机器正在工作时是否可使用替代机器,以及是否需要物料搬运设备等。这些信息的大部分在一天中是随时改变的,所以,用手工获取这些信息几乎是不可能的或效率低的。从这个意义上来说,计算机是用来进行有效的、优化的作业排序的必要工具。

[例 9-3] 5 根长轴在车削车间等待加工。它们的生产时间和到期时间如表 9-12 所示。分别根据 FCFS、SPT、EDD 和 LPT 规则来决定其操作顺序。

表 9-12 产品加工信息表

工件	A	B	C	D	E
加工时间/天	2	6	8	3	9
交货期/天	8	6	18	15	23

(1)按 FCFS 规则排序的结果是 A-B-C-D-E。如表 9-13 所示。

表 9-13 FCFS 规则排序表

工作顺序	A	B	C	D	E	合计
加工时间	6	2	8	3	9	28
完工时间	6	8	16	19	28	77
交货期	8	6	18	15	23	
拖期量	0	2	0	4	5	11

FCFS 规则有以下效率测算结果:

平均流程时间 = 总流程时间 / 工作数 = 77/5 = 15.4(天)

使用率 = 总加工时间 / 总流程时间 = 28/77 = 36.4%

平均在制品库存 = 总流程时间 / 总加工时间 = 77/28 = 2.75(件)

平均拖期量 = 总拖期量 / 工作数 = 11/5 = 2.2(天)

(2)按 SPT 规则排序的结果是 B-D-A-C-E,如表 9-14 所示。

表 9-14 SPT 规则排序表

工作顺序	B	D	A	C	E	合计
加工时间	2	3	6	8	9	28
完工时间	2	5	11	19	28	65
交货期	6	15	8	18	23	
拖期量	0	0	3	1	5	9

SPT 效率指标测算结果如下：

平均流程时间 = 65/5 = 13(天)

使用率 = 28/65 = 43.1%

平均在制品库存 = 65/28 = 2.32(件)

平均拖期量 = 9/5 = 1.8(天)

(3) 按 EDD 规则排序结果为 B-A-D-C-E，如表 9-15 所示。

表 9-15 EDD 规则排序表

工作顺序	B	A	D	C	E	合计
加工时间	2	6	3	8	9	28
完工时间	2	8	11	19	28	68
交货期	6	8	15	18	23	
拖期量	0	0	0	1	5	6

EDD 效率指标计算结果为：

平均流程时间 = 68/5 = 13.6(天)

使用率 = 28/68 = 41.2%

平均在制品库存 = 68/28 = 2.43(件)

平均拖期量 = 6/5 = 1.2(天)

(4) 按 LPT 规则排序结果为 E-C-A-D-B，如表 9-16 所示。

表 9-16 LPT 规则排序表

工作顺序	E	C	A	D	B	合计
加工时间	9	8	6	3	2	28
完工时间	9	17	23	26	28	103
交货期	23	18	8	15	6	
拖期量	0	0	15	11	22	48

LPT 效率指标计算结果如下：

平均流程时间 = 103/5 = 20.6（天）

使用率 = 28/103 = 27.2%

平均在制品库存 103/28 = 3.68（件）

平均拖期量 = 48/5 = 9.6（天）

以上四个规则的结果汇总如表 9-17 所示。

表 9-17 排序总汇表

规则	FCFS	SPT	EDD	LPT
平均流程时间（天）	15.4	13.0	13.6	20.6
使用率（%）	36.4	43.1	41.2	27.2
平均在制品库存（件）	2.75	2.32	2.43	3.68
平均拖期量（天）	2.2	1.8	1.2	9.6

9.3.3 作业排序的评价标准

一般来讲，对于 n 种工作，每一种要在 m 台机器上加工，则可能的排序方案共有 $(n!)^m$ 种。例如，在上例中，三种零件在两台机器上加工，共有 36 种可能的排序方法。由于工艺的限制以及零件间的相互关系，有些排序方案是不可行的。但即使如此，也仍然有相当数量的可能方案。如前所述，不同方案可导致相当不同的结果，为此，必须慎重选择。但在选择之前，首先需要确定选择、评价的标准。有许多标准可以用来评价作业排序方案，下面是一些最常用的标准：

（1）工件流程时间。从可以开始加工（不一定是实际开始时间）至完工的时间。它包括在各个机器之间的移动时间、等待时间、加工时间以及由于机器故障、部件无法得到等问题引起的延迟时间。

（2）全部完工时间。完成一组工作所需的全部时间。它是从第一个工件在第一台机器上开始加工时算起，到最后一个工件在最后一台机器上完成加工时为止所经过的时间。

（3）延迟。可以用比预定完工时间延迟了的时间部分来表示，也可以用未按预定时间完工的工件数占总工件数的百分比来表示。

（4）在制品库存（WIP）。一个工件正从一个工作地移向另一个工作地，由于一些原因被拖延加工、正在被加工或放置于零件库中，都可看作是在制品库存。它与在途库存类似，但其物料项目是制造出来的，而不是购买来的。这种度量标准可以用工件个数、其货币价值或可供应的周数来表示。

（5）总库存。计划入库量和现有库存量的总和。

（6）利用率。一台机器或一个工人的有效生产时间占总工作时间的百分比。

上述这些标准都能用具有平均值和偏差的统计分布来表示的。但这些标准彼此之间并不完全独立。例如,使工件流程时间的平均值较小,也就是要减少在制品库存和提高利用率。在流水车间(所有工件的加工路线都一致)中,使一组工件的全部完工时间最小也意味着要提高设备利用率。

知识链接

最优生产技术

最优生产技术(OPT)认为,一个企业的计划与控制的目标就是寻求顾客需求与企业能力的最优配合,一旦一个被控制的工序建立了一个动态平衡,其余的工序应相继地与这一被控制的工序同步。OPT 的计划与控制是通过 DBR 系统,即"鼓"(Drum)、"缓冲器"(Buffer)和"绳子"(Rope)系统来实现的。实施计划与控制主要包括以下四个步骤:

(1) 识别企业的真正约束(瓶颈)所在是控制物流的关键;

(2) 基于瓶颈约束,建立产品出产计划;

(3) "缓冲器"的管理,以防止随机波动,使瓶颈不至于出现等待任务的情况;

(4) 对企业物流进行平衡,使非瓶颈的物料应被瓶颈的产出率所控制(即"绳子"),一般按无限能力,用倒推方法对非瓶颈资源安排作业计划,使之与关键资源上的工序同步。

9.4 生产作业控制

如果车间的日常生产很正常,完全与计划相符,那么就无须对生产情况进行控制了。但实际并非如此,总会出现一些问题,如生产拖期、加工报废、设备故障等。因此要对车间的生产过程进行经常性的监视、控制和调整。顾名思义,生产作业控制(production activity control,PAC)是对整个产品生产过程的控制和管理工作。它涉及生产计划的执行、现场物料管理、人员管理、质量控制等。在整个企业的计划层次(ERP 管理思想)中,生产作业控制处于计划执行与控制层。生产作业控制的过程主要是根据 MRP、制造工艺路线与各工序的能力编排工序加工计划,下达车间生产任务单,并协调与控制计划进度,最终完工入库。

9.4.1 生产作业控制的要素和内容

生产作业控制包括三个方面的要素:

(1) 控制标准。标准就是生产计划和生产作业计划及其依据的各种标准。没有标准就无法衡量实际情况是否发生偏离。生产计划规定的产品产出期,MRP 系统生成的零部件投入产出计划,通过排序方法得出的车间生产作业计划,都是实行生产控制的标准。

（2）信息。要取得实际生产进度与计划偏离的信息。控制离不开信息，只有取得实际生产进度偏离计划的信息，才知道两者发生了不一致。ERP生产管理信息系统能有效地提供实际生产与计划偏离的信息。通过生产作业统计模块，每天都可以取得各个零部件的实际加工进度和每台机床负荷情况的信息。

（3）措施。即对将要产生或已经产生的偏差做出纠偏措施。纠正偏差是通过调度来实行的。

上述三个要素密切相关、缺一不可。没有标准，就不可能衡量生产作业计划实际执行的结果；没有事先测定和事后衡量的信息，就无法了解和评价作业计划的执行情况；而不制定纠正偏差的措施，生产控制活动也就失去了意义。

9.4.2 生产进度控制

生产进度控制是指从生产前的准备到制成品的入库，从时间和数量上对作业进度进行控制，检查分析已经发生或可能发生的脱离作业计划的偏差，从而采取措施加以解决，保证生产均衡进行的活动。做好生产进度控制工作，可以避免造成计划外生产和产品积压现象，保持在制品的正常流转，保证生产的连续性和均衡性。

生产进度控制包括投入进度控制和产出进度控制两方面的内容。投入/产出控制（input/output control）是衡量执行情况的一种方法。通过投入/产出报告了解生产进展的情况，分析出现的问题，对失控的状况进行纠正。另外，还可以通过投入/产出报告来控制计划以及排队时间和提前期。投入/产出报告的数据一般有计划投入、实际投入、计划产出、实际产出、计划排队时间、实际排队时间和偏差等。

投入进度控制是指按计划要求控制产品开始投入的日期、数量和品种。投入进度控制是预先性控制，投入不及时或数量不足，必然造成生产忙闲不均，产品不能按期交货，甚至生产中断；投入过多，又会造成积压、浪费、等待加工等，降低经营效果。

产出进度控制是对产品（零部件）出产的日期、生产提前期、产出的均衡性和成套性的控制。它是保证生产过程中各个环节之间的衔接、各零部件生产的配套、实现均衡生产、按时按量完成生产计划的有效手段。

投入产出进度控制主要是从生产实际进度与计划进度的偏离中观察生产运行状态。偏离不大，可以不管；偏离超过一定范围，就要调查原因，采取适当的措施加以调节。

由于企业的生产类型不同，投入产出进度控制的方法也不相同。表9-18是一种常见的投入/产出报表形式。

在表9-18中，第5时段计划投入与实际投入的偏差是-3h，计划产出与实际产出偏差是-5h，说明实际生产能力比投入的工作负荷落后2h，在这种情况下，必须采用纠正措施。

表 9-18 投入/产出报表

工作中心:B01　　　　　名称:解码板调试　　　　　生成日期:2016 年 4 月 6 日
能力标志:工时能力　　　数据:20h/日
投入允许偏差:10h　　　 产出允许偏差:10h

项目	时段				
	1	2	3	4	5
计划投入/h	100	100	100	100	100
实际投入/h	98	96	110	98	95
累计投入偏差/h	-2	-6	4	2	-3
计划产出/h	100	100	100	100	100
实际产出/h	98	97	102	100	98
累计产出偏差/h	-2	-5	-3	-3	-5
计划排队/h	15	15	15	15	15
实际排队/h	16	15	13	11	8

在生产中将计划投入与实际投入、实际投入与实际产出及计划产出与实际产出进行比较,可分析出计划和生产中出现的问题(见表 9-19)。

表 9-19 投入/产出分析

对比结果	说明什么	对比结果	说明什么
计划投入 > 实际投入	加工件推迟到达	实际投入 < 实际产出	在制品减少
计划投入 = 实际投入	加工件按计划到达	计划产出 > 实际产出	工作中心落后计划
计划投入 < 实际投入	加工件提前到达	计划产出 = 实际产出	工作中心按计划
实际投入 > 实际产出	在制品增加	计划产出 < 实际产出	工作中心超前计划
实际投入 = 实际产出	在制品维持不变		

投入产出控制是衡量能力执行情况的一种方法。投入产出报告是一个计划与实际投入以及计划与实际产出的控制报告。投入产出计算可以生成某一时段内各工作中心的计划投入工时、计划产出工时等信息,而实际投入工时和产出工时由车间按实际进行统计。比较实际投入与产出可以看出工作中心是否正在加工所有到达的工件,可以显示出工作中心的实际拖欠及排队情况等,即得到工作中心执行计划的情况。

因此,控制投入产出量可以控制车间物流的排队时间,避免物料积压,排队时间过长。如果预计将要出现物料短缺或拖期现象,则应采取措施,如通过加班、转包或分解生产订单来改变能力及负荷。如果仍不能解决问题,则应给出反馈信息、修改物料需求计划,甚至修改主生产计划。

知识链接

生产同步化

生产同步化是指工序之间不设置中转仓库,前一道工序的加工结束后,加工件立即转入下一道工序,转配与机械加工几乎平行进行,产品被连续地生产出来。其中,对于铸造、锻造、冲压等必须成批生产的工序,通过尽量缩短作业更换时间来缩短作业更换时间并压缩生产批量。

为实现生产同步化,需要进行工序同期化。工序同期化是通过技术组织措施调整流水线各工序时间与节拍相等或者是节拍的倍数。节拍是指流水线上连续出产两个相同产品的时间间隔。其计算公式为:

$$节拍 = \frac{计划期内的有效工作时间}{计划期内的计划产量}$$

生产同步化/工序同期化的实质是调整设备和人工的能力以便匹配计划产量。如果市场需求变化导致计划产量变化,将会导致节拍变更,就需重新进行工序同期化。这将导致设备和工人工作内容的调整。因此,准时制生产要求设备具有一定的柔性能力和多能工。

9.5 车间管理子系统与其他子系统间的关系

车间管理功能模块帮助车间管理人员监督和控制车间生产活动,同时帮助企业提高劳动生产率,减少车间在制品,提高产品质量。车间管理类型大致有两类:单件小批生产和大批量流水生产。单件小批生产指产品品种规格较多,生产数量较少,生产作业按照任务单所下达的批量在不同的生产车间和工作中心移动,即离散型生产管理。大批量流水生产也叫连续式生产,指产品品种规格较少,产品系列的生产数量较多,生产作业按照生产节拍以固定的顺序流动,企业中的设备常是按加工顺序(生产线)组织的。

为了更好地理解车间管理子系统,图9-3描述了车间管理模块业务及与其他模块间的关系。

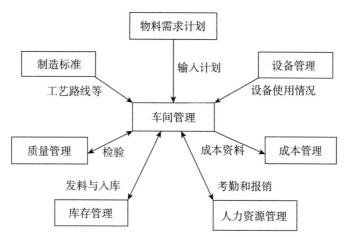

图 9-3 车间管理子系统与其他子系统的关系

本章小结

生产车间管理对生产任务的全过程进行管理,包括任务下达、领料、加工完毕后申请检验、生产任务投入产出汇报、产成品完工入库。

在某个时段,当多个生产作业到达同一个工作中心时,需要确定这些作业的加工顺序,即作业排序。作业排序要解决先加工哪个工件、后加工哪个工件的加工顺序问题,还要解决同一设备上不同工件的加工顺序问题。常用的作业排序的方法有约翰逊法、关键工序法和优先规则法。不同排序方案导致相当不同的结果,因此,在选择之前需要确定选择、评价的标准。

生产作业控制是对整个产品生产过程的控制和管理,包括控制标准、收集信息和采取措施三个方面要素,体现在生产进度控制中,包括投入进度控制和产出进度控制两方面的内容。投入/产出控制是衡量执行情况的一种方法,通过投入/产出报告了解生产进展的情况,分析出现的问题,对失控的状况进行纠正。

思考题

1. 什么是车间管理,车间管理的主要内容有哪些?
2. 请绘制车间生产任务管理的业务处理流程。
3. 生产任务下达时包括哪些单据,各有什么作用?
4. 什么是加工单和派工单?加工单与派工单有何不同?
5. 当多项物料在某一时区分配到同一工作中心上加工时,应如何确定作业的优先级?
6. 简单描述约翰逊排序法的基本步骤。
7. 描述关键工序法的基本步骤。
8. 评价作业排序方案的标准有哪些?

9. 生产进度控制包括哪些内容?

DC 翻拍技巧

与扫描仪相比,翻拍有其便捷性,特别是输入数量比较多的照片,翻拍比较快速。并且,翻拍照片所使用的很多技巧,在拍摄微距照片时我们也可以借鉴。补充一下,DC 是 Digital Camera(数码相机)的缩写。

先来谈谈翻拍所需要的器材,所谓工欲善其事,必先利其器。首先,数码相机是必不可少的。翻拍对于数码相机的微距是一个考验,实际上,这也是数码相机的一个优点。由于数码相机的 CCD 比传统相机的 135 底片小不少,在获得同样视角的画面的前提下,数码相机镜头的焦距要比传统相机小很多,这样可以更加接近被摄物体,提高拍摄质量。

其次,需要一个三脚架。虽然手持相机也是可以进行翻拍操作,但是,如果有三脚架,则可以提高翻拍出来的照片质量。有的三脚架可以将云台倒装或倒置中轴,这将大大方便拍摄操作。

再次,还需要有一定的光源,用来对翻拍的照片进行照明。建议所用的光源尽量柔和,这是因为照片表面有一定的反光,柔和的光源可以极大地避免这种有害的反光。

最后,需要一个平整的工作面,这个工作面可以是桌面,也可以是椅子,还可以是墙壁,甚至是地板。实际上,许多照片的翻拍是在地板上完成的。

有了武器,就可以上战场了。以下介绍翻拍的方法与技巧。首先,介绍最简单的普通彩色照片的翻拍。大家可以架好数码相机并将相机设置为微距模式。需要注意的是,由于所有的数码相机均有最近自动对焦距离,例如,某个型号的数码相机在普通微距模式下的最近对焦距离是 10 厘米,也就是说,相机至少需要离开被翻拍的照片 10 厘米,否则无法自动对焦。另外,尽量使相机与工作面保持平行,以避免翻拍出来的照片变形。

在初步摆放好相机后,需要将翻拍的照片放置在相机镜头下面的相应位置上。需要注意的是,一定要保证所需翻拍的照片的平整,这也是为了避免变形,以期得到高质量的翻拍照片。此外,不要使用广角端进行拍摄,这是因为数码相机的广角端一般有桶形失真,建议使用 50mm 的焦距进行拍摄。因为大多数的数码相机无变焦焦距的显示,所以只能大致地进行控制。然后需要仔细调整相机的位置,使照片尽量撑满整个画面。到此即可将三脚架上用于固定相机的手柄拧紧。如果使用的三脚架不够稳,那么建议使用数码相机的自动功能,从而极大地避免相机抖动,防止翻拍出来的照片模糊不清。

为了得到色彩准确的翻拍照片,建议大家使用相机内的自定义白平衡,做完这些准备工作后,即可按下快门进行拍摄。拍摄时可以使用光圈优先模式并将相机的光圈设置在 F4 左右,对于没有光圈优先模式的相机,可以使用 P 模式或者自动模式拍摄。

资料来源:闪四清.ERP 系统原理和实施.北京:清华大学出版社,2012.

案例思考题：

1. DC 翻拍过程是一个典型的作业过程，用自己的话叙述 DC 翻拍流程。
2. 在 DC 翻拍之前，需要做哪些准备工作？
3. 按照文中的叙述，你认为翻拍准备时间和实际拍摄时间哪一个更长？为什么？
4. DC 翻拍过程与生产作业之间是否存在相似性？为什么？

第 10 章

ERP 项目管理

学习目标和要求

1. 了解项目管理成功的要素以及 ERP 项目管理的六个阶段；
2. 理解项目管理工作计划的主要内容；
3. 掌握 ERP 项目实施路线及实施原则与策略；
4. 了解 ERP 项目风险及防范与控制；
5. 了解 ERP 项目评价体系与评价方法。

导入案例

中航国际是中国民用航空产品进出口贸易的主窗口、主渠道和主力军。2004 年 3 月，公司决定上线 ERP 系统。经过几年的 ERP 实施，中航国际在信息化建设方面取得了优异成绩。ERP 系统提高了获取信息和响应的速度，提供 24 小时全天候服务。同时，中航国际年销售收入由 2004 年的 20 亿元提升到 60 亿元，客户订单量数量由 2004 年年末的 1.2 万个提升到 1.9 万个，但是每个客户订单的处理成本由原先的 2 310 元降低到 1 896 元，处理时间由 22.6 天降低 15.1 天，订单处理正确率由原先的 81%提升到 96%，客户满意率由 2004 年的 51%提高到 86%。

中航国际 ERP 实施过程并不是一帆风顺的，尝试种种解决问题的措施后，终于探索出了一条 ERP 实施的成功之路。由于 ERP 的不断普及，公司专门设置了 ERP 相关的职位，并且要求员工定期参加有关 ERP 系统的培训，ERP 相关的能力成为岗位必须具备的能力。项目组在强摩擦中快速推进系统的升级，不断地加强沟通、支持、考核，消除系统中的各种问题，通过二次开发和系统的优化来改善用户的体验。慢慢地，人们在潜移默化中熟悉了 ERP，尝到了使用 ERP 的甜头。ERP 并不是企业信息化终点，相反它只是信息化的开端，中航国际在信息化的道路上不断探索，不断攀登新的信息化高峰。

10.1 项目管理概述

ERP 实施质量的好坏,取决于是否能够用先进的科学管理方法来实施 ERP 项目。项目管理的实质是:合理组织、调配和利用材料、人力、资金等各种资源,保证在质量、进度、成本(预算)等方面完成预期的项目目标。

10.1.1 项目的概念

项目是为完成某一预定明确目标而进行的具有明确的开始、结束时限,以及明确的资源的一系列相关作业。这就是说,任何项目的实施都会受到一定的条件约束,这些条件来自多个方面,如环境的约束、资源的约束和理念的约束等。正是这些约束条件构成了项目管理者必须努力促其实现的项目管理具体目标。在众多的约束条件中,质量、进度和费用是一般项目普遍存在的三个主要约束条件。

一个项目的组成要素应当包括项目的界定范围、组织结构、质量、费用和时间进度。上述项目五要素中,项目的界定范围和项目的组织结构是最基本的,而项目的质量、时间和费用可以有所变动,它们依附于项目的界定范围和项目的组织结构。

项目具有复杂性、独特性、不确定性、临时性及生命周期。项目可以按人数分为个人项目、群体项目、单一组织项目、多组织项目、单个国家的项目、多国项目。项目按不确定性的高低可以分为高度不确定性项目、低度不确定性项目。项目按照复杂性分为简单项目与复杂项目。

ERP 项目多属于群体项目或组织项目,甚至是多组织的项目(如在组织的供应链中),信息化项目是复杂项目。

10.1.2 项目管理

项目管理是通过项目经理和项目组织的努力,运用系统理论与方法对项目及其资源进行计划、组织、协调、控制,旨在实现项目的特定目标的管理方法体系。

ERP 项目管理是一种有意识地按照信息化项目的特点和规律,对项目进行统筹、组织管理的重要活动。成功的项目管理所具备的条件有:①目标明确;②称职的项目经理;③最高管理层支持;④称职的项目团队成员;⑤充分的资源保障;⑥丰富的沟通渠道;⑦控制机制;⑧反馈能力;⑨客户反应性;⑩问题解决机制;⑪人员稳定性。

成功的项目经理应具备以下素质:①一定的背景与经验;②相当的领导才能与决策艺术;③对项目的技术领域有深入了解;④具备强大的人际沟通能力;⑤具有出色的管理能力;⑥同时胜任斗士、鼓动家、倡导者、协调者、政治家等多重角色。

10.1.3 项目管理六阶段模型

ERP 项目的管理可以分为如图 10-1 所示的六个阶段。

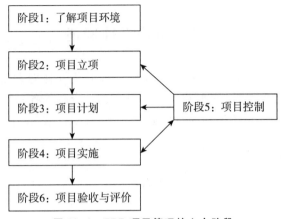

图 10-1　ERP 项目管理的六个阶段

1. 了解项目环境

项目环境包括地理条件、政治环境、经济环境、法律、民族文化、资源、分包商、供应商、顾客、使用者、竞争者、其他项目、公司战略。

2. 项目立项

ERP 项目的立项是一项投资决策。在提交 ERP 项目建议书的同时需要进行项目的可行性研究,明确项目目标、项目范围、项目实施、投资评估等项目管理信息。

（1）定义项目的目标:提供总体方向、预期目的、最终结果或成功标准。

（2）定义项目的范围:设定边界,识别该项目的工作内容、产品或输出的过程。项目建议说明书是项目范围的正式表达形式。同时,还应提供项目可行性研究报告。

（3）确定项目的策略:从整体上确定公司实现项目目标并满足相关绩效要求的主要途径。

（4）界定项目各个阶段:设定阶段标志(里程碑)。

项目管理有三大约束性目标:质量、成本、时间。在规定的期限内,以较低的成本完成高质量的项目任务,这些目标需要由管理人员来加以控制。

3. 项目计划

根据项目目标的规定,对项目实施工作进行的各项任务做出周密安排。项目计划围绕项目目标的完成,系统地确定项目的任务、安排任务进度、编制完成任务所需的资源预算等,从而保证项目能够在尽可能短的合理工期内,在资金预算内,以尽可能高的质量完成。

项目计划有项目基准计划、实施计划、人员组织计划、资源供应计划、财务计划、进度计划等。项目基准计划是项目在最初启动时制订的计划,也即初始拟订的计划。项目基准是特指项目的规范、应用标准、进度指标、成本指标,以及人员和其他资源使用指标等。工作计划(实施计划)是为保证项目顺利开展、围绕项目目标的最终实现而制订的实施方案。人员组织计划主要是表明工作分解结构图中的各项工作任务应该由谁来承担以及各项工作之间的关系如何。资源供应计划是指项目所需资源的采购与供应计划。进度计划是指在规定的期限内计划项目各个阶段的进度安排。

4. 项目实施

项目按照计划有条不紊地执行。任何项目的成功实施,都离不开合理、高效的实施策略、方法以及良好的项目控制机制。信息化项目需要多方面合作,采用科学的实施方法和有效的项目计划、控制手段来保障系统的顺利实施。

5. 项目控制

项目控制主要是对项目进行质量监控,检查其进度,控制其范围,并比较监测结果与预定计划,对项目绩效加以评估,干预项目,使项目向正确方向变化。

6. 项目验收与评价

ERP 项目上线后,需要组织验收,也有必要对系统做出评价。

10.2 项目立项

10.2.1 可行性研究报告

ERP 项目的立项是一项投资决策。在提交 ERP 项目建议书的同时需要进行项目的可行性研究,ERP 项目可行性研究报告的撰写提纲可参照表 10-1。

表 10-1 ERP 项目可行性研究报告的撰写提纲

第 1 章　项目总论	2.3　项目的意义与投资的必要性
1.1　项目背景	第 3 章　国内外现状、技术发展趋势
1.1.1　项目名称	3.1　行业信息化建设现状
1.1.2　项目承办单位	3.2　技术发展现状与趋势
1.1.3　项目主管部门	第 4 章　项目的技术基础
1.1.4　项目范围	第 5 章　项目建设方案及技术路线
1.1.5　承担可行性研究工作的单位和法人代表	5.1　项目组成
1.1.6　研究工作依据	5.2　技术方案
1.1.7　研究工作概况	5.3　技术路线
1.2　可行性研究的主要内容	第 6 章　环境保护
1.3　主要技术经济指标	第 7 章　企业组织和劳动定员
1.4　存在问题及建议	7.1　企业组织
第 2 章　项目背景和发展概况	7.2　劳动定员和人员培训
2.1　项目提出的背景	第 8 章　项目实施进度安排
2.1.1　国家或行业发展规划	8.1　项目实施的各阶段
2.1.2　项目发起人和发起缘由	8.2　项目实施进度表
2.2　项目发展概况	8.2.1　甘特图

(续表)

8.2.2 网络图	第 10 章 财务评价与分析
8.3 项目实施费用	10.1 生产成本和销售收入估算
第 9 章 投资估算与资金筹措	10.2 财务评价
9.1 项目总投资估算	10.3 国民经济评价
9.1.1 固定资产投资总额	10.4 不确定性分析
9.1.2 流动资金估算	10.5 社会效益和社会影响分析
9.2 资金筹措	10.6 项目风险分析
9.2.1 资金来源	第 11 章 可行性研究结论与建议
9.2.2 项目筹资方案	11.1 结论性意见
9.3 投资使用计划	11.2 修改建议
9.3.1 投资使用计划	第 12 章 财务报表
9.3.2 借款偿还计划	第 13 章 附件

项目总论综合叙述可行性研究报告的主要内容。研究工作的依据主要是法规、文件、资料，如项目主管部门对项目的建设要求所下达的指令性文件；对项目承办单位或可行性研究单位的请示报告的批复文件；可行性研究开始前已经形成的工作成果及文件；国家、省市及行业的信息化建设政策、法令和法规；根据项目需要进行调查和收集的技术基础文献资料。

项目背景和发展概况主要应说明项目的发起过程、提出的理由、前期工作的发展过程、投资者的意向、项目投资的意义与必要性等。在叙述项目发展概况的同时，应能清楚地提示本项目可行性研究的重点和问题。

技术方案是可行性研究的重要组成部分，包括系统功能架构与业务蓝图、网络系统及配置方案、操作系统与数据库的选择、硬件选择方案等。

在可行性研究报告中，对环境保护和劳动安全要有专门论述。还要根据项目规模、项目组成和业务流程，研究提出相应的企业组织机构、劳动定员总数、来源及相应的人员培训计划。

项目实施时期的进度安排也是可行性研究报告的一个重要组成部分。项目实施时期可称为投资时期，是指从正式确定建设项目到项目达到正常运行的这段时间。这一时期包括项目实施准备、资金筹集安排、规划设计和设备订货、网络施工、软件配置、运行准备、试运行直到竣工验收和交付使用等各个工作阶段。这些阶段的各项投资活动和各个工作环节，有些是相互影响，前后紧密衔接的；有些是同时开展、相互交叉进行的。因此，在可行性研究阶段，需将项目实施时期各个阶段的各个工作环节进行统一规划、综合平衡，做出合理而又切实可行的安排。

10.2.2 ERP 项目投资评估

ERP 项目的投入，是一项综合性、特殊的投资。这种投资不是一次性的过程，除了购买硬件和软件的费用以外,随之而来的维护和服务将是一项常年的投入,特别是由信息化而引发的对企业整体人员基本素质的要求更是需要一个长期的培训投资过程。因此,在评估信息化投入时,常采用总拥有成本(TCO),包括资源的成本、管理的成本、技术支持的成本和最终使用的成本。

对 ERP 项目进行成本效益分析可以采用净现值方法,将资金的净时间价值考虑在内。计算现金流入量的现值超过投资额(现金流出量)的差额,并以此为基础做出决策。

ERP 项目的决策应当由企业高级管理人员及董事会做出,他们是项目的所有者,决定总体政策、预算和项目范围。项目总监将是项目的执行者,负责监督项目行为,提供主要的项目监督,解决政策上的问题,确保项目在范围内按竞争优势优先的原则做出项目预算,并在整个项目过程中进行必要的质量、成本、费用控制。项目管理人员由项目总监、执行者、业务和技术管理人员以及实施合作伙伴组成。详细的项目计划、实施与控制管理的内容将在后续章节展开。

10.3　项目计划

根据项目目标的规定,对项目实施工作进行的各项活动做出周密安排。项目计划围绕项目目标的完成系统地确定项目的任务、安排任务进度、编制完成任务所需的资源预算等,从而保证项目能够在尽可能短的合理工期内低成本、高质量地完成。

项目计划的基本工作就是要确定项目的主要任务、工作,并做出工作分解结构图。工作分解结构图(work breakdown structure,WBS)是将项目按照其内在结构或实施过程的顺序进行逐层分解而形成的结构示意图。每个工作包可建立自己的时间、成本和质量目标。工作分解结构图建立了项目清晰明确的框架,其是实施项目完成最终项目所必需的全部活动的层次清单,是进度计划、人员分配、项目预算、项目实施的基础。

根据项目目标工期的要求,制订切实可行的工作计划,规定每个成员的任务,检查任务完成的情况和质量,是保证项目顺利实施的重要保证。工作计划管理应包括以下几点:

(1) 按周做出工作计划,并经双方批准;
(2) 每周进行工作量统计、质量检查,并由客户签字;
(3) 每周做出工作小结,说明未完成原因及改进建议;
(4) 将工作分解到人;
(5) 项目经理应随时协调每个人的工作,避免重复或脱节。

10.3.1　时间及工作量估算

估计时间与资源,将工作分解结构图中的作业逐一分析,确定其所需的资源与时间。如表 10-2 所示,我们可以确定作业的工作量、工作时间。工作量用人年、人月、人周或人时表示。例如,某企业实施 ERP 项目,项目第 1 期估计需顾问时间为 390 人天。具体时间分布如表 10-3 所示。

表 10-2　完成项目任务的时间与资源

任务(作业、活动)	工作量(人周)	工作时间(周)
任务 1.1	1	1
任务 1.2	1	1
……	0	2
任务 1.1.1	1	1
任务 1.1.2	1	1
……	0	3
任务 1.1.1.1	0	4
任务 1.1.1.2	1	1
……	1	1

表 10-3　某企业 ERP 项目所需的顾问资源

试点期	任务	工作量(人天)
第 1 期	财务	85
	现金	20
	采购	35
	销售	40
	库存	35
	固定资产	30
	制造	75
	成本	30
	客户化	30
	第 1 期质量、健康检查	10
	总计	390
第 2 期	项目集中推广期	75
	总计	75
	实施总天数	465

10.3.2　进度安排

对试点期(财务、分销、制造模块)实施任务可以进行工作分解,表 10-4 表明了某企业 ERP 项目试点期各阶段实施任务安排。表 10-5 表示了某企业 ERP 项目试点期各阶段任务进度安排。

表 10-4　某企业 ERP 项目试点期各阶段任务安排

阶段	实施任务	提交文档
定义	项目实施总体计划 项目质量计划和控制 项目管理与控制制度 阶段性实施工作详细计划 ——总体规划和典型用户实施试点	总体实施计划 质量保证计划 项目管理计划 实施工作详细计划
培训	高层管理理念培训 安装培训和测试环境 产品标准功能培训 数据库功能和开发工具培训	系统安装计划、培训计划
需求分析	现行财务、分销业务流程和用户需求调查	业务流程调查报告 用户需求报告
总体设计	系统总体方案设计分析和调整	总体方案设计
财务、分销方案设计分析和调整	系统各模块（财务、分销）方案设计分析和调整系统各模块初始化设置	需求匹配报告 系统原型设计报告 各模块设置文档
创建与转换	报表和接口方案设计——财务、分销、制造 业务数据转换和导入——财务、分销、制造	各报表设计、接口方案设计
系统测试、评估	测试方案设计——财务、分销、制造数据合并 系统测试——财务、分销、制造数据合并 产品环境的准备 产品环境的系统各模块优化设置 业务数据转换和导入产品环境	测试方案 测试验收报告
上线	系统上线培训	

表 10-5　某企业 ERP 项目试点期各阶段进度安排

主要阶段	3月	4月	5月	6月	7月	8月	9月	10月	11月	12月	1月
1											
2											
3											
4											
5											
6											
7											
8											

10.3.3 实施费用预算

实施任务、所需的各类人力资源及其工作时间确定以后,就可以根据各类人员每天工作的费用做出项目实施的费用预算。表 10-6 表示了某企业 ERP 实施模块及需要各类顾问服务的天数。

表 10-6 某企业 ERP 实施模块及需要各类顾问服务的天数

项目实施阶段	质量检查	技术支持	高级顾问	应用顾问	总计
财务		10	25	50	85
现金		5	5	10	20
采购		5	10	20	35
销售		10	10	20	40
库存		5	10	20	35
固定资产		5	10	15	30
制造		10	20	45	75
成本		5	10	15	30
客户开发		30			30
第 1 期 质量、健康检查	10				10
总计	10	85	100	195	390
第 2 期 项目推广		20	15	40	75
总计		20	15	40	75

高级顾问、应用顾问、技术顾问人员的费用按照他们的实施天数计算,在这个案例中,分别以每天 550、450、450 美元计价,预算结果如表 10-7 所示。按照当时汇率 1 美元 = 6.67 元人民币折算,项目总的顾问费用为 148.4075 万元人民币。表中的实施天数是预估的,实际天数将以与用户方共同确认的工作报告为准。

表 10-7 某企业 ERP 实施顾问服务天数及费用预算

实施阶段顾问	工作地点	服务天数	单价(美元)	总价(美元)	总计(元人民币)
第 1 期					
高级顾问	总部	110	550	60 500	
应用顾问	总部	159	450	87 750	
实施阶段顾问	工作地点	服务天数	单价(美元)	总价(美元)	总计(元人民币)
技术服务顾问	总部	85	450	38 250	
小计	总部	390		186 500	1 243 955

（续表）

实施阶段顾问	工作地点	服务天数	单价（美元）	总价（美元）	总计（元人民币）
第2期					
高级顾问	上海	15	550	8 250	
应用顾问	上海	40	450	18 000	
技术服务顾问	上海	20	450	9 750	
小计	上海	75		36 000	240 120
总计		465		222 500	1 484 075

实施方项目领导将与用户方 ERP 项目总监及其领导成员共同工作，确定项目的目标和成功标准，制订高层项目计划，确定与项目阶段相关的日期。然后，制订详细的阶段任务计划。项目管理团队将根据估计的进度要求及可用的资源制订详细的项目计划，并建立最终的项目工作计划。该计划将包括制定合适的技术方法及为项目的每个阶段分配合适的人员。

10.4 项目实施

ERP 系统的实施是企业的大事，关系到 ERP 系统应用的成败。在 ERP 系统实施的过程中，需要解决的问题很多，涉及企业运营的各个环节以及所有的部门和员工，特别是涉及人的思维方式和行为的改变，是一项复杂的系统工程，必须精心组织。业界人士常说，ERP 的成功是三分软件、七分实施。这种基于实践经验的讨论反映了实施的重要性，是很有道理的。很长一段时间以来，诸如"ERP 不适合中国国情"的讨论一直不绝于耳。究其原因，与许多企业实施应用 ERP 系统未能获得成功有着密切的关系。其实正是由于人们对于选择正确的实施方法的重要性缺乏应有的理解，ERP 的实施才未能尽如人意。

ERP 实施的困难在于：在实施的过程中要做大量的工作，这些工作是企业不熟悉的，但是必须由企业自己的人来做；这些工作不是企业放在第一位的工作，而放在第一位的工作足以让企业的人忙得不可开交。如何解决这个过程中的矛盾？这就要依靠接下来将介绍的 ERP 实施的可靠路线和实施策略。

10.4.1 实施的关键因素和时间框架

1. 实施 ERP 系统的关键因素

实施应用 ERP 系统的关键因素有三个，即技术、数据和人。

ERP 系统不能以手工方式实现，所以计算机系统的技术要求是不言而喻的。有了计算机系统还必须要有准确的数据，才能使 ERP 系统很好地工作。

然而，必须指出，人的因素是最重要的。企业各级人员必须对 ERP 有充分的理解，这是实施 ERP 系统获得成功的关键所在。高层管理人员的参与程度、中级管理人员的积极性以及企业广大员工的态度，已被公认是实施 ERP 系统获得成功的最重要的因素。

有些企业实施 ERP 系统未能获得成功或未能充分发挥 ERP 系统的作用，究其原因，就是这些企业把 ERP 作为一个计算机系统而不是作为一个人的系统来对待。人的因素解决不好，就不可能建立好的 ERP 系统。优秀的人员可以使 ERP 系统越来越完善，而再好的 ERP 系统交给素质低下的人也难以发挥作用。

在实施 ERP 的过程中，人的因素的重要性无论怎样强调也不过分。所以，就重要程度来说，以上三项关键因素的排列次序应是人、数据和技术。

2. ERP 实施的时间框架

当一个企业准备实施 ERP 系统的时候，必然要考虑一个问题：从开始实施到获得成功需要多长时间？

这个问题取决于以下因素：企业的规模和产品复杂程度，企业用来实施 ERP 的资源，企业高层领导的重视和参与程度，实施队伍的知识、技能和工作态度以及企业为 ERP 系统所选择的运行环境。一般文献中的时间跨度是 18—24 个月，但在实践中有很大差别。应当强调的是以下两点。

（1）不能操之过急。原因在于需要做的事情太多，如广泛深入的教育和培训，数据准备，制定企业运营的策略，工作规程等。

（2）也不能把时间拖得太久。时间拖久了，成功的机会将会锐减。这可以从以下几方面做出分析。

• 工作强度和热情。ERP 将由用户来实现，实现 ERP 的责任要求他们在企业的运营之外再付出更多的时间和精力去做更多的工作。时间拖久了将会使人感到气馁和失望。执行一个积极进取的计划则使人们可以期望在可接受的时间内事情会得到实质性的改善。

• 工作的优先级。ERP 的实施必须有一个非常高的优先级，即第二位，仅次于企业的正常运营。然而，这样高的优先级是不能过于长久地保持下去的。一个企业也和一个人一样，其集中注意力的时间是有限的。而如果优先级下降了，那么成功的机会也随之下降。

• 情况的变化。无论人员的变化还是环境的变化，都是对 ERP 项目实施的一种威胁。一个部门的领导是非常了解 ERP 的，并积极热心地领导本部门实施 ERP 工作，可是他得到了提升，新来的领导可能由于某种原因而反对实施 ERP，于是使实施的努力付之东流。环境的变化有多种因素。生意剧增可能导致顾不上 ERP 的实施，生意锐减可能导致难以负担项目实施的费用。竞争的压力、新的政策法规等都可能影响到 ERP 的实施。

• 效益。项目实施的时间拖得太久也就推迟了效益的获得。

综上所述，确定一个积极进取的时间框架是十分必要的。

10.4.2 ERP 实施的可靠路线

1. ERP 实施的三个阶段

ERP 的整个实施过程可以划分为三个阶段。这是因为对于大多数企业来说,实施 ERP 系统要做的工作太多了。为了确保实施的成功,一般分成三个阶段来完成。

(1) 第一阶段:实现基本 ERP。这一阶段的任务包括销售和运营计划、需求管理、主生产计划、MRP、能力计划、车间作业和采购作业计划以及来自车间和采购部门的反馈机制的实现,还包括提高库存记录的准确度、校正物料清单和工艺路线的准确性。这一阶段大致需要 12 个月。

(2) 第二阶段:实现财务管理功能和供应链的集成。这一阶段包括实现财务管理功能以及供应链的集成。把 ERP 的功能拓展到整个供应链,包括工厂内部、供应商、分销中心以及客户。其中,向后集成至供应商,手段是通过供应商计划和基于因特网的企业间的电子商务;向前集成至分销中心和客户,方式分别是通过分销需求计划和供应商管理库存(VMI)。这一阶段大致需要 6 个月。

(3) 第三阶段:持续不断的改进和提高。持续不断的改进和提高是一个没有终点的过程,也就是 ERP 系统运行管理的过程。

2. ERP 实施路线图

在过去 40 多年中,已有大量的企业实施了 MRP、MRP Ⅱ 和 ERP。其中,有成功的,也有不成功的。通过这些实践,积累丰富的经验,搞清楚应该做什么,不应该做什么,从而对 ERP 的实施形成一条可靠路线。图 10-3 以甘特图的形式在 18 个月的时间跨度内表示了这条可靠路线。

ERP 实施的可靠路线和 ERP 本身一样,不是来自空想的理论,也不是出于灵感的迸发,而是产生于艰苦的实践,是大量经验和教训的总结。这条可靠的路线由以下 17 个基本步骤组成:①初始评估;②先行教育;③企业愿景;④成本效益分析;⑤做出实施 ERP 的决定并制定项目公约;⑥项目组织;⑦业绩目标;⑧初期的教育和培训;⑨软件选型及安装;⑩销售与运营规划;⑪数据完整性;⑫需求管理、计划和执行流程的定义和实施;⑬财务和会计流程的定义和实施;⑭第 1 阶段末的评估;⑮继续教育和培训;⑯第 2 阶段末的评估;⑰ERP 系统的运行管理——持续改善、不断提高。

如图 10-3 所示,在 ERP 实施的第一阶段,即前 14 个步骤都将开始且大部分完成。而步骤"需求管理、计划和执行"则跨两个实施阶段。此步骤可以分为三项活动,即定义、试点转换 1 和试点转换 2。前两项活动在第一阶段完成,也可以在第二阶段完成。在实践中,可以有一定的灵活性。

下面对项目组织和软件选型进行详细的讨论。

(1) 项目组织。ERP 项目不是单纯的 IT 项目,它的主体与推动者并不是 IT 部门。ERP 需要企业业务部门的积极投入,否则项目推进将会遇到极其巨大的困难。经验表

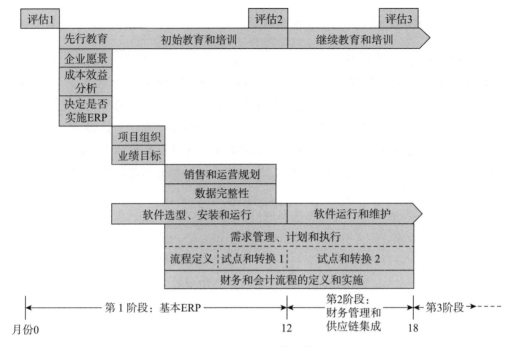

图 10-3　ERP 实施路线图

明，ERP 的实施涉及大量的业务处理流程与企业核心的管理理念与组织架构，必须得到各部门的通力合作，尤其是业务部门骨干的参与。因此，需要将项目组织好，并充分调动领导和各部门骨干的积极性。

项目组织管理应该明确各小组对实施不同 ERP 组件所承担的责任，以及它们之间的相互关系、决策权。以 SAP 为代表的 ERP 软件提供商建议用户方与实施方都成立相关的团队，并进行对口合作。表 10-8、表 10-9 分别表示了用户方、实施方设立的团队及其人员的任务与职责描述。

表 10-8　用户方团队、人员分类及其任务与职责

用户方团队人员角色	任务与职责
领导小组成员	领导小组成员负责项目资源，监视进程和组织结构对项目的影响，指导回顾和在主要文档上签字，授予核心小组决策和阐述关键问题的权力，做出快速决定和支持项目
项目总监	项目总监在执行由领导小组提出的基本任务时拥有绝对的领导权和决策权
项目经理	项目经理的责任包括：确定实施策略和对项目计划的调整，项目资源管理，向领导小组成员、项目总监和项目小组汇报项目状况，保证问题解决方案的合理化。项目经理必须能够有效地对项目"偏差"进行估计并采取及时的补救措施，还必须对系统业务流程集成有一个完整的认识

（续表）

用户方团队人员角色	任务与职责
业务组 分为多个职能组	业务组长的任务有：对如何分析分解当前业务流程的文档进行管理，和小组成员一同进行工作并与最终用户保持联系，创建功能性设计，实现/检查功能性设计，测试并为功能性测试创建文档。另外，在设计和开发报表、表格、接口和转换程序方面与技术小组紧密合作，还可能参与 ERP 的具体设计和设置
	职能小组成员负责参与当前流程在 ERP 中的细节设计和设置，包括在以下方面与业务组长一同工作：分解当前业务流程，进行描述练习，设计和设置 ERP 系统以支持企业的目标流程版本
	负责完成最终用户文档，文档应该对 ERP 系统实施的流程及实现这些流程的 SAP 系统任务进行详细描述。这些文档将按照功能范围装订成最终用户手册，还可作为创建培训手册的基础
技术组 包括应用工具开发、报表开发等	技术组长也被称为系统的架构师主要负责完成所有的技术方面的文档；必须与项目经理一同完成技术需求计划、计划和管理技术服务范围和资源计划；负责 ERP 整体技术框架
	应用工具开发员负责数据的规划、设计、开发，对转换程序、接口程序和客户报表进行测试
最终用户培训 由技术组及业务组有关人员组成	负责完成最终用户培训和开发的个人将与小组成员一同工作，负责创建最终用户培训的策略，开发培训数据库，确认需要的课程，撰写培训材料，安排课程和进行培训
运行支持组 包括 ERP 系统管理员、热线服务员、操作管理员、数据库管理员、网络管理员	ERP 系统管理员的责任包括不间断地对 ERP 技术环境进行设置、监视、调整和纠错；还负责对 ERP 技术环境的日常维护。日常维护包括管理和执行 ERP 系统。责任包括管理和执行安装和升级。在小规模 ERP 实施中，他还负责操作系统管理、用户管理和安全管理
	热线服务员将向日常使用 ERP 系统的熟练用户和最终用户提供应用软件的支持。这个角色通常由负责运行后的支持小组成员担任
	操作系统管理员负责操作系统环境的安装、升级、修补、备份、性能协调和安全性，还负责与 ERP 系统有关的硬件和周边设备的管理
	安全管理员负责管理 ERP 的安全环境，其责任包括机制的设计、用户管理的流程、用户概况的创建和维护、ERP 环境的安全性管理
	数据库管理员的主要责任有备份和复原管理、数据库协调和设置、管理 SAP 数据字典和数据库安全性
	网络管理员负责系统和网络的安装、升级和修补，网络备份的管理，系统性能和协调，网络操作系统、安全性和网络复原；还负责管理 SAP 客户端的软件和 ERP 系统的打印环境

表 10-9 实施方团队成员及其任务与职责描述

实施方成员角色	任务与职责
项目总监	项目总监负责项目资源,监视进程和组织结构对项目的影响,指导回顾和在主要文档上签字,授予核心小组决策和处理关键问题的权力,做出快速决定和支持项目
项目经理	项目经理的责任包括:提供 ERP 快速实施方案的方法论,辅助项目管理、项目实施过程、项目文档定义、项目计划,帮助确定项目范围和目标,在必要时帮助解决问题并帮助项目经理、咨询顾问和个别小组
系统架构师管理咨询顾问	在蓝图设计阶段就相关业务流程进行讨论、设计、审核及发布,同时为方案的可行性提供必需的确认及支持
高级咨询顾问	指导实施计划与 ERP 系统配置;辅助解决适合 ERP 系统设计的业务问题满足用户需求;管理指导其他 ERP 应用咨询顾问
质量经理	为了确保成功地进行实施,质量经理将负责向客户提供一份对项目风险因素的客观独立性的评估
应用模块咨询顾问	应用模块咨询顾问提供 ERP 专业服务,将设计知识有效地传授给流程小组长和组员;为流程的设计提供"最佳业务实践"的帮助;为项目小组任何必需的任务提供帮助
一般技术咨询顾问	技术咨询顾问在下列方面提供 ERP 专业服务:企业网络、操作系统管理、客户服务器结构、关系型数据库管理、客户策略、备份和意外情况下的复原、性能调试、系统安全、用户管理、版本和变更的管理
开发人员	开发人员在数据转换管理、应用开发、图标格式等方面提供专业服务

在企业具体的 ERP 实施中可以按照 ERP 的规模设立相应的项目管理组织,如某企业仅设立了项目领导小组、实施小组、质量控制小组。

项目领导小组包括项目总监和质量保障经理,负责组织、协调和推广工作。实施方将委派相应人员担任实施方项目总监等。用户方在领导小组下设立办公室作为办事机构,用户方将选派人员担任用户方项目总监,负责整个项目的实施。

项目实施小组。项目经理全权负责项目管理,同时分别按营销、财务、物流、人力资源管理等职能部门设立职能小组,按照系统配置、客户化开发、系统支持等技术方向设立技术专门小组,负责技术方面的协调。职责如下:①制订项目实施计划;②安排资源,协调项目组成员的工作;③保证项目按规定的标准和质量进行;④定期提交项目进展情况报告,及时提出需要解决的问题;⑤管理项目风险;⑥控制项目预算;⑦管理工作进度。

质量控制小组负责推进过程的质量控制。

案例 10-1

一位年轻的炮兵军官上任后,到下属部队视察操练情况,发现有几个部队操练时有一个共同的情况:在操练中,总有一个士兵自始至终站在大炮的炮筒下,纹丝不动。经过询问,得到的答案是:操练条例就是这样规定的。原来,条例遵循的是马拉大炮时代的规则,当时站在炮筒下的士兵的任务是拉住马的缰绳,防止大炮发射后因后座力产生的距离偏差,减少再次瞄准的时间。现在大炮不再需要这一角色了。但条例没有及时调整,出现了不拉马的士兵。这位军官的发现使他受到了国防部的表彰。

ERP 项目实施需要做好人力资源的合理分工,充分考虑 ERP 项目所处的不同阶段,对人员职责与岗位设置做不同的调整,以适应不同阶段的管理需要。

(2)软件选型。根据 Mabert 等在 2000 年对美国企业和 Olhager、Selldin 在 2003 年对瑞典企业实施 ERP 系统的调查报告,85%以上的企业采用了一家 ERP 软件供应商的系统(见表 10-10)。选择一家满足企业业务需求的软件包至关重要。

表 10-10 美国与瑞典企业采用的 ERP 实施方案

单位:%

方案	美国	瑞典
单一厂商的 ERP 软件包	39.8	55.6
单一厂商的 ERP 软件包加其他系统	50.0	30.1
多个厂商的 ERP 软件包加其他系统	4.0	6.5
综合多个 ERP 软件包的不同模块	3.9	3.9
完全自行开发	0.5	2.0
自行开发加外购专业模块	1.0	2.0

目前,有很多 ERP 软件供货商,软件的差异较大。较好的 ERP 软件蕴涵了许多先进的管理思想,提供了为企业流程优化与重组可借鉴的参考模型。软件的选型关系到实施的成败,合理的选型可以减少投资风险,是顺利实施 ERP 的保证。

ERP 系统选型可参考如下步骤进行:①组建选型团队。熟悉企业业务流程的企业高级管理人员、第三方咨询顾问或专家,这些人应该有各自独特的视角,具备行业管理的知识与业务运营的经验,既有"大人物",也有"小人物"。②列出 ERP 软件候选名单,筛选出 4—6 家主要候选者。根据企业规模、行业经验对供应商进行初步筛选;向行业内已经导入 ERP 的领先企业学习、请教。分析软件及软件供应商的强项与弱项,判断其对本企业业务的适应能力。③招标选出 2—3 家最终入围者。发布公司的需求规格清单,并对投标申请书进行评估,对比评估每份投标申请书的强项与弱项,选出 2—3 家最终入围者。④组织入围者进行软件功能的演示。在软件演示过程中,入围者与选型团队可以无限制地接近,供应商需要证明其软件能够处理企业的业务流程,并拿出能够快速实施的证据。每家软件的演示过程要持续2—3天,整个过程大概需要3周的时间。⑤投票表决选出优胜者。综合考虑多种因素,采用因素评分法,做出软件商的选择。⑥合同谈判。就合同的细节进行面对面的谈判。⑦运行ERP软件的试用版本。团队成员观察并评估ERP系统的试运行效果。⑧做出投资决策。

选型不仅要考虑软件的功能、质量,同时要从更深层次去理解软件的管理思想、管理方法和管理组织结构要求,并与企业现有管理方法、管理组织结构和管理思想进行比较,找出其差异,分析其满足企业需求方面的能力,选定部分综合性能好的ERP软件,然后在性能、价格、开放性和适应性方面进行对比,选定最终选用的软件。

选型不仅要考虑业务因素,还要考虑技术因素,参考以下原则:

①企业在选型时应考虑到当前及未来的需要。由于企业的管理方式受到一定的社会环境和信息技术的影响,因此企业在选择软件时要考虑到发展的需求,用发展的眼光来考察所选择的ERP软件系统是否适合。②选型应充分考虑软件对行业特点的支持、功能的强大程度。③选型应基于企业信息化战略,充分考虑企业信息系统总体规划。④选型前应先做好企业内部需求分析与信息系统规划、业务流程与企业实际流程的匹配程度。⑤选型要考虑到软件开发的状况、本土化时间、行业成功案例及公布的新版本功能的信息。⑥选型应考虑企业经营战略的调整。考虑企业是否存在流程重组、兼并的打算,企业未来的市场策略、公司策略、组织策略、采购策略是否有所调整。⑦选型应充分考虑选择优秀的软件供货商。供货商的优劣、发展前景、用户数目直接影响到项目进展速度、质量与成功率。⑧在满足企业管理需求的前提下,选择成本低、服务好的软件。⑨考虑ERP系统技术方面的因素:技术成本、技术先进性与开放性、供应商的咨询服务、安装时间与成本、用户界面友好性、软件柔性与灵活性、可升级能力与可扩展性、计算环境、需要的管理顾问和实施顾问的才能与可获得性、软件日常运行维护的要求等。⑩风险因素。评估使用各软件的风险程度。

10.4.3 实施策略

ERP项目实施策略主要有以下四种:

(1) 接收式实施策略。若经过调查分析,认为用户对信息需求是正确的、完全的和固定的,现有的信息处理过程和方式也是科学的,则可采用接收式实施策略,即根据实际需求和现有状况直接开始新型信息系统的设计编程,快速形成新系统。这种策略主要适用于主系统规模不大、信息和处理过程结构化程度较高,且用户和开发者很有经验的场合。

(2) 直接式实施策略。如果经过调查分析,能够确定用户需求和处理过程,且以后不会有大的变化,则ERP系统可以采用直接式实施策略。所谓直接式实施策略,是指信息系统开发可以按照某一种开发方法的工作流程,如结构化系统开发方法中系统开发生命周期的流程等,按部就班地进行直至最后完成项目。这种策略对开发者和用户要求都很高,要求在系统开发之前就完全调查清楚实际问题的所有状况和需求。

（3）迭代式实施策略。当项目实施所需解决的问题具有一定的复杂性和难度,且一时难以完全确定时,就需要选用迭代式实施策略。迭代式实施策略是一种在项目实施过程中,不断地进行反复分析、反复设计,随时反馈信息、发现问题、修正实施过程的方法。这种策略一般花费较大、耗时较长,但对用户和开发者的要求较低。

（4）实验式实施策略。当项目实施所需满足的需求不确定性很高时,可能导致难以制订具体的开发计划,则只能用反复试验的方式实施,即称为实验式实施策略。原型方法就是这种开发策略的典型代表。这种策略一般需要较高级的软件支撑环境,且对大型项目在使用上有一定的局限性。

10.5 项目控制

项目控制的作用就是为了保证项目按照预期的项目目标进行,必须对项目的运行情况和输出进行持续的跟踪监控,收集各种项目进展信息,对收集的信息进行分析,与预期的项目目标进行比较。在出现偏差时及时分析偏差原因,制定有效的纠正预防措施,落实纠正预防措施。

项目控制的基础是项目计划,项目计划的基础是项目目标。ERP项目目标定义了交付成果及ERP系统的范围、质量、交付日期等。因此,项目控制至少要包括质量控制、范围控制、进度控制,还应做好成本控制、变更控制以及风险管理与控制。

在项目范围相对明确固定的情况下,质量、进度、成本三个目标一般是相互矛盾、互相制约的。赶工、缩短工期、加快进度往往导致成本上升或质量下降,降低成本会使进度拖延或质量下降;提高质量需要更长的工期、更高的成本。因此,应当注意平衡质量、进度、成本三个目标,更好地进行项目控制。

做好项目控制的基础是管理好项目的文档资料。

10.5.1 文档管理

在项目实施过程中,由于项目实施的复杂性、多方人员参加及时间跨度长等因素,任何需求、建议、解决方案和结论都必须文档化、标准化,以便查阅和引用。实施文档应作为项目成果的一个组成部分。

下列项目资料将在实施期间收集:

①各类设计、测试文档,包括项目管理文档、模块实施过程中提交客户的各类文档、客户化文档和模块开发文档、客户提交的需求文档、客户需求改变报告和批准书、测试方案和测试结果报告、客户签署的阶段成果确认书、项目总结报告;②顾问现场工作日程表和日志;③建立需求变更表和日志;④建立问题与风险报表和日志;⑤建立周、月、季、年、阶段工作总结报告;⑥建立会议备忘录和日志,包括项目方案审定会议、领导小组会议、项目管理会议、ERP模块组会议、项目团队汇报会议、问题解决会议、跨职能部门的模

块协调会议、数据库计划会议等各类会议。

10.5.2 成本控制

成本控制的基础是在项目计划中对项目制定出合理的成本预算,也称为费用预算。成本控制就是尽可能地保证各项工作在项目计划中预定的预算内进行,也称为费用控制。ERP 项目的最主要成本是人力资源成本,而人力资源成本体现为各个项目成员薪资水平乘以其所花费工作日的总和。因此,人力资源成本的重点在于合理地安排、使用合适的人力资源。ERP 项目的成本还包括购买必需的软、硬件设备的成本,需求调研所花费的交通、协作、通信成本,购买必要的办公用品、参考资料的费用,以及给用户培训所需要花费的培训资料编写费、资料印刷费、产地费、设备费;如果需要第三方的鉴定或检测,还需要一定的鉴定检测费用,包括准备的费用;如果部分组件需要外包,则应当控制软件外包的成本,包括交付给外包承担方的费用,以及进行质量、进度控制的管理成本。

10.5.3 进度控制

在项目进行过程中,必须不断检查、监控项目的进展情况,以保证每项分解的任务都能按计划完成。持续收集项目进展数据及里程碑文档,掌握项目计划的实施情况,将实际情况与进度计划、文档要求进行对比,分析其差距和造成这些差距的原因,必要时采取有效地纠正或预防措施,使项目按照项目进度计划中预定的工期目标进行,防止延误工期。项目进度控制不仅要注意主要任务或关键路径上的任务的工期,也要注意一些本来次要的任务的进展,以防止次要任务拖延,影响主要任务和关键路径上的任务。

个别任务延误后,应及时说明原因,并变更进度计划。

10.5.4 质量控制

质量控制的目的是保证项目成果的质量满足项目质量计划中说明的项目成果的质量要求。项目质量计划的说明可能会引用其他文件来说明项目成果的质量要求,如招标书、投标书、合同、需求规格说明书、国家标准、行业标准、企业内部制定的各种规范等。可以设立专门的质量顾问对项目实施质量进行控制。

(1) 工作质量的审查与评定。审查是以计划的内容为基础,以目标和方法为依据,对所用的各种技术工作进行描述,同时提交执行文档和软件,所有提交审查的记录将会作为解决活动的审计线索被保存。

(2) 工作过程的控制和资料的完整性。

(3) 负责归集客户签署的阶段成果确认书。

(4) 测试管理。测试管理一般包括以下几部分:①模块测试,保证/验证一个独立模块的功能;②系统测试,保证/验证在此项目内功能区之间的功能;③集成测试,保证/验证在项目整个应用区域内的整体功能;④大数据量测试,保证/验证在项目上线后能覆盖企业所有业务并保证阶段数据准确性;⑤测试结果确认。在进行上述各类测试前,必须先拟订测试计划,确定测试数据和可接受的测试结果。

10.5.5 范围控制

软件系统的范围控制很重要,有的需求功能分解得很粗、很模糊,项目范围是一个大致的范围,这样就比较难以控制其范围。范围控制的第一步就是把项目的范围确定清晰。确定清楚后,项目范围是比较好控制的。

保持项目实施范围的前后一贯性是非常重要的。如果出现需要改变原定实施范围的需求,则应以正式文档方式提出,项目小组成员必须谨慎考虑项目范围的改变将对整个项目进程可能产生的影响。范围改变必须明确批准程序,在批准后才能进行。在实施过程中必须加以跟踪。

范围改变文档内容主要有:说明范围改变内容、理由;说明改变部分在项目进程中的状态;评估改变部分对项目进程的可能影响;评估改变部分对项目费用的可能影响。

需要说明的是,凡涉及整个项目进展、费用成本调整较大的改变,必须交由项目实施领导小组批准通过。

10.5.6 风险管理

项目本身带有一定的内在风险,同时还有公司特定的风险。风险管理就是要确定风险,然后在风险产生时采取相应的实施策略与必要的应急方案的过程。ERP实施项目是一个涉及变革的项目。实施工作中很重要的一点是要预计到一些变革的产生,并对变革进行有效的管理。

1. ERP 项目的主要风险

在企业实施 ERP 过程中,一般会遇到以下方面的风险:

(1) 思想认识造成的风险,包括:企业上下对 ERP 不理解或理解极不统一;上 ERP 系统的目的和期望值不实事求是;选择实施 ERP 系统的时机不当;对变革的必要性理解不一,企业高层不能果断地处理变革问题;项目得不到企业管理高层的关注和支持。

(2) 组织工作造成的风险,包括:项目组织的成员任命不当,没有选派得力的项目经理及核心成员;项目组织缺少团队精神,成员之间缺少沟通,定期会议流于形式;没有激励机制,成员辛苦地工作得不到肯定;人员变动频繁,关键人物流失。

(3) 实施方法造成的风险,包括:企业诊断和需求分析结论错误;选择合作伙伴和 ERP 软件的方法和步骤不对;没有明确的项目定义;没有熟练掌握软件的功能和应用,数据或参数设置错误;忽视结合企业管理的实际问题运行系统,得不到基层员工的支持。

这里仅仅列出一些常见和主要的问题,企业在实施 ERP 项目时,还必须根据自己的实际情况,列出本企业可能出现的风险,并事先研究制定预防措施和对策。

2. ERP 项目的成功条件

无数事实说明,不是任何企业实施 ERP 都可以取得成功或实效的。企业在上

ERP 之前,应当先考察以下"先天条件"是否具备:
(1) 企业的经营战略是什么;
(2) 企业文件是否适应经济全球化;
(3) 稳定的市场环境;
(4) 企业的管理班子对 ERP 系统是否理解;
(5) 有无一致的明确目标;
(6) 管理基础和数据。

在实施 ERP 的过程中还必须注意以下"后天条件",做不好,同样存在失败的风险:
(1) 任命得力的项目经理,项目组织人选得当;
(2) 重视培训教育,提高全体员工素质;
(3) 管理人员与信息技术专业人员配合默契;
(4) 重视数据准确、及时、完整,建立保证制度;
(5) 选择适用的软件及长期合作的软件商及咨询服务单位;
(6) 项目管理实施方法和实施指导及服务支持,有严明的工作纪律;
(7) 深化改革,重视业务流程重组;
(8) 健全有利于进取不懈和市场竞争的激励机制;
(9) 建设一支具备管理、具备信息技术和项目管理知识的复合型人才队伍;
(10) 制定严格执行新流程的工作准则与规程。

10.6　项目评价

信息化建设需要一个较长的时间周期,信息化建设过程伴随着流程变革、人员变革、文化变革,未预料到的成本将不断产生。企业实施 ERP 系统后,企业运营是否得到改善?竞争优势是否得到提升?企业需要建立一个 ERP 项目的评价体系,来评价业务绩效及效益效果,检查实施 ERP 系统的成效以改进工作并积累经验。

10.6.1　系统评价体系

系统评价与其他工程系统的评价相比,具有自己的特点。系统中包含了信息资源、技术、设备、人和环境等诸多因素。系统的效能是通过信息的作用和方式表现出来的,而信息的作用又要通过人在一定的环境中,借助以计算机技术为主体的工具进行决策和行动表现出来。因此,系统的效能既是有形的,又是无形的;既是直接的,又是间接的;既是固定的,又是变动的。所以系统评价是一项难度较大的工作。一个信息系统投入运行以后,如何分析其工作质量?如何对其所带来的效益和所花费成本的投入产出比进行分析?如何分析一个信息系统对信息资源的充分利用程度?如何分析一个信息系统对组织内各部分的影响?这是评价体系所要解决的问题。

1. 系统的质量特征

所谓质量,就是在特定的环境下,在一定的范围内区别某一事物好坏的度量。质量评价的关键是要定出评定质量的指标以及评定优劣的标准。质量优劣的概念是相对的,所谓优质只能是在某种特定条件下相对满意,不可能有绝对的最优。因此,信息系统的质量具有以下特征:

(1) 系统对用户和业务需求的相对满意程度。包括系统是否满足了用户和管理业务对信息系统的需求,信息系统的使用者对系统的操作过程和运行结果是否满意。

(2) 系统的开发过程是否规范。它包括系统开发各个阶段的工作过程以及文档资料是否规范等。

(3) 系统功能的先进性、有效性和完备性。这是衡量信息系统质量的关键问题之一。

(4) 系统的性能、成本、效益综合比值。这是综合衡量系统质量的首选指标,它集中地反映了一个信息系统质量的好坏。

(5) 系统运行结果的有效性或可行性。这是考察系统运行结果对与解决预定的管理问题是否有效或是否可行的特征值。

(6) 各项信息处理结果是否完整。需要考察信息系统针对各项信息处理结果的考察特征值,主要考察其是否全面地满足了各级管理者的需求。

(7) 信息资源的利用率。考察系统是否最大限度地利用了现有的信息资源并充分发挥了它们在管理决策中的作用。

(8) 系统对于处理信息、提供信息的效率。需要考察系统所提供信息(分析结果)的准确程度、精确程度、响应速度,以及其推理、推断、分析、结论的有效性、实用性和准确性。

2. 系统运行技术指标

信息系统在投入运行后,要不断地对其运行状况进行分析评价,并以此作为系统维护、更新以及进一步开发的依据。系统运行评价指标一般有以下三种:

(1) 预定的系统开发目标完成情况,包括:①对照系统目标和组织目标检查系统建成后的实际完成情况。②是否满足科学管理的要求?各级管理人员的满意程度如何?有无进一步的改进意见和建议?③为完成预定任务,项目投资者所付出的成本(人、财、物)是否限制在规定范围以内?④信息系统项目实施过程是否规范?各阶段文档是否齐全?⑤功能与成本比是否在预定的范围内?⑥系统的可维护性、可扩展性、可移植性如何?⑦系统内部各种资源的利用情况。

(2) 系统运行实用性评价,包括:①系统运行是否稳定、可靠?②系统的安全保密性能如何?③用户对系统操作、管理、运行状况的满意程度如何?④系统对误操作保护和故障恢复的性能如何?⑤系统功能的实用性和有效性如何?⑥系统运行结果对组织内各部门的生产、经营、管理、决策和提高工作效率等的支持程度如何?⑦对系统的分析、预测和控制的建议有效性如何,实际被采纳了多少?这些被采纳建议的实际效果如何?
⑧系统运行结果的科学性和实用性分析。

(3) 设备运行效率评价,包括:①设备的运行效率如何?②数据传送、输入、输出、加工处理等各个工作环节的速度是否匹配?③各类设备资源的负荷是否平衡?利用率如何?

10.6.2 优秀企业运作考核

MRPII 的主要创始人怀特在 1976 年提出,把实施 MRPII 系统的企业评为 A、B、C、D 四级。1982 年,在闭环 MRP 发展到 MRPII 以后,他又做了一些补充,并规定了一些基本的评级标准。1988 年,怀特公司的继任总裁戈达德(W. E. Goddard)在 APICS 年会上提出一个新的考核规则,汲取了 JIT 的哲理,把考核内容分为总体效果、计划与控制过程、数据管理、进取不懈过程、计划与控制评价、企业工作评价六个主题,列出了 35 个问题,增加了产品开发与设计、质量管理、分销资源计划、同客户和供应商的合作关系、降低成本等方面的考核内容。1993 年,Oliver Wight 出版社发行了第 4 版《A、B、C、D 优秀企业运作考核提纲》,由著名的 MRPII 专家共 20 余人编写,分为战略规划、员工与团队精神、全面质量管理与进取不懈、新产品开发、计划与控制五大部分。他们希望通过这个考核提纲,提醒管理人员在管理进步方面应当做什么和注意什么,并希望这个考核提纲能成为一个工业标准。上述考核提纲不是一个国际通用的工业标准,甚至也不是 APICS 的正式文件,以下综合了一些国外管理咨询公司通用的考核办法,并参照考核提纲的内容,用举例的方式加以说明,供读者参考。考核内容一般分为"实施业绩考核"和"管理规范考核"两部分,分别用百分比和评分的办法予以定量。

1. 实施业绩考核

从 ERP 逻辑流程图中看出,ERP 系统是由三个管理层次组成的。因此,考核指标的主题也是同管理层次对应的,既考核下级管理层,也考核上级管理层。各个层次都有相应的考核指标与计算方法,做到责任明确。其中,有几项涉及基本数据的准确度,考核负责维护数据的部门。各项考核指标比较侧重于数据和预期目标的准确性。为了考核,除了要有明确的目标和计算方法外,数据报告也要及时。考核中所用到的数据如果通过人工收集,将是一件非常烦琐的工作,所以都应包括在系统的数据库中。有的 ERP 软件专门设置了业绩评价模块,用户可以定义评价内容,由系统自动跟踪计算,并可以用各种图形(如直方图)和色彩来显示结果。

2. 管理规范考核

对管理规范考核采用答题的方式。可以是是非题,"非"表示未能做到,为 0 分;也可以按优、良、可、差、劣或 5 分制来评分。怀特最初拟定的答题只有 25 题,后来各企业在评价时又有增补,但基本上都包括了最初的 25 题。

(1) 培训方面:①公司或厂级领导及销售、生产、物料、技术和财务部门的主要人员是否理解 ERP 系统的基本原理？②是否有 80%以上的职工接受了 MRPII 的基本教育或培训？③企业是否有一个对全体员工进行 MRPII 原理与方法的继续教育培训计划？

（2）数据方面：①物料清单的准确性是否大于 98%？②库存循环盘点的准确性是否大于 95%？③工艺路线的准确性是否大于 95%？④采购和加工提前期是否至少每季度核定一次？

（3）主要运行状况方面：①MPS 及 MRP 采用的时段是否为周或小于周（至少用于近期计划）？②MPS 是否可由主生产计划员核实并调整，而不是完全由计算机决定，人工无法干预？③系统有无由计划人员对计划订单进行确认的功能？④系统有无对物料和订单进行反查和追溯的功能？⑤系统是否包括与各计划层次对应的能力计划功能？⑥系统是否提供车间作业用的派工单（按周或日），并说明工序优先级？⑦系统有无投入/产出控制的功能？⑧系统是否能在供应商要求的交货提前期之前制订出企业的采购计划？⑨会计科目和成本计算是否与采购作业和车间作业有直接关系？⑩系统有无生成和分析成本差异的功能？⑪系统是否有各种模拟功能（工艺路线、计划、成本等）？

（4）系统应用状况方面：①是否能做到防止出现短缺件？②是否运行系统生成采购供应计划？③是否有大于 90%的供应商按期交货？④是否有大于 90%的加工单按计划完成？⑤是否有大于 90%的主生产计划按计划完成？⑥是否有大于 90%的客户合同按计划交货？⑦是否用系统编制或重排计划？⑧MPS 和 MRP 是否至少每周运行一次？⑨是否经常进行负荷/能力平衡和能力计划？⑩是否用系统运行投入/产出控制？⑪是否用系统计划与控制库存量？⑫是否用系统模拟运行？⑬是否用系统提供报价和销售承诺？⑭是否用系统计划与控制成本？⑮是否用系统生成财务报表？⑯是否用系统编制企业预算？⑰是否用系统有效地执行设计更改制度？⑱是否用系统提供的信息分析发生质量问题的原因？⑲是否每月至少定期召开一次有厂长和部门主管参加的生产计划会议，并根据市场需求变化，复查和调整计划？⑳在库存周转次数、劳动生产率和客户服务质量三个方面，是否至少有两项同时得到改善？

（5）总体运行情况方面：①企业领导对 MRPII 系统有无承诺全面有效运行的责任？②在运行 MRP 之前，对 MPS 是否有审批制度？是否能兼顾计划的稳定性和灵活性？③是否有完整的、经过审批执行的工作准则与工作规程文件？④每个员工是否有运行 MRPII 的岗位职责和考核的明确条文？在全员参与方面有无具体措施？⑤是否有市场研究与市场开拓的工作制度？⑥是否有规定产品寿命周期的文件并遵照执行？新产品开发是否包括在计划系统之中？⑦是否建立了主要客户的文档？与主要客户之间是否有正式的销售服务协议（说明质量、交货条件、交货提前期及费用方面的要求）？⑧是否有评价销售网点和售后服务的制度？⑨对主要的供应商是否建立了文档？是否经常进行业绩评价？是否建立合作伙伴关系？⑩企业各层次、各部门是否遵照企业统一的目标和策略并为促使其实现而通力协作？⑪企业的物料是否由一个领导部门统一管理？⑫企业的管理工作是否符合国家政策和上级公司规定的要求？

以上各题若全部为肯定答复（"是"或"有"，则为满分 100）。企业可以根据自身的条件和目标要求增减题目。这些问题对提示企业在管理上应注意什么问题是很有帮助的。根据持续3个月对上述考核指标和答题评分的结果,ERP企业定级标准规定如下:

(1) A级企业:①在整个企业范围内采用完整的闭环MRPII系统管理经营生产。各部门人员都使用统一的规范化信息系统,发扬团队精神密切配合,协同工作。高层领导对系统的成败承担责任。②生产与库存系统同财会系统紧密关联,使用同一信息数据,并有模拟功能。③考核指标除物料清单准确度>98%、库存记录和工艺路线准确度>95%外,其余项目的平均值>90%。④答题评分>90分。

(2) B级企业:①企业虽有完整的闭环管理系统,但未能有效地用到生产管理上。高层领导没有介入。②靠短缺报告来安排生产,未能消除采购和生产的突击赶工现象,有些库存仍大于实际需要。③考核指标除物料清单>85%外,其余项目的平均值为80—89分。④答题评分为80—89分。

(3) C级企业:①无完整的闭环管理系统,各职能部门未能统一在一个系统中。把MRP仅作为一种物料库存管理方法,还没有用于生产计划。②考核指标除物料清单准确度>75%外,其余各项平均值为70%—79%。③答题评分为70—79分。

(4) D级企业:①仅作为数据处理用。②库存记录很糟,主计划脱离实际,不能指导和控制生产。虽然已经投入相当资金,但收效甚微。③考核指标平均在70%以下。④答题评分在70分以下。

这种分级办法,概括地说,大体上可以按照ERP的发展来理解:A级企业实现了ERP/MRPII系统,物流与资金流信息集成;B级企业基本上实现了闭环MRP;C级企业基本上实现了MRP;D级企业仅用做数据处理系统。达到A级企业要付出巨大的努力。据不完全统计,在美国推行ERP/MRPII的企业中,A级企业占25%左右,A、B级企业合计占50%以上。根据国外资料分析,未达到预期目标的主要原因是:受各种因素影响,未能持续保持高标准;领导层支持不够,没有承担责任;忽视培训或未能长期坚持培训;数据不准,人们对系统失去信任;忽视正确的实施方法和必要的实施指导。

美国怀特公司于1989年调查1000多家企业的结果表明,实施ERP/MRPII后,无论评为哪一级都会有一定的效益,只是程度不同而已。

知识链接

Benchmarking Partners 的 ERP 项目评价体系

1996年,美国著名研究机构Benchmarking Partners受SAP公司之邀,对用户项目的投资回报情况进行全面调研,同时提出了一套ERP项目评价体系。在这套评价体系,包括项目驱动因素、事务处理指标和关键成功因素三个方面的内容。

(1) 项目驱动因素:通过对不同行业的研究,现实的ERP项目主要有三种驱动因素。对于那些市场较成熟、产品变化相对稳定的行业,比如化工、半成品加工业等,驱动它们实施ERP的因素是关注业务成本的降低。对于产品急剧变化、市场高速增长的行业,比如高新技术行业、电子行业等,这些项目关注的是提高响应市场和技术的能力。对于综合性的集团型企业,它们关注的是全面、高速和标准化的管理流程。通过对项目驱动因素的评估,实际上是为整个项目寻找到一个基点和一个总体目标。

(2) 事务处理指标:对于事务处理的评估,可以分为战略性收益和经济收益。战略性收益是从企业战略的角度来考虑项目的收益,比如业务处理的集成性、信息利用度、对客户的响应度和灵活度、成本和业务活动,以及对新的应用的基础架构等;经济性收益是用价值来评估项目引起的业务流程变化而产生的效益,包括对财务管理、人员管理、IT成本、库存管理、订单管理和供应管理等。

(3) 关键成功因素:根据ERP项目实施的过程,对关键成功因素的评估,是从项目管理、高层支持、培训、管理改革、合作伙伴管理和流程重组等方面进行的,并对每个因素进行具体化的衡量。比如,项目管理的衡量包括资源、团队、技能和管理,高层支持包含目标、活动等参与度指标,培训包含费用、内容和时间,管理改革包含交流度、期望度、阻力和可见度等,合作伙伴管理包含角色、价格和经验等,流程重组包含费用和时间。

该评估体系由三个层面构成,即评估目标、关键要素、关键绩效指标。比如,"销售和分销"是评估的目标,"销售周期管理""订单履行""仓库管理"和"运输管理"是在行业中实现这一目标的关键要素,而对这些关键要素必须有可量化的绩效指标来明确地进行衡量,如"订单输入时间""及时交付率""最佳销售时间"和"询价周期"等。这些关键绩效指标又有相关的行业基准和实施经验作为参考,以帮助用户在实施过程中把握方向,保证项目的成功。

本章小结

ERP项目管理是ERP实施成功的关键,它运用了IT项目管理的基本理论与方法,结合ERP实施的特点,在项目目标、范围、时间、成本、质量、人力资源、沟通、风险管理等方面对ERP项目进行有效的管理,包括启动、计划、执行、控制和评价等一系列过程。

项目计划就是要确定项目的主要任务、工作,并做出工作分解结构图,以确保任务层层落实。项目实施关系到ERP系统应用的成败,应遵循一定的原则,选择合理的策略,按照可靠的路线进行实施,并通过项目控制保证项目按照预期的目标进行,最后评价实施ERP系统的成效以改进工作并积累经验。

思考题

1. ERP项目管理可以分为几个阶段?
2. ERP项目的可行性研究报告必须包括哪几个部分?
3. 如何进行ERP系统项目的投资评估?试运用净现值法予以说明。
4. 如何进行ERP项目的计划与费用预算?

5. ERP 实施过程中关键的因素是什么？
6. ERP 的实施分为哪几个阶段？需要多长时间？
7. 什么是实施 ERP 的可靠路线？它包括哪些基本的步骤？
8. 简述 ERP 项目的实施策略。
9. 如何对 ERP 项目进行控制？ERP 项目控制有哪些重要工作？
10. ERP 的实施中会遇到哪些风险？如何规避这些风险？
11. 如何进行 ERP 系统的软件选型？
12. 如何设立 ERP 项目管理组织？项目小组负责人的职责是什么？
13. 如何评价 ERP 系统的运行绩效？

ANC 公司 ERP 系统实施

ANC 公司成立于 2000 年，专业研发生产仪器仪表、检测设备，提供各类行业测试和供电解决方案。产品主要应用于家用电器、电机、电动工具、电子元器件、航空航天、国防军工领域和国家有关计量、质检、商检。车间生产流程主要分为焊接、仪表、系统和包装等。

公司由于是从贸易公司转型而来，企业管理层并不具备十分完整的实业企业的管理经验，而公司近几年来业绩逐年翻升，人员增多，这也使得管理层需面对日益纷繁复杂的事务，以前积累的一些管理弊病开始成为企业快速发展的瓶颈。比如，在物料管理方面，企业缺乏对物料的统一编码，不同部门的员工对同一种物料的叫法各有不同，从而导致采购人员买错物料或买多物料的情况时有发生。而在生产和仓储方面，由于没有一个很好的生产计划，车间无法有效地接收订单、市场需求、物料以及生产任务信息，造成人力、物力和财力的浪费，不但影响生产、延误订单，甚至还会由于较长时间的低效率生产消磨员工的积极性；采购人员不能及时提交真实、有效的数据表单，造成库存过大、呆滞物料、重复物料很多的情况。公司财务在月底或者季度结款时才能发现这些情况，这就给公司资源造成了一定的浪费。现在，公司已经意识到必须通过实施一套管理软件，用看得见的管理流程来约束各部门的运作，彻底解决公司存在的管理问题。在这样的背景下，ANC 公司开始了实施应用 ERP 系统的历程。

一、ERP 软件系统的选型

ANC 公司对 ERP 软件系统以及实施合作伙伴的选择是很慎重的。企业的高层和中层领导参与了软件选型工作，它们把整个选型过程分成以下四个阶段。

第一阶段：准备阶段。主要目标是找出企业当前存在的问题，明确企业内部需求和组建得力的 ERP 系统选型工作团队。该阶段工作主要包括：(1)制定企业信息化战略；(2)组建 ERP 系统选型工作团队；(3)制订选型工作计划；(4)培训 ERP 知识；(5)PIECES 分析。

第二阶段：考察阶段。按照准备阶段得到的选型工作计划，进入 ERP 系统选型的考察阶段。该阶段的主要任务是对整个 ERP 系统市场进行全方位的实地考察,得到第一手的 ERP 系统资料。在信息化监理顾问的协助下,选定五家综合评价比较高的软件供应商做进一步考察,了解它们的公司实力和典型用户。通过第二阶段的考察,选择了三家比较满意的软件供应商进入下一阶段。

第三阶段:模拟阶段。对于用户来说,模拟阶段的主要作用就是 ANC 公司亲自体验某个 ERP 系统在公司的业务环境中的一次实际运行,也检验了用户的业务环境与制定的 ERP 系统之间的关联程度。该阶段结束之后将进入商务谈判阶段。

第四阶段:商务谈判。在这个阶段,ANC 公司一边和供应商谈价格,一边进一步确认各软件供应商的实施能力和水平,并根据企业当前的功能需求和将来发展的需要进一步考察软件功能系统的完善程度,最终选择 SAP Business One(以下简称 SBO)系统软件作为 ANC 公司实施 ERP 项目的首选软件并由 SBO 中国代理清华紫光进行实施。

二、ERP 系统实施

ANC 公司实施应用 ERP 系统从 2010 年 6 月 1 日开始,至 2011 年 8 月 1 日切换、投入运行。整个实施过程历时 1 年零两个月。实施过程分为项目准备、上线准备、上线运行和支持三个阶段,每一个阶段都是不可逆的。前一个阶段是后续阶段的基础和前提,后续阶段的效果在很大程度上取决于前续阶段实施的执行效果。其中,培训、数据准备、新流程定义、系统测试及模拟运行、项目验收和系统持续优化等环节为 ERP 成功实施的关键因素。

1. 项目准备

(1)项目启动。ANC 公司领导对 ERP 项目的实施高度重视。公司成立了两级组织,即实施指导委员会和实施小组。公司总经理亲任项目组长,指派专人负责 ERP 实施工作,并从 ISO9000 部门和人事部门抽调人员,组成 ERP 实施和绩效考核小组,对相关人员进行绩效评估,并实行操作人员考试上岗制度。项目小组成立后,公司领导向全厂人员召开了隆重的 ERP 项目启动仪式,宣布了项目小组组织结构和成员,要求全厂上下充分参与,积极配合,以示 ERP 项目正式启动,使各部门知道 ERP 工作已开展。

(2)业务调研。为了使 ERP 管理尽快应用于公司中,并且更加适合于客户的实际情况,清华紫光对公司进行了系统完整的调研,全面了解了客户的实际业务作业流程,了解了公司现行的系统使用情况,使之与 SBO 系统更加完美结合。结合企业的业务流程重组,利用科学的企业建模系统,为企业提供相应的重组方案,使得企业的工作流和控制流、信息流合理且畅通。例如,在生产调研部分通过与生产部门的负责人以及业务骨干协作,了解生产方式,共同确定编码规则、BOM 结构。

(3)标准培训。由清华紫光咨询专家安排的为期 3 天的 SBO 标准培训分为三部分:对最终用户的必要的计算机使用操作方面的培训和 ERP 理念的培训;针对 SBO 系统管理、系统维护、数据备份等的培训;针对具体操作人员的 SBO 管理系统的操作使用培训。在培训的过程中穿插进行 ERP 理念的培训、行业化方案培训、项目工作组的培训、IT 技术的培训和软件功能操作培训,为新流程的设计与优化打下基础。

2. 上线准备

（1）数据准备。在清华紫光实施顾问的指导和配合下，实施 SBO 先从物料编码开始，对 ANC 内部物料名称严重不统一、型号含糊不清的状况进行了彻底的改进：统一了物料名称，规定了具体型号，理顺了各种物料之间的相互关系。系统的配置数据也是系统数据的一部分，结合具体的 SAP Business One 产品需要对系统进行配置，产生的配置数据以文档形式保留。公司特别建立了相应的数据审核制度和奖惩规则，以保证系统数据的准确率达到 99% 以上。

（2）软件的安装和数据导入。在服务器和工作站上安装系统，设置操作员，为每个操作员设定用户界面、密码、操作权限，此部分工作由公司协同系统管理员共同完成。结合系统和企业的实际运作情况做一个整体规划，录入客户的货品、部门、人员、客户等基础资料，做好号码的编制和相关设定，录入企业的相关初始数据，核对、调平相关的平衡数据。

（3）新流程定义。通过"内部联络单"，ANC 公司的所有业务必须按管理流程走。ANC 的销售部门在获得销售订单后，先按照 ISO9000 流程对销售订单进行审批，列出客户要求，确定交货日期，并下达销售订单签订销售合同；然后进入 SBO 系统进行分析，制订生产计划和采购计划；再到生产制造，完成交货任务；最后，售后服务部门利用 SBO 系统，对客户进行实时跟踪服务。为了将制度固定下去，管理层决定将原来隶属于生产部门的 ISO9000 业务独立出来，同 SBO 事务合并，形成新的管理部门，同生产、销售等部门平级办公，以保障新业务流程的顺利执行。

（4）系统测试、模拟运行和二次培训。系统测试主要包括模块测试和集成测试两大部分。模拟运行是对之前所有工作的一个大汇演，不仅包括新的业务流程、新的流程岗位规范、新的业务系统，还包括对企业在新的环境下使用新的系统方案的适应度进行考核，并给予相应的调整。在这个阶段，模拟运行的结果直接影响系统是否最终上线运行的决策，因而需要利用最真实的企业数据在新的业务流程定义框架下进行模拟，得出客观的模拟结果。二次培训主要是针对新的业务流程进行岗位培训。

3. 上线运行和支持

ANC 公司采取的是一次性直接切换的实施方法，该环节的主要工作是确保系统数据的准确无误。系统上线前要对系统进行业务初始化，业务初始化完成之后对新系统正式切换。在系统顺利上线之后，需要对系统进行一定的评估，肯定好的方面，修正不好的方面，对上线后出现的问题进行纠正和调整。同时，由项目实施方向企业移交项目过程中的所有相关文档，包括项目建议书、实施协议、项目实施计划、调研报告、系统解决方案、系统参数设置文档、数据准备文档、培训教材、现场支持记录、项目会议记录、项目总结报告等。

三、ERP 实施效果及评价

ANC 公司实施应用 ERP 系统从一开始就没有惧怕困难,而是遵循了一条正确的实施路线。如今,上述录入客户订单、下达生产订单和采购订单、管理库存以及财务管理功能,ANC 公司都使用了,而更重要的是这些功能所依据的计划数据也是来自 ERP 系统。通过 ERP 系统的实施和应用,ANC 公司企业管理模式及方法发生了根本性的变化,企业管理水平有了极大提高。企业各层管理人员在管理思想上实现了三个跨越式转变,即由人治管理向法治管理转变,由部门职能管理向流程管理转变,由只注重结果的事后管理向事前计划、事中控制和事后分析管理转变。通过实施应用 ERP 系统,实现了集成化管理,企业的市场销售、计划、生产、采购、库存、财务、技术等各种运营信息得到有效的规范和及时的传递,实现了产、供、销、人、财、物的集成,企业逐步走向敏捷和互动的高级生产经营形态。ERP 系统的实施应用,使 ANC 公司库存量下降到原来的 1/4,原材料库存由 200 万元下降到 50 万元;物料短缺率由原来的 15%下降到现在的 5%;采购成本平均下降 5%;装配车间的劳动生产率提高了 20%,订单交货期由原来的 15 天缩短到目前的 6 天;同时,提高了产品质量,增强了客户服务能力,客户满意度大大提高。可以说 ANC 公司对 ERP 的应用是"渐入佳境"。

案例思考题:

1. ANC 公司对 ERP 软件系统的选择是很慎重的,谈谈你的认识。
2. 简述 ANC 公司 ERP 项目实施的过程。
3. ERP 项目的实施应用为 ANC 公司带来哪些变化?

第 11 章

企业流程管理与信息集成

学习目标和要求

1. 了解制造业的业务流程及其建模步骤;
2. 理解业务流程重组的含义和基本内容;
3. 掌握业务流程管理的内容和实施方法;
4. 了解 ERP 内部的信息集成关系以及 ERP 与其他系统的集成关系。

导入案例

同瑞集团是我国电力装备制造业的大型骨干和龙头企业,公司决定上 ERP 系统后,最终选取了一家面向中型企业的美国管理软件的 Symix 厂商。

调研过后,Symix 的 IT 咨询团队与同瑞集团 ERP 项目小组进行了一次座谈会,进一步明确 ERP 建设的目标和需求。会中,Symix 的项目经理 Jim 说了一段话,使得项目组所有成员的内心都咯噔了一下。只听 Jim 说:"一般而言,企业现有的生产管理流程与 ERP 所要求的是有较大出入的,因此流程再造在 ERP 的实施中是难以避免的。"Jim 又道:"从 ERP 的观点来看,企业就是一个资源转换的增值器。企业的运行过程就是应用一定的资源,在生产和经营活动中产出新的资源,并不断地增值。只有那些能产生增值的生产经营环节才是有效的,否则就是无效作业。由于管理体制和管理手段的制约,贵公司可能存在人浮于事的现象,必须通过业务流程重组剔除无效作业,提高企业的运行效率和经济效益。"

这番话给张主任带来的冲击是最大的,他深知 Jim 说的有道理,要想 ERP 实施成功,业务流程改造势在必行。长远之计,只能依靠 Symix IT 咨询的帮助,尽快做出一份详细的改革方案,有理有据,才有可能说服集团高层同意,才有走下去的可能。

于是,在接下来的半个月时间里,张主任邀请 Symix 的 IT 咨询小组进驻同瑞集团信息中心,并且带领自己的公司内部 IT 团队,加班加点,通宵达旦地制定业务流程重组方案。

资料来源:中国管理案例共享中心案例库.

11.1 业务流程及其建模

11.1.1 业务流程

流程是"获取输入,并增值转化,将结果或输出提供给内部或外部顾客的一系列逻辑相关的活动的集合"。业务流程可定义为:一系列逻辑相关的重复性的活动链,它利用企业资源产生一个实体,目的是为内部或外部的顾客获得明确的、可以测量的结果或产品(Ericsson,1993)。ISO9000 标准中将业务流程定义为一组将输入转化为输出的相互关联或相互作用的活动。

业务流程有多种分类方法。很多面向流程的一流企业都对其自身进行了全面的分析,寻找其核心流程。流程分析有五个要素,即供应商、输入、工作流、输出与顾客。流程是横向的,可能存在于部门内部或是跨部门的。部门内部的流程较易控制,而跨部门的流程易出问题。管理不会降低运营效率,各个部门需要理解其他部门的需求与期望,并将其纳入本部门的目标中,团结协作,共同实现企业目标。

(1)每一个流程都有一个顾客,关注业务流程以保证更好地关注顾客。

(2)最终产品的价值的创造发生在横向业务流程中。

(3)通过界定流程的范围,定义流程的顾客和供应方,可以获得更好的沟通,便于需求的理解。

(4)通过管理很多部门运营的整体流程,而不是管理个别部门,减少局部优化的风险。

(5)通过管理为控制时间和资源提供了较好的基础。

(6)通过制定负责流程的流程所有者,避免功能性组织中常见的责任不明。

ERP 系统覆盖了企业价值链中的所有活动,正是这些活动构成了企业运营的业务过程。ENAPS(european network for advanced performance studies)针对制造业提出了一个过程分类通用框架,表明了企业战略下的产品开发、获得客户订单、执行订单、客户服务的重要的业务流程,反映了产品全生命周期的物流与逆物流、业务信息流与技术信息流。制造企业业务流程框架如图 11-1 所示。

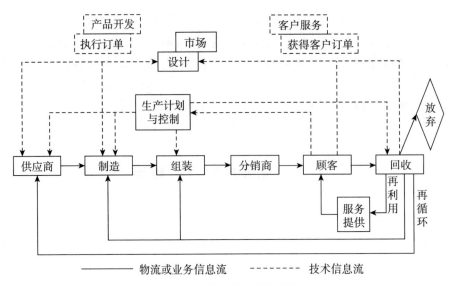

图 11-1 制造企业业务流程框架

获取订单的过程包括了所有直接参与顾客需求的活动。订单将按执行过程包括所有完成订单所需要的计划与协调活动,供应过程、制造过程的规划、控制、协调的活动,以及将这些产品交付于顾客的活动。

制造过程包括所有直接参与产品的物理生产过程的活动。设计工程包括所有直接参与的供应商能力及其可制造性、环境友好的产品设计过程以及所有的协同设计活动。

企业的组织机构呈现一定的层次性。在制造业中,一般存在业务部门与制造部门。企业信息化及 ERP 的应用促进了组织的扁平化及业务部门与制造部门的集成。

业务流程可作为组织改进工作的起点。流程视图是对业务流程的描述,对业务流程活动的序列、职责、信息和产品流、持续时间、成本等的描述。描述业务流程的最常用的方法是画流程图。

业务流程再造是业务流程模型的最重要的应用。改善业务流程必须先了解业务流程现状。如果不知道现在的流程是怎样的,那么将很难明确应该采用的改进创新方法及这种方法的有效性。

11.1.2 业务流程建模

流程模型是一种企业流程的定性描述和定量分析的模型,是认识、理解、分析、评价流程的基础。模型是人们对现实世界原型的一种模拟、抽象和简化,模型就像语言一样,可以把流程的内涵及流程之间的关系完全地展示出来。流程模型一方面使人们认识和理解流程,另一方面引导人们对流程深入地思考。

一般地,建立企业流程模型时,需要考虑这些关键因素:建模的动因、目标、领域、类型、规模和问题等。建模动因是指需要确定建立企业流程模型的原因;建模目标是指需要确定所建立的企业流程模型将要达到的目标,如降低成本、加快响应速度、提高产品或服务的质量、提高顾客满意度等;建模领域是指需要确定建立企业流程模型的对象,如可以在核心流程、辅助流程或非常流程中确定再造的对象等;建模类型是指需要确定建立适合企业的流程模型,如是信息流程还是功能流程、是单个流程模型还是多个流程模型等;建模规模是确定将要建立的企业流程模型大小、复杂程度;建模问题是指在建立企业模型中需要考虑的问题,包括技术问题、顾客问题、组织问题、财务问题等。

业务流程的建模步骤如下:

1. 理解顾客期望,识别关键业务流程

在开始流程建档工作之前,必须首先确定企业业务流程。这项工作有时是非常困难的。因为一个功能健全的组织机构中,各个不同部门的流程并不是清晰明了的。

首先简单列出所有围绕组织开展的业务流程的清单,这项工作通常要依据现有的流程描述,或参考 ISO9000 认证等需要准备的文件。然后,列出下列要素等所需要准备的文件:

①组织的战略。②利益相关者,即组织中受既定利益影响的组织、机构或个人。③组织交付的产品或服务的期望。④生产产品或服务的期望。通过思考这些要素集,确定其顺序:组织战略由利益相关者定义、形成,利益相关者拥有产品或服务期望,组织通过业务流程交付产品或服务。由此可以很容易地确定组织运营的业务流程。这些流程对于实现利益相关者的期望是必需的。

2. 业务流程建档

一旦关键的业务流程被确定下来,就需要展开每一个流程的建档工作。使用下列流程改进工具对流程进行建档,理解当前流程:

(1) 通过使用关系图分析,定性地描述流程。在画详细的业务流程图之前,通常必须先创建一张全局性视图,标明主要流程及其相互联系以及它们与外界的联系。这对于一个包含很多机构或部门的大范围的复杂流程来说是十分必要的。图 11-2 是订单接收与产品交货流程的关系图。关系图不考虑活动及其顺序,但需回答下列问题:流程的顾客、流程的输出?流程的供应方、流程的输入?流程输入输出的需求?流程的工作流?

(2) 构建流程图。一般来说,流程图是对流程中活动的流程的图形描述。流程图易于理解,"一幅画可抵千字"。流程图有很多画法。常用的业务流程图表示方法可以分为以下三种:工艺视图、信息视图和系统视图。这三者是一种相辅相成的关系,在进行流程分析时需要结合起来绘制和考虑。本书重点介绍工艺视图和信息视图。

业务流程的工艺视图是按时间的先后顺序或依次安排的活动步骤,用标准化的图形形式表达的流程模型。

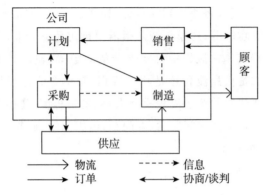

图 11-2　关系描绘图——流程全局性视图

图 11-3(a)为国家标准 GB1526-79(ISO1028-73E 标准)规定的符号；图 11-3(b)是某配送中心送货作业流程的工艺视图描述。工艺视图的特点是比较形象、直观，易于理解。业务流程的工艺视图绘制的标准可以是国家、行业、企业甚至是部门制定的，在一定范围内使用，应遵循相同的标准。

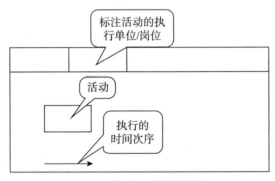

图 11-3(a)　工艺视图法

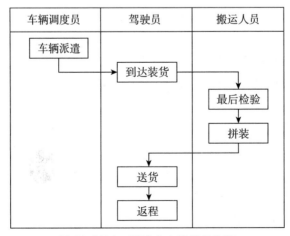

图 11-3(b)　配送中心的送货流程

信息视图从信息的角度来表示业务流程。信息是业务流程处理的一个主要对象,业务流程的信息视图着重刻画了企业业务流程中信息流的变化过程。图11-4是业务流程信息视图绘制标准中常用的图形符号。

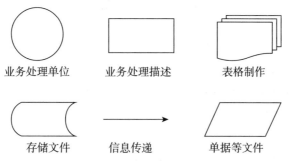

图 11-4　业务流程图的基本符号

图11-5就是遵循这一标准描述的产品入库业务处理流程。图中产品入库业务的工作流程以及相关的数据处理,如"检验待入库的产品""制作入库单""登记入库明细台账"和"修改库存台账"。

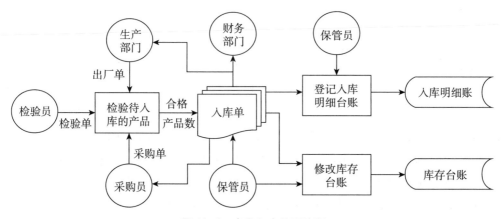

图 11-5　产品入库处理流程

一般来说,信息流程图可体现以下及各方面的内容:①明确的活动;②各个活动所涉及的主体、部门或岗位;③明确的工作步骤;④各活动间的主要信息联系;⑤数据的存储。

11.1.3　业务流程模型的作用

业务流程模型是实现业务流程改进的重要基础。对业务流程进行建档,是企业建模的一种方式。通过工业和公共事业中的各种应用实践,业务流程建档被证明是非常有用的方法。它可以获得业务流程的全局视图,并能洞察详细的执行信息。业务流程模型的分析通常会带来流程绩效的显著改善。

画业务流程图,仅仅实现了流程管理的第一步。如果停留在模型阶段,模型的潜力就无法发挥出来。运用模型进一步分析、改进业务流程才是企业流程管理的最终目的。

业务流程再造(BPR)和业务流程管理(BPM)都依赖于业务流程模型这一基础。

11.2 业务流程管理

企业在实施 ERP 后,企业的管理流程会发生一些变化。一方面,ERP 推行、实施后,企业的业务数据可以共享、业务处理的速度明显加快,可以处理的业务工作量加大了,再者,由于企业的业务数据在网络中传递,使用 ERP 的业务模块已经可能不是原来的业务职能部门了,如此的业务变化为管理的变革创造了条件。另一方面,企业原来的业务管理模式又是与 ERP 管理思路、信息流程不符的管理模式,ERP 带来信息短路的同时也要求管理流程短路,即对管理的高效变革,这样实施 ERP 系统也就同时使管理的变革具有必要性。企业应用 ERP 必须要开展管理创新,这个阶段的工作是不可逾越的,面向事务、职能的管理,进而发展到了面向业务流程的管理。

11.2.1 业务流程重组

1. 业务流程重组的概念

业务流程重组(business process reengineering,BPR)是最早由美国的 Michael Hammer 和 lame Champy 提出的,在 20 世纪 90 年代达到了全盛的一种管理思想。它强调以业务流程为改造对象和中心、以关心客户的需求和满意度为目标、对现有的业务流程进行根本的再思考和彻底的再设计,利用先进的制造技术、信息技术以及现代化的管理手段,最大限度地实现技术上的功能集成和管理上的职能集成,以打破传统的职能型组织结构(function organization),建立全新的过程型组织结构(process oriented organization),从而实现企业经营在成本、质量、服务和速度等方面的巨大改善。

企业流程重组就是为了获取可以用诸如成本、质量、服务和速度等方面的业绩来进行衡量的成就,而对企业过程进行根本性的再思考和关键性的再设计。这个定义中包含"根本性""关键性""戏剧性"和"过程"四个关键特性。

(1)"根本性"就是在再造过程中,企业人员必须就企业自身以及运营方式提出几个根本性的问题,即"为什么我们要做我们正在做的事情?""为什么我们要用现在的工作方式做事情?"提出这些根本的问题就是要使人们对他们管理企业的方法所基于的不成文的规则与假设以及所从事的业务进行观察和思考,通过观察和思考,往往会发现这些沿袭下来的规则和假设已经是过时的,甚至是错误的,因而是不适用的,而所从事的业务是没有竞争力的,是没必要再做的。

(2)"关键性"再设计意味着对事物追根溯源,对既定的现存事物不是进行肤浅的改变或调整修补,而是抛弃所有的陈规陋习和一切规定的结构与过程,保留具有核心竞争力的业务,创造发明全新的完成工作的方法。它是对企业的运行和业务进行重新构造,而不是对企业进行改良、增强或调整。

(3)"戏剧性"就是企业流程重组不是要取得小的改善,而是要取得业绩上的突飞猛进。小的改善只需要逐步调整就可以取得;"戏剧性"的成就则需要消除一切陈旧事物而代之崭新的内容。

(4)在实施企业流程重组中,应该强调"过程"。虽然这个"过程"最重要,但它也是许多人感到最头痛和最难办的,因为一方面"过程"总是要跨越部门,"过程"的改变会引起企业的混乱,大多数企业领导人并不以过程为中心,他们往往把注意力集中于任务、工作、人员组织结构而不是"过程";另一方面,过程总是与业务分不开的,不同的业务对应着不同的过程,而非核心业务的认定同样会引起企业内的混乱。

许多实施企业流程重组的企业都广泛利用了管理信息系统,正是现代信息技术帮助企业打破了陈旧的制度并创建了新型的过程模式。

2. BPR 基本原则

BPR 是对现行业务运行方式的再思考和再设计,应遵循以下基本原则:

(1)以企业目标为导向调整组织结构。在传统管理模式下,劳动分工使各部门具有特定的职能,同一时间只能由一个部门完成某项业务的一部分。而 BPR 打破了职能部门的界限,由一个人或一个工作组来完成业务的所有步骤。随着市场竞争的加剧,企业需要通过重组为顾客提供更好的服务,并将 BPR 作为发展业务和拓宽市场的机会。

(2)让执行工作者有决策的权力。在 ERP 系统的支持下,让执行者有工作上所需的决策权,可消除信息传输过程中的延时和误差,并对执行者有激励作用。

(3)取得高层领导的参与和支持。高层领导持续的参与和明确的支持能明显提高 BPR 成功的概率。因为 BPR 是一项跨功能的工程,是改变企业模式和人的思维方式的变革,必然对员工和他们的工作产生较大的影响。特别是 BPR 常常伴随着权力和利益的转移,有时会引起一些人,尤其是中层领导的抵制,如果没有高层管理者的明确支持,则很难推行。

(4)选择适当的流程进行重组。在一般情况下,企业有许多不同的业务部门,一次性重组所有业务会导致其超出企业的承受能力。所以,在实施 BPR 之前,要选择好重组的对象。应该选择那些可能获得阶段性收益或者是对实现企业战略目标有重要影响的关键流程作为重组对象,使企业尽早地看到成果,在企业中营造乐观、积极参与变革的气氛,减少人们的恐惧心理,以促进 BPR 在企业中的推广。

(5)建立通畅的交流渠道。从企业决定实施 BPR 开始,企业管理层与职工之间就要不断进行交流。要向职工宣传 BPR 带来的机会,如实说明 BPR 对组织机构和工作方式的影响,特别是对他们自身岗位的影响及企业所采取的相应解决措施,尽量取得职工的理解与支持。如果隐瞒可能存在的威胁,有可能引起企业内部动荡不安,从而使可能的威胁成为现实。

信息系统实施后,必须有相应的新的企业业务流程与其相适应。但是,企业业务流程的重新设计不能在系统实施之后才开始,因为这样做的后果有两个:一是信息系统的开发过程并没有充分考虑到新的业务流程,因而可能只是现有业务流程的模仿;二是管理信息系统的生命周期将会因为等待新流程的设计和实施而大大缩短。

基于以上原因,在规划和实施信息系统时,必须在规范企业现有流程的基础上,结合新系统对信息处理的特点和优势,重新设计企业业务流程。

3. BPR 基本内容

BPR 是一项复杂的系统工程,它的实施要依靠工业工程技术、运筹学方法、管理科学、社会人文科学和现代高科技,并且涉及企业的人、经营过程、技术、组织结构和企业文化等各个方面,其基本内容包括以下几部分:

(1) 人员重组。实施 BPR 成败的关键取决于企业内部人员的整体素质与水平,高层领导者要有勇于革新、勇于向风险挑战的精神。

(2) 技术的重组。先进的信息技术改造企业的信息基础结构,利用先进的信息技术建立覆盖整个企业的信息网络,使每位员工通过网络就可得到与自己业务有关的各种信息。

(3) 组织结构的重组。按具体项目组成面向经营过程的工作小组,设立小组负责人,对内指导、协调与监督小组中各成员的工作情况,对外负责及时将顾客的意见和建议反馈给小组,并尽快改进工作。明确小组内部各成员的作用和职责,做到责权利统一,使小组形成一个享有充分自主权和决策权的团体。

(4) 企业文化的重组。在当今时代,如果企业仅满足于以往的成就,安于现状、不思进取、固守老一套的思想作风和经营理念,就往往会在激烈的市场竞争中败下阵来。营造适宜的企业文化氛围,是企业实施上述重组的保障。树立竞争是企业成功的动力,人才是企业最宝贵的财富,顾客至上,企业形象、信誉产品是立足市场的灵魂等新观念。

11.2.2 业务流程管理

BPR 提出后,一些企业通过 BPR 取得了一定的成绩,如 Ford 汽车公司、AT&T、IBM 等成功案例。但是,成功的背后有大量失败的案例。70%的 BPR 项目不仅没有取得预期的成果,反而使事情变得更糟。

尽管 BPR 不成熟,但是 BPR 已经在管理界留下深刻的影响,BPR 没有消失,BPR 思想的精华继续延伸,正在向成熟的方向发展。随着信息技术的飞速发展和企业流程变革手段的日益成熟,人们又提出了业务流程管理(business process management,BPM)的观点。

1. 业务流程管理的含义

业务流程管理是充分吸收了业务流程再造、全面质量管理、价值工程、并行工程、持续改善等各种先进的管理思想和方法的精髓后形成的一个全面的、集成的管理思想。业务流程管理的概念包含了流程优化改进的多个方面的内容,包括技术、人力资本、变革管理、战略业务流程的规划、测评等。企业进行业务流程管理运用多种方法收集信息、重新设计其流程(可能是激进的,也可能是渐进的)并对其新的流程进行评估。

流程管理是一种分析和改进组织基本活动(如制造、销售等)的结构化方法。可以把流程管理定义为"以规范化地构造端到端的卓越业务流程为核心,以持续地提高组织绩效为目的,通过分析、改进、控制和管理业务流程,实现产品或服务质量提升的系统化、结构化方法"。

可以看出,流程管理思想突破了原来 BPR 定义中的彻底性、根本性局限,以流程为基础,并结合其他变革管理方法(如 TQM、SCM)的系统化、规范化和结构化,形成了一种新的变革管理理念,也是多种变革管理方法协同作用结果的体现。它强调从实际情况出发,围绕组织发展主题和管理任务,对流程进行系统的分析、评估,对现有流程进行优化改进,甚至在必要时进行重新设计,达到绩效提升的目的。从这一点讲,流程管理包含三个基本的层面:

①规范流程。对于运行比较合理的流程,可以适当地进行规范。②优化流程。如果流程中还有一些问题,存在冗余或消耗成本的环节,可以采用优化的方法。③再造流程。对于一些积重难返、完全无法适应现实需求的流程,就需要进行再造。

以流程为中心对业务流程进行改进可以提高企业应对挑战的能力。业务流程的改进可以是渐进的、连续的、温和的,也可以是突破性的、全面的、激进的;可以仅仅涉及企业运营层,也可仅仅限于功能部门内,还可涉及整个企业,甚至向两端扩展涉及整个供应链的改进,关键要看是否适合企业的战略需求与实际状况。

2. BPM 实施的策略

企业流程管理实施的策略,主要以流程为切入点将企业的各种过程统一起来实施流程管理,其策略如下所示:

(1) 以企业整体的发展战略为指导;

(2) 建立持续改进的流程体系;

(3) 建立支撑流程运作的管理配套体系;

(4) 建立支撑流程运转的 IT 应用平台;

(5) 将其他组织的接口问题纳入工作范围。

图 11-6 显示了企业流程管理在企业整体框架中的位置、设计的相关内容和相互关系,同时也表达了企业流程管理的实施过程。

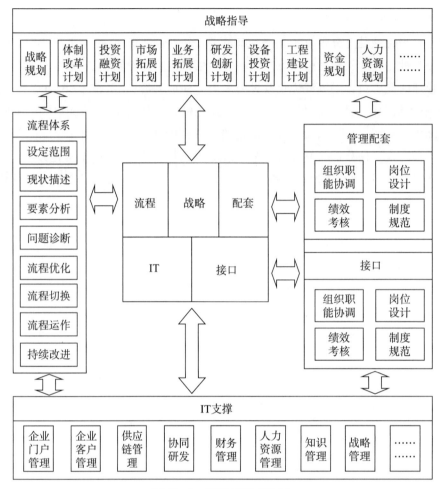

图 11-6　BPM 实施结构图

3. BPM/BPR 实施影响因素

信息技术是促进 BPR 诞生的技术基础,信息技术又是 BPR 的使能器。BPR 利用 IT 改变企业的流程,达到精简组织、提高效率的目的。BPR 的实施除了与 IT/IS 密切相关,还涉及企业经营管理的方方面面。图 11-7 表示了与 BPM/BPR 实施相关的各种因素。

企业流程管理是一项系统工程,与流程运作直接相关的是人和管理,影响 BPM/BPR 实施的因素有环境因素、组织结构、信息和技术,产品、服务和绩效是 BPM/BPR 的输出。

信息技术的跃进是 BPM/BPR 产生和发展的直接动力。随着因特网、企业内部网和电子商务的飞速发展,信息技术正广泛而深入地介入人们的生活,改变着人们的生活方式和思想模式。在这种情形下,想脱离 IT 而完成 BPR/BPM 几乎是不可能的。若把 BPR 比作一种化学反应,那么 IT 就是催化剂,离开了它,反应虽可进行,但却难以达到理想的

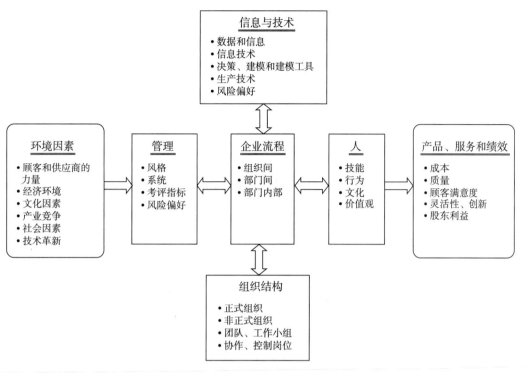

图 11-7 BPM/BPR 实施影响因素

结果。因此,合理运用信息技术成为 BPR 的难点和要点所在,BPR 与信息技术的紧密关系可以归纳如下:①BPR 是一种思想,而 IT 是一种技术;②BPR 可以独立于 IT 而存在;③在 BPR 由思想到现实的转变中,IT 起了重要的支撑作用。

4. BPM 实施的方法论模型

业务流程管理方法论是指导业务流程管理的实施、使业务流程管理团队能够对业务流程中的活动进行重组、优化和管理的一套方法技术和指导原则的集合。该方法可以分为以下三个主要步骤:确定一个项目、构造一个卓越的业务流程、将这个业务流程整合到相应的组织结构中去。这三个主要步骤可以进一步分成四个阶段的生命周期。这四个步骤分为流程评价、流程构造、组织转换和流程转换。图 11-8 是 BPM 实施的方法论模型。

为了详细描述上述方法论,本书引入 $S\text{-}A$ 框架,如图 11-9 所示。$S\text{-}A$ 框架把业务流程优化过程细分为六个阶段(stage),每个阶段又分成多个活动(action),形成阶段—活动方法框架。在框架中用 S_iA_j 来代表具体的某个活动,S 代表阶段,i 代表数目,S_i 就代表某个阶段,如 S_2 代表第二阶段;同理,A 代表活动,A_j 就代表某个阶段的某一个活动,如 S_2A_3 代表第二阶段的第三个活动。每一阶段的每项活动内容详见如下:

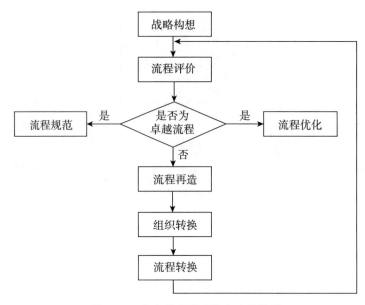

图 11-8 业务流程管理的方法论模型

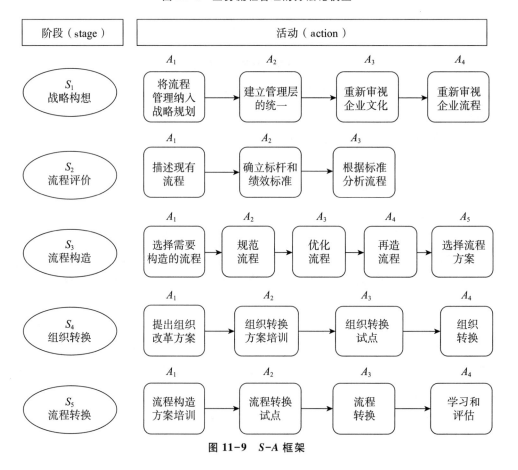

图 11-9 S-A 框架

（1）战略构想阶段（S_1）。

S_1A_1：把企业流程管理纳入战略规划。在战略构想阶段，企业首先要做的就是树立流程至上的观念。打破原有的职能分工的观念，树立起正确的流程观，能够从流程的角度来看待问题，把流程管理纳入企业的战略规划中。

S_1A_2：建立管理层的统一。企业流程管理是一种对企业影响深远的变革，因此必须在管理层达成统一的认识，全力支持企业进行流程管理。流程管理的倡导者应该是企业的高层领导，具有很高的威望，拥有调动企业资源的权力。

S_1A_3：重新审视企业文化。企业文化对企业流程管理的成功具有决定性的影响。一种开放的、鼓励创新的企业文化将大大增强流程管理的成功，并能不断推进其迈向新高度。

S_1A_4：重新审视企业流程。在确定进行流程管理之前，管理人员要根据企业的经营状况做出客观的分析。可以用竞争性分析、价值链分析以及成功因素分析法等技术精确分析企业的目标并规划出主要的经营指标，确定企业的主要流程。

（2）流程评价阶段（S_2）。

- S_2A_1：描述现有流程

通过面谈和问卷揭示流程中的信息流及影响流程的相关因素。工作分析与关键项目技术常用于记述现存流程与工作、信息技术的关系。信息控制网络模型、沟通媒体分析法、语言交流模式、顾客—供应商模式等用来找出流程中正式、非正式的沟通特点、频率及意图。通过这些分析方法将现有流程进行充分描述后，将得到的结果用于随后的流程构造。

S_2A_2：确立标杆和绩效标准。企业流程评价阶段最重要的任务就是设立流程管理的标杆和绩效标准。这个活动也是流程管理循环的开始和结束。在最初的时候，通过设立标杆来判断现有流程是否卓越，在进行流程管理后，可以通过绩效目标来判断流程管理的效果；同时，可以不断根据实际情况更新标杆和绩效目标，使流程不断地得到提升和发展。

S_2A_3：根据标杆和绩效分析流程。根据 S_2A_2 定出的标准，可以对现有流程进行详细的分析，并根据分析将流程按照情况置于不同的流程管理层面，以便在接下来的构造阶段能根据不同的评价情况采取不同的构造策略。

（3）流程构造阶段（S_3）。

S_3A_1：根据流程评价选择需构造的流程。根据流程评价的结果，决定对流程进行规划、优化还是再造。

S_3A_2：规范流程。规范流程一般都是指绩效较好、基本可以符合卓越要求的流程。规范流程所花费的时间最少，风险也最小。

S_3A_3：优化流程。需要优化的流程一般都是主题上没有大问题，但还是存在冗余环节的流程。对流程进行优化,就是要去除冗余的环节,减少时间和成本的消耗。这种方式需要花的时间相对较长,但风险也较小。

S_3A_4:再造流程。对于那些对企业经营带来沉重负担,与先进的流程指标相差太远的流程需要对之进行再造。这种方式需要的时间更长,而且风险很大。

S_3A_5:选择流程方案。无论对流程进行规范、优化还是再造,都要有几种方案可供选择,企业针对自身的实际情况,选择比较可行的方案来实施。

(4) 组织转换阶段(S_4)。

S_4A_1:提出组织改革方案。根据流程转换的方案,难免要对组织结构进行必要的调整,因此,在给出流程再造方案的同时,也应该做出相应的组织结构的调整方案。

S_4A_2:组织转换方案培训。对员工进行培训,使他们了解自己的新的职责和岗位,以及在流程小组中的地位和作用。

S_4A_3:组织转换试点。与流程转换试点同时进行,发现原有组织的问题,并做出相应的调整。

S_4A_4:组织转换。根据调整的情况进行实际转换,新组织机构正式运行。

(5) 流程转换阶段(S_5)。

S_5A_1:流程构造方案培训。选择后的方案要在实施前对全体涉及的员工进行培训,解释新的流程与原有流程的不同,让大家树立以流程为核心的观念,不再拘泥于个人的岗位,而应该更多地考虑整体目标。

S_5A_2:流程转换试点。在组织结构调整方案确定后,对流程转换进行试行,并根据实际发生的情况对实施方案进行适时的调整。

S_5A_3:流程转换。根据调整的情况进行实际的流程转换。

S_5A_4:学习和评估。根据制定的绩效和标杆评估方案的实施情况,不断学习、修改标杆和绩效标准,返回到第二阶段,重新开始循环。

流程管理方法论不仅应注重整体组织流程,而且也不要忽视员工的角色和责任,充分认识人际关系、组织文化、变革阻力等各种"软"的因素的重要性。员工完成流程的每一个活动,流程的任何改变都要得到员工的认可和支持。也不能忽视绩效测评和连续改进,只有不断改进,流程管理方法论才能适应企业面临的变化环境。

业务流程管理方法论需要具有一定的柔性,需要根据企业的要求进行适当的裁剪和定制,为进行业务流程管理的企业管理人员及相关工作人员设置,而非为业务流程管理专家设计,降低企业对外部智力的依赖。强调绩效驱动,一方面,根据企业资源能力,适当采用先进技术包括信息技术,强调短期收益和长期收益的平衡;另一方面,关注业务流程管理项目本身的成本/效益问题。采用一套简单易用的技术和工具系统来支持业务流程管理方法论的实施应用,以降低业务流程管理的实施难度和提高实用性。

11.3 企业信息集成

11.3.1 什么是信息集成

企业经营活动是一个连续的、多环节的协同运作的过程。这个过程中存在着五种基本"流",即信息流、物流、资金流、价值流和工作流。这些流相互依存、相互关联、相互影响,形成了一个完整的系统。企业的生产活动的实质是从原材料向客户需要的产品和服务转化的过程。物流是经营活动中显而易见的实物流动,在这个过程中,物料从供方开始,沿着生产经营的流程向需方流动。物流流动过程中伴生出信息流、资金流、价值流和工作流。而信息流在企业生产经营活动中扮演着非常重要的角色,它既是驱动物流流动的源头,又是其他四种"流"的运动轨迹的记录。信息流在企业供应链的网络中的流向是纵横交错的,它客观地反映各种"流"的时间顺序、因果关系和勾稽关系。企业经营者只有全面掌握信息流的动态变化情况,才能对企业内外部的市场需求和经营状况了如指掌,才能对市场做出快速反应,在激烈的竞争中立于不败之地。

传统的企业管理是基于"科层制"组织的管理架构之上的。企业原本连续的、多环节协同的流程被条块分割的组织层级割裂开来。科层制的弊端是对上级负责,而不是对客户负责。分散在各个条块中的信息被据为己有,而不能为企业共享。数出多门造成信息严重的不一致,相互重叠和自相矛盾的数据使经营决策缺乏可信的依据;多部门的报表传递造成信息的滞后,使企业对市场的反应迟钝;信息的割裂使业务流程固有的时间顺序和勾稽关系被破坏,使管理者无法掌握经营的全局;断裂的信息使企业资源配置无法得到优化,使企业经营效益低下。科层制管理模式下信息流的割裂局面是传统企业管理效能低下的根本原因之一。许多企业信息化系统实施之所以失败,正是由于在这种割裂的信息格局基础上模拟传统的管理过程所致。

信息集成是 ERP 系统最基本的特征和优势所在。ERP 系统正是通过信息集成,使企业经营者能够全面、及时地把握整个信息流的活动情况,进而使企业的物流、资金流、价值流和工作流处于可度量、可控制的状态,并通过 ERP 系统的管理功能对这些"流"进行不断优化的管理,最终达到提高企业的市场竞争能力的目的。

"信息集成"是指企业经营系统中的每一个信息,都由一个唯一的部门或岗位负责录入到系统中,立即自动地存储到数据库中,并自动显示到所有相关的记录和报表上,不再需要第二个部门或任何其他员工再录入一遍,信息的录入点就是信息第一次产生的地方。例如,销售收入信息是由为客户开具销售发票的环节产生的,企业所有的销售收入信息都来自销售开票环节。这也是业务流程重组中最重要的原则"信息单点录入"的含义所在。信息集成的好处不仅在于减少重复劳动,做到责任分明,更深层的意义在于缩短了信息传递的渠道,提高了信息处理的效率;保证了信息的一致性和真实性;保证了信息之间的勾稽关系和信息完整性。信息集成是信息和网络技术发展的优势,正是这种技术的支持,使得企业信息的交流和传递的成本大大降低,使企业的信息共享成为可能。

11.3.2 ERP 系统内部的信息集成

企业完整的 ERP 系统涵盖了采购、生产、物流、销售和售后服务的主要业务流程。这些流程的各个环节相互之间存在着某种制约、执行顺序或互为输入/输出的因果关系。ERP 系统内部的信息集成正是核心业务流程之间这种关系的反映。

从企业的价值链来看,企业的进厂物流、加工制造、出厂物流、市场营销和售后服务的基本活动形成了一个环环相扣的链条,前一流程的输出即为下一流程的输入。例如,进厂物流提供的物料是生产流程的投入;物料经过生产流程的转换变成产品,其输出又是销售流程的资源;产品经过出厂物流进入销售流程,企业通过销售和服务流程实现客户的价值。

从企业业务流程的执行角度看,各个核心流程又细化为若干个管理环节,这些管理环节之间的时间顺序、因果关系又形成了复杂的输入/输出关系网络。例如,生产流程投入物料的品种/规格以及数量取决于主生产计划的排产信息;排产的品种/数量取决于客户的订单;客户订单的多少又取决于市场开拓的力度和客户关系的维护。要保持企业业务流程的顺畅和高效运行,必须保持企业各流程管理环节信息的顺畅和通达。信息的顺畅和通达的基本要求就是企业各管理环节信息的集成和共享。

企业核心业务流程之间存在着相互依存、相互关联和相互制约的关系,反映企业核心业务流程之间信息流动过程的 ERP 系统一定要满足这种关系。因此,成功的企业 ERP 系统一定是建立在信息集成的基础之上的。表达这种信息集成关系的信息单点录入特点是 ERP 系统的最突出的特征和优势,也是决定 ERP 系统成功的关键技术。

通过单点录入产生的信息可以通过信息网络传递到系统的各个节点,每个节点的网络用户根据各自的权限,可以对这些信息进行查询、浏览、汇总和分析。就好像是公用图书馆的图书和文献资料一样,充分实现资源共享。这种将信息发生点采集的原始数据集合到统一的信息应用平台之上,为企业各管理环节共享的方法就是信息集成。

以简单的库存管理为例,可以看出信息集成的 ERP 系统与传统仓库管理的区别。从传统的库存台账上,只能看到现有的物料的库存数量、单价和金额,其信息量是不充分的,提供决策的实用价值有限,而且往往会造成错误的判断。在实现了信息集成的 ERP 系统中,不仅能够看到当前的库存信息,而且能够从其他管理领域获得信息进行分析,为库存管理提供管理和决策的依据,同时为其他管理提供有用的信息。例如,从物料需求计划(MRP)运算的结果预测未来各个时间段的物料库存,提高物料保障的预见性;根据库存的历史数据,进行物料流动性分析,合理压缩库存资金;通过库存与生产系统的信息集成实现限额发料,合理控制材料消耗成本;通过库存与财务系统的信息集成,实现存货核算的自动化;通过仓库的货位管理为生产投料提供可视化信息,达到合理用料、降低材料消耗的目的。通过全方位的信息集成,使企业的库存管理超越传统的物料保管职能,充分发挥库存管理对采购、生产、成本等相关流程环节的服务支持和监督控制作用。

- 通过 MRP 计算结果,可以在现有的库存物料中区分出哪些是已经被生产订单占用的"已分配生产用量"、哪些才是自由支配的"实际可用数量"。对于某些已下达采购订单而实物未到的可以显示出"计划接收量"。这样就可以清楚地预测未来某个时期物料供应的保障情况。通过为主要物料设置安全库存量,还可以在库存低于安全库存时自动生成补库计划。
- 通过物料库存的收入拨出的历史信息,可以进行各种物料的流动性分析。按照物料的库龄可以区别出哪些物料是长时间滞留在仓库的呆滞物资,以便企业及时清查和盘活这些物料,减少企业资产风险;同时,可以追溯这些呆滞物资形成的原因,为产品设计、采购和生产相关环节的管理改进提出建议。
- 通过与生产环节的信息集成实现限额发料。生产领料必须以生产派工单的产品量和材料消耗定额为依据,有效控制生产的材料消耗,同时为产品材料成本核算提供真实信息。
- 通过与财务的信息集成实现存货核算的自动化。通过物料的批次和货位管理,支持先进先出、移动加权平均、个别计价等多种计价方法,使存货成本核算更加真实,并有效提高核算效率。
- 通过物料的批次和货位管理还可以对产品和物料的质量进行追溯,从生产的批次,直至原材料的生产厂家的某批次都可以非常快捷地查询和追溯,从而为实现企业全方位的质量保证体系和产品召回制提供了保障。

在 ERP 的采购、生产、销售和售后服务流程之间,以及每个流程的各管理环节之前都存在许多类似的信息集成关系。例如:

- ERP 的核心功能物料需求计划(MRP)本身就是销售计划、主生产计划、产品结构(BOM)和库存管理的信息集成的应用。
- 供应商管理则运用供应商订单(品种、交货期和价格)、订单交付(时间、数量、交付期)和检验质量(交检数量、合格数、退货数量)的信息集成完成对供应商日常管理信息的采集,作为供应商评价的基本依据。
- 生产管理系统可以运用生产系统内部各环节的信息集成实现生产订单的跟踪。系统按照生产计划令号建立生产订单的跟踪。跟踪从生产领用单开始,领用的材料规格/数量/批次;什么时间投产;每个加工工序的操作者、使用工时、完成情况、交检数量、质量检验结果;产品装配情况、操作者、产品检验质量结果;产品入库情况;生产成本,等等。
- 销售业务管理可以利用销售管理各环节的信息集成形成一个以订单为主线的销售业务跟踪体系。通过客户订单编码,可以及时查询该订单已经执行了多少;什么时间发的货、发了多少品种、多少数量;这些产品是否已经出库、什么时间装车、什么时间送达客户手中;订单的发货是否开出发票;客户的应收账款是多少;客户是否已经回款,什么时间回的款;客户使用产品有没有问题,等等。

信息集成带来的管理优势是传统管理方法很难做到的。但是信息集成又不是轻而易举就能够实现的。企业要做到信息集成，必须具备以下几个条件，这些条件正是 ERP 实施的难点所在：

（1）信息的规范化。所有信息在信息系统中必须有统一的名称、明确的唯一性。没有信息的规范化，就会造成信息的混乱，相关环节不知道该取哪些信息来共享。信息规范化是实现企业信息化的最基本要求。

（2）信息处理流程必须规范化。信息处理要遵循一定的业务流程，先做什么，后做什么，必须具备哪些信息后才能进行下一步的流程，要遵守一定的规则，不能因人而异。只有流程规范，才能保证信息的完整性，查询、分析和决策才有充分的依据。

（3）信息的采集、处理和报告由专人负责。系统中各项功能有严格的授权，谁有权做什么，无权做什么，经过哪些审批。每个信息入口都有专门的岗位负责，既做到责任明确，又保证信息的唯一性、及时性、准确性和完整性。

（4）信息覆盖面要包括企业核心业务流程涉及的管理范围。"巧妇难为无米之炊"，信息系统不可能对没有数据的领域进行查询和分析。为了保证信息系统的完整性和集成性，企业应有足够的管理和决策所需的信息量和种类。如果企业没有能力一步到位建立完善的信息系统的话，可以通过整体信息规划，明确信息的结构、范围、细度，预留其他信息的接口，分期分阶段建立信息化系统。

（5）信息覆盖的时间包括历史、当前和未来。企业经营是连续的过程，信息积累也是连续的，企业经营分析和预测需要借助历史和当前经营信息。企业的历史数据要按照经营分析和决策支持的要求进行整合，也就是数据仓库的技术。企业信息积累越丰富，可挖掘的信息资源就越多，对经营决策的支持力度也就越大。

11.3.3　ERP 与其他系统的集成（自学）

企业信息化应用不仅局限于管理领域，还有其他多种形式。随着信息和网络技术在企业的规范应用，出现了许多信息化应用系统。例如，产品生命周期管理方面的 PDM 系统、产品设计方面的 CAD 系统、产品制造工艺设计方面的 CAPP 系统、办公自动化方面的 OA 系统、经营决策支持方面的 BI 系统等。近年来，随着信息技术在企业管理中的深入应用，一些企业管理的子领域为适应竞争环境要求衍生出独立的应用信息系统，如客户关系管理 CRM 系统、供应链管理 SCM 系统等。

为了充分发挥企业信息化的作用，企业 ERP 系统建设要充分考虑与这些系统的集成，以充分实现企业各种信息系统的资源共享，发挥企业信息资源的最大效能。

ERP 与其他信息系统的集成要考虑集成的双方的信息格式的兼容性、信息交换的规则以及信息维护的规则等。

1. 与 CAD 系统的集成

CAD 系统是辅助产品设计系统，是产品 BOM 产生的源头，产品结构（BOM）是 ERP 系统最基础的公用信息资源。ERP 系统的 MRP 计算，所有与产品相关的生产、库存、存货、成本核算、销售和售后服务模块中的产品信息都与 BOM 数据相关。因此,必须考虑 ERP 与 CAD 系统产品信息的一致性。随着产品生命周期的缩短和个性化需求产品的增加,产品信息的更新加快,产品设计部门要建立与 ERP 应用要求相适应的数据交换和维护的流程和管理制度,使 CAD 系统的更新信息及时复制到 ERP 系统中。同时,ERP 系统中的信息可以反映出产品设计中的问题,例如,ERP 系统中反馈出某种物料的替代比率超过 60%,如果是规格上的替代反映出可能设计时相差 3 毫米就产生了需求的另一种物料,加大了采购和生产的工作量和成本。另外,目前世界制造业最先进的大规模定制的生产模式是标准化、通用化的零部件和制造工艺生产出个性化的产品,由于设计阶段决定了产品 80% 的成本,因此先进生产模式的核心在于设计和制造一体化,达到这个目标需要企业不断进化,在完善的过程中企业需要大量 ERP 的信息不断发现设计的短板,不断改进,这也是 ERP 系统与设计信息系统整体集成的客观要求。

2. 与 CAPP 系统的集成

产品制造工艺设计方面的 CAPP 系统是辅助工艺设计的信息系统,产品工艺设计产生的产品制造工艺路线是生产计划编制的基本依据,由工艺设计确定的材料消耗定额、工时定额标准是企业最基本的期量标准。ERP 系统的能力平衡计算、材料消耗计算、生产统计和成本核算都需要用到 CAPP 系统的信息。因此,必须考虑 ERP 与 CAPP 系统产品信息的一致性。随着企业装备能力的提升和经营环境的变化,产品工艺变更信息频繁发生。产品工艺设计部门要建立与 ERP 应用要求相适应的数据交换和维护的流程和管理制度,使 CAPP 系统的更新信息及时复制到 ERP 系统中。另外,ERP 系统中通过质量、库存和生产历史数据的分析,可以对工艺设计的修订提出有益的建议;通过对材料使用和工时历史数据的统计,可以为材料消耗定额和工时定额标准的修订提供可靠的依据。

3. 与 BI 系统的集成

BI(business intelligence,商业智能)是企业信息化面向经营决策层的应用。BI 利用 ERP 和其他信息化系统的日常业务信息进行信息挖掘,为企业经营决策提供信息支持,是 ERP 和其他信息系统应用的延伸,以实现企业信息化应用价值的最大化。BI 系统按照企业决策层的思维分析逻辑和管理要求,对 ERP 系统的海量数据进行抽取、整合,建立企业的数据仓库,实现主题分析、经营要素分析、指标分析、聚类分析、经营预测分析、进度监控和经营预警等多种形式的企业经营绩效指标的展示,使决策层能够全面、系统和动态地掌握企业的经营状况,使企业决策更加科学化和数字化。BI 系统设计要根据 ERP 系统的信息内容和格式建立数据抽取的规则和数据仓库的结构,为决策层的数据挖掘和发现预测提供充分的数据支持。

4. 与 SCM 系统的集成

狭义上讲,ERP 内部的供应链管理主要是针对企业内部的供求关系而言的。20 世纪末,网络经济的蓬勃发展,使企业的供应链突破了企业和区域的限制,迅速扩展到网络能够到达的全球的每个角落。随着企业融入全球经济一体化步伐的加快,供应链的作用越来越重要，使供应链信息管理系统(SCM)成为专门的系统。SCM不仅在供应商管理范围上迅速扩大，而且在管理内容上有更细化的要求。与SCM系统的集成要充分考虑企业内部和外部供应链衔接的要求，保证企业需求与外部供应链资源、外部交易信息与供应链管理和评价的衔接，使ERP和SCM的应用融为一体。两个系统中供应商、物料、交易等信息的格式要相互兼容，以保证相互之间的信息交换。

5. 与CRM系统的集成

客户是企业最主要的资源，在市场竞争日趋剧烈的今天，客户关系管理在企业管理中的地位越来越重要。客户关系管理系统(CRM)也从简单的客户编码体系发展成为专门的管理系统。客户编码体系是连接ERP和CRM系统的纽带，两个系统必须满足编码规范性，才能保证相互之间信息共享。ERP中客户的交易信息是CRM中客户分析的依据；企业已有客户资源毫无疑问是企业最大的资产之一，客户在战略上逐渐地成为企业生存的基础，现有客户和潜在客户的培养和挖掘被认为是企业获得进一步发展的关键。传统的管理方式已经无法对企业的客户进行科学的分析和评价，因而也就无法对全部客户进行有效的个性化服务和深度的价值挖掘。CRM的管理理念为企业"以顾客为中心"的营销模式，改善企业与客户的关系提供一种有效的途径。CRM中客户分析的结果反过来又对ERP中客户信用控制和销售政策起到制约作用。

11.3.4　通过BPM/BPR为信息集成奠定基础(自学)

ERP的信息集成反映了企业主要业务流程之间的相互关联关系，要正确地建立ERP系统内外部的集成关系，必须对企业各业务流程有清晰的理解。传统的企业管理是以科层制管理模式为基础的，在许多企业的管理流程中还存在科层制管理的印记，信息的流动被分割成条块，信息传递环节多，信息采集点不唯一，信息规范化程度低，信息间勾稽关系不严格。不少管理者还有传统管理的思维定式，对企业范围内统一的流程观念还比较陌生，特别是对企业信息化平台能够为企业做些什么心中无数。因此，在确定企业信息集成方案前，很有必要对企业先行构建科学的管理构架和核心业务流程，然后目标明确地进行信息化建设。

ERP信息集成要有两个视角，即应用的视角和全局的视角。应用视角是信息对管理应用的充分性，ERP的信息必须满足企业主要业务流程管理的需求，ERP的使用对象是企业的各级管理人员，他们工作在管理的第一线，对信息的需求最有发言权，因此ERP的信息集成方案必须获得各级管理人员的认同。通过企业业务流程的调研，明确业务流程信息的发生点、控制点；信息的传递方向，信息共享点；各种信息之间的勾稽关系；处理时间顺序等，全面掌握企业管理信息的来龙去脉，确定信息集成的基本要求。全局视角是信息部署必须立足于企业管理的全局，信息采集点应该设置在信息发生的源头，保证信息源的唯一性，不能考虑个别人的习惯设置重复的采集点，造成企业信息的混乱。

企业信息化系统实施中的重要障碍是企业管理人员与软件实施工程师之间的信息

不对称。企业管理人员不知道信息化系统能做什么,软件实施工程师对企业的管理状况和需求缺乏深入了解,这种信息不对称造成双方沟通和交流的困难。不少企业信息化项目失败的原因之一就在于此。企业可以借助 IT 咨询专家完成这部分工作。咨询专家是管理技术和信息技术的复合型人才,他们具有企业管理方面的实践经验和知识,同时熟悉管理软件的特点和实现方法。通过对企业的调查研究,构建科学管理模式,对企业核心业务流程进行诊断、梳理和优化,理顺业务流程,并通过"清除、简化、整合和自动化"的步骤,最终为企业提出满足企业信息集成的方案。这种解决方案充分体现了信息化技术的特点和企业管理的需求,为 ERP 实施成功奠定了坚实的基础。

本章小结

ERP 系统的实施与业务流程管理有着密切的关系。ERP 系统实施之后,将对企业的业务流程、组织结构和岗位设置产生重大的影响,企业必须具有与 ERP 系统运行相适应的业务流程。这客观上要求实施业务流程重组。反过来,实施业务流程重组,必须有工具来支撑。业务流程管理方法论是指导业务流程管理的实施、重组、优化和管理的一套方法技术和指导原则的集合。信息技术(ERP 系统)起着重要的支撑作用。

企业 ERP 的成功实施并不是企业信息化的最终目标,只有通过信息技术的应用,完成企业信息化系统内部的集成,实现企业信息资源效能的最大化利用,才能真正改善企业管理水平。

企业信息化应用不仅局限于管理领域,还有其他多种形式,如 PDM 系统、CAD 系统、CAPP 系统、OA 系统、BI 系统等。企业 ERP 系统建设要充分考虑与这些系统的集成,以实现企业各种信息系统的资源共享,发挥企业信息资源的最大效能。

思考题

1. 业务流程的概念和内涵是什么?请举例说明。
2. 调查某一组织,画出该组织的关系图和流程图并对其重点业务进行流程建模。
3. BPR 的基本内容是什么?实施 BPR 需要遵循哪些原则?
4. BPM 方法论的主要内容是什么?
5. 简述 BPM 实施的策略。
6. 查阅有关资料,阐述信息技术与 BPR/BPM 的关系,以及 IT 在流程管理中的作用。
7. 简述 BPR 和 ERP 之间的关系。

案例分析

GTE 公司业务流程重组

GTE 公司的电话营业部面临新的竞争威胁。由于该部在公司的地位举足轻重,例如，其收入占公司年总收入200亿美元的25%，因此公司决定对电话营业部进行重组。

GTE公司经过分析认为，必须提供极其优质的客户服务才有可能适应新的急剧变化的市场环境。如果按照通常的做法，从企业内部着眼，在现有的维修、账务处理和影响基础上进行小打小闹式的改进，不能起到任何显著的效果。因此，这次公司决定首先利用从外到内的分析方法审视营运流程。在这种分析过程中，公司站在顾客的角度，将顾客作为第一考虑因素。对于顾客来说，他们最希望公司提供一步到位的购买服务，也就是说，顾客只需一个电话就可以确定电话声音选择、查询账单及预约时间等。

2010年年底，为了将规划付诸行动，公司决定在格莱德·得克萨斯开始"顾客关怀中心"的行动。规划首先从维修工开始。过去他们的工作一直是从顾客处记录信息，填写完烦琐的票据，然后将其送往检查线路和开关的人手中，直到他们发现和确定了毛病所在为止。根据统计，在过去打来的200个电话中，平均只有一个电话的要求可以立即得到解决。现在，在规划中，GTE公司希望这种问题应该在顾客打电话的同时就能完成。他们采取了下面一系列措施：

第一步，将检测和开发装置挪到现在被称为全能技师的维修工的办公桌上，并且培训他们如何使用这些工具。GTE公司放弃了过去根据维修工处理电话的速度来评价其工作效率的方法，采取了以维修工能不延后处理、立即解决问题的数量来评价其工作效率和效果。这种评价方法激发了维修工认真、全面且快速解决顾客问题的积极性。现在，已经有30%的问题可以被立即处理完成。GTE公司并不就此满足，而是制定了70%的问题应该立即处理完成的更高目标。

第二步，将销售、账务处理与维修工作连接起来。GTE公司通过采用新的软件系统，使得顾客打入电话时可以直接与任何服务部门联系。业务人员通过使用这种新软件，可以访问公司的业务数据库，几乎可以处理顾客的每一个需求。

GTE公司的高层管理人员马克·菲勒在评价其业务流程重组时说，在"顾客关怀中心"的行动中，公司已经削减了大量冗余的、非增值工作，生产效率提高了30%左右。

资料来源：闪四清.ERP系统原理和实施.北京：清华大学出版社，2012.

案例思考题：
1. GTE公司为什么要进行业务流程重组？
2. GTE公司为什么选择从维修工而不是销售人员开始进行业务流程重组？
3. GTE公司是如何进行业务流程重组的？效果如何？

第 12 章

ERP 电子化模拟实验

学习目标和要求

1. 掌握 ERP 电子化模拟实验的核心内容；
2. 完成本章 ERP 电子化模拟实验。

企业资源计划(ERP)通过系统的计划和控制能力,结合企业的流程优化,有效配置各项资源,加快对市场的响应能力,降低成本,提高效率和效益,从而提升企业的竞争力。ERP 电子化模拟系统是利用 ERP 管理思想,在一个模拟的企业运作环境中,快速了解企业运作规律、熟悉企业运作流程和决策。该系统具有对企业运作的全流程进行模拟实践的功能,涉及营销、管理、财务、生产等各个方面的实验需求。相对于复杂的 ERP 系统来说,ERP 电子化模拟系统是很好的教学和学习工具。

金蝶软件(中国)有限公司提供了一套教学版 ERP 案例学习模拟系统(金蝶 K3/ERP)。它通过建立简单的规则,将现实合理地简化,模拟企业运营的关键环节:战略规划、市场营销、生产组织、物资采购等。它是用于个人学习的软件,通过教学实验对现实情况进行模拟,在虚拟的情况下总结经验,以应用于现实环境。本章重点模拟生产制造系统,通过实验,使学生了解和掌握企业进行具体生产制造管理的整个流程,并结合供应链管理、财务管理、人力资源管理,从更全面的角度来观察企业管理的运作。同时,系统通过实验对企业制造管理情境的模拟,能够使学生进一步理解生产制造管理的理论,理解生产制造管理所涉及的范围,以及范围内业务之间的关联性。

12.1 案例背景

湖北神马有限公司是一家以制造和销售电动自行车为主的离散型制造业企业。销售部负责公司产品的销售;采购部负责生产所需要的原材料采购等工作;仓管部负责原材料、半成品、产成品等的出入库;生产车间包括主装车间和配件车间,其中,主装车间由五个工作中心组成,包括包装线、成型线、测试线、压制线、焊接线;财务部门负责对各项应收、应付账款进行监管、成本核算等工作。公司组织结构如图12-1所示。

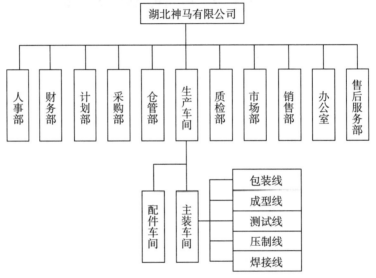

图 12-1 公司组织结构

根据对市场的分析,神马公司当年急需扩大生产规模,才能满足市场的需求。但是,由于目前各个部门之间存在信息不共享、交货拖期、库存过高、材料浪费、成本核算不清楚等现象,企业的规模扩张也遇到了较大的障碍。摆在管理层面前的最大难题不是技术问题,也不是资金问题,而是如何实现管理的科学化、现代化,提高对各种资源的利用率,进而提高企业对市场的应变能力。

1. 实验角色分配

为了使学生能有效而全面地理解企业生产制造管理工作内容,掌握软件的使用方法,实验要求每名学生建立自己的实验账套,并在实验过程中根据不同的管理工作扮演不同的实验角色。学生所扮演的实验角色主要分为系统管理员、计划组、工人组、销售组和采购组,而每一组又根据工作的情况分为几个隶属于不同部门的用户。各操作在人员间轮换。角色分配情况如表12-1所示。

表 12-1 K/3 生产制造管理实验角色分配

学生	账套号	账套名称	用户组	用户名	部门	基础资料	生产管理	销售管理	采购管理	仓存管理	设备管理
1	01	Company01	Administrator	Planers	计划部	√（拥有所有功能权限）					
			计划组	Planer1	计划部	√	√	√	√	√	
				Planer2	计划部	√	√	√	√	√	
			工人组	Worker1	主装车间	√	√			√	√
				Worker2	主装车间	√	√			√	√
				Worker3	配件车间	√	√			√	√
				Worker4	配件车间	√	√			√	√
			销售组	Saler1	销售部	√		√			
				Saler2	销售部	√		√			
			采购组	Purchaser1	采购部	√			√		
				Purchaser2	采购部	√			√		
2	02	Company02	Administrator	Planers	计划部	√（拥有所有功能权限）					
			计划组	Planer1	计划部	√	√	√	√	√	
				Planer2	计划部	√	√	√	√	√	
			工人组	Worker1	主装车间	√	√			√	√
				Worker2	主装车间	√	√			√	√
				Worker3	配件车间	√	√			√	√
				Worker4	配件车间	√	√			√	√
			销售组	Saler1	销售部	√		√			
				Saler2	销售部	√		√			
			采购组	Purchaser1	采购部	√			√		
				Purchaser2	采购部	√			√		
…	…	…	…	…	…	…	…	…	…	…	…

2. 案例数据设置

用户部门情况如表 12-2 所示。

表 12-2 用户部门数据

序号	用户名	所属部门
1	Planers	计划部
2	Planer1	计划部

（续表）

序号	用户名	所属部门
3	Planer2	计划部
4	Worker1	主装车间
5	Worker2	主装车间
6	Worker3	配件车间
7	Worker4	配件车间
8	Saler1	销售部
9	Saler2	销售部
10	Purchaser1	采购部
11	Purchaser2	采购部

仓库数据情况如表12-3所示。

表12-3 仓库数据

代码	名称	仓库类型	是否MPS/MRP可用量
01	原材料仓	普通仓	是
02	产品仓	普通仓	是
03	代管物资仓	代管仓	否
04	半成品一仓	普通仓	是
05	半成品二仓	普通仓	是
06	待检一仓	待检仓	否
07	待检二仓	待检仓	否
08	天津办事处仓	普通仓	是
09	设备备件仓	普通仓	是

工作中心情况如表12-4所示。

表12-4 工作中心数据

代码	名称	所属部门	是否关键工作中心	效率(%)	利用率(%)	单位成本	班制	能力计算类型
001	压制线	主装车间	是	100	100	60	一班制	设备
002	成型线	主装车间	是	100	100	60	一班制	设备
003	焊接线	主装车间	是	100	100	60	一班制	设备
004	测试线	主装车间	是	100	100	60	一班制	设备
005	包装线	主装车间	是	100	100	60	一班制	人

客户数据情况如表 12-5 所示。

表 12-5　客户数据

代码	名称	代码	名称
001	天津劝业	006	南京苏宁
002	北京沃尔玛	007	珠海通达
003	重庆百货	008	杭州电机
004	重庆新世纪	009	武汉轻工
005	上海国美	010	山东电力

供应商数据情况如表 12-6 所示。

表 12-6　供应商数据

代码	名称	代码	名称
001	东风电机	006	美国通用
002	重庆电力	007	重庆嘉陵
003	电机公司	008	四川长安
004	东莞电机	009	上海永久
005	德国 MOT	010	山东机床

科目数据情况如表 12-7 所示。

表 12-7　科目数据

代码	名称	借/贷	核算项目
1131	应收账款	借	客户
2121	应付账款	贷	供应商
4101.01	基本生产成本	借	部门/成本对象/成本项目
4101.02	辅助生产成本	借	部门/劳务
4105	制造费用	借	部门/要素费用

计量单位情况如表 12-8 所示。

表 12-8　计量单位

代码	名称	计量单位组	换算率	核算方式	默认单位
01	个	数量组	1	固定	是
02	千克	重量组	1	固定	是
03	米	长度组	1	固定	是
04	桶	重量组	10	固定	否

物料数据情况如表12-9所示。

表12-9 物料数据

代码	名称	类型	单位	固定提前期	计价方法	存货科目	销售收入科目	销售成本科目	数量精度
01.01	M120电力车	自制	个	2	加权平均法	1243	5101	5401	0
01.02	M100电力车	自制	个	2	加权平均法	1243	5101	5401	0
01.03	M120车架	自制	个	4	加权平均法	1243	5101	5401	0
01.04	M100车架	自制	个	4	加权平均法	1243	5101	5401	0
01.05	车轮	自制	个	3	加权平均法	1243	5101	5401	0
02.01	电动机	外购	个	5	加权平均法	1243	5101	5401	0
02.02	车胎	外购	个	2	加权平均法	1243	5101	5401	0
02.03	辐圈	外购	个	1	加权平均法	1243	5101	5401	0
02.04	钢管	外购	千克	2	加权平均法	1243	5101	5401	0
02.05	油漆	外购	千克	1	加权平均法	1243	5101	5401	1
02.06	钢丝	外购	米	1	加权平均法	1243	5101	5401	0
02.07	辐条	委外加工	个	3	加权平均法	1243	5101	5401	0

BOM数据情况如表12-10所示。

表12-10 BOM数据

父项代码	父项名称	子项代码	子项名称	使用量	损耗率(%)
01.01	M120电力车	01.03	M120车架	1	0
		01.05	车轮	2	0
		02.01	电动机	1	0
01.02	M100电力车	01.04	M100车架	1	0
		01.05	车轮	2	0
		02.01	电动机	1	0
01.03	M120车架	02.04	钢管	12	0
		02.05	油漆	1.2	10
01.05	车轮	02.02	车胎	1	0
		02.03	辐圈	1	0
		02.07	辐条	1	0
01.04	M100车架	02.04	钢管	10	0
		02.05	油漆	1	5
02.07	辐条	02.06	钢丝	5	0

资源清单数据情况如表 12-11 所示。

表 12-11 资源清单数据

代码	资源名称	所属工作中心	资源类型	工时成本	每日班次	每班工时	工作能力
01	工人	包装线	人	12	1	8	8
02	注塑机	成型线	设备	66	1	8	8
03	无线测试仪	测试线	设备	77	1	8	8
04	压制机	压制线	设备	77	1	8	8
05	焊接机	焊接线	设备	66	1	8	8

工艺路线数据情况如表 12-12 所示。

表 12-12 工艺路线数据

工艺路线	名称	生产产品	工序号	工序名称	工作中心	加工批量	运行时间	时间单位
01	M120 车架工艺	M120 车架	1	包装	包装线	10	4	小时
02	M120 车架工艺	M120 车架	2	成型	成型线	10	2	小时
03	M120 组装工艺	M120 电力车	3	测试	测试线	10	2	小时
04	M120 组装工艺	M120 电力车	4	压制	压制线	10	3	小时
05	M120 组装工艺	M120 电力车	5	焊接	焊接线	1	0.5	小时

12.2 模拟运营

确定系统相关参数,模拟公司运营过程。开发物料需求计划,协调车间作业管理,合理配置企业资源,满足市场需求。下面是运用金蝶软件公司提供的 K/3ERP 系统对模拟企业进行的模拟。

12.2.1 基础数据管理

金蝶 K/3ERP 对涉及产品设计、生产计划、加工制造、物料管理等需高度共享的基础数据进行集中统一管理,减少数据冗余,确保数据的完整性、准确性和可靠性,并对这些数据进行动态维护和更改控制。

【实验内容】

实验内容有实验基础设置、BOM 综合维护与处理、工程变更处理和工艺路线设计,其中实验基础设置包含了新建账套、账套属性设置、账套参数设置、用户管理、核算参数设置、科目设置、计量单位设置、供应商设置等内容;BOM 综合维护与处理主要包含 BOM 的建立和维护;工程变更处理包含生产资源设置、工艺路线设计。

【实验步骤】

实验过程中基础数据管理实验的步骤可用图 12-2 来表示。

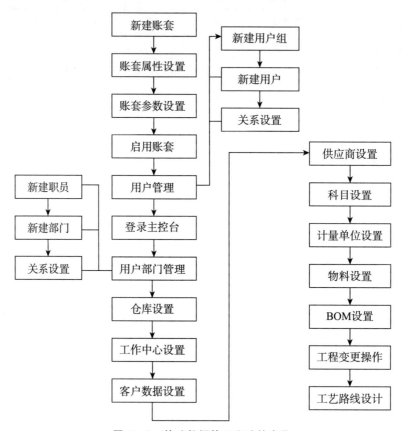

图 12-2 基础数据管理实验的步骤

（1）新建账套

在正式开始之前,先建立一个账套。新建账套的处理流程如图 12-3 所示。

图 12-3 新建账套的处理流程

系统进入路径:【开始】→【程序】→【金蝶 K/3】→【中间层服务器】→【账套管理】。

（2）公共基础资料。

K/3 系统中的公共基础资料包括物料、科目、部门、职员、客户、供应商、仓库、工作中心、计量单位等。公共基础资料是运行金蝶 K/3 相关系统的基础,在系统使用过程中进行更改的可能性很小,因此我们又称之为静态数据。

基础资料的设置可以按图 12-4 所示顺序进行：

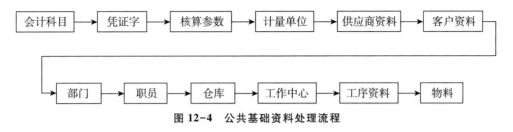

图 12-4 公共基础资料处理流程

物料是最重要的基础数据,它是生产数据管理的基础。

系统进入路径:【系统设置】→【基础资料】→【公共资料】→【科目】……【物料】。

【实验结果】

单击开始菜单中的 K/3 主控台,以小组成员设置的用户登录系统,各用户可以进行相应权限范围内的管理操作。

生产制造系统基本参数具备。财务凭证、科目设置成功;完成 BOM 的设置、工程变更和工艺路线设计设置。

12.2.2 主生产计划管理

K/3ERP 主生产计划(MPS)是企业整个计划系统中重要的一个环节,是连接产、供、销的桥梁,它将独立的需求转化为内部的计划信息。在计划过程中,可以根据能力情况,进行计划的调整。确定的计划将作为生产、采购的基础。

K/3ERP 主生产计划的主要功能有:①为物料需求计划(MRP)提供需求信息;②在计划过程中实现能力的平衡;③协调产销关系。

K/3ERP 通过将独立的需求(销售或预测)与现有库存、预计入库进行比较,得到主要产品(MPS 类物料)的计划订单量。该订单量可以进行维护,将能力的影响体现在计划的改变上。对确定的计划订单,也可作为预计入库量,实现滚动计划功能。MPS 计算产生的计划订单经过确认,除可以生成本身的生产计划,还可以将相关需求传输到 MRP 系统,作为 MRP 的需求来源。顺利实现本系统的功能,需要物料基础资料、库存、BOM 等基础资料非常准确。

【实验内容】

本实验的主要内容有:基础设置→计划展望期维护→物料计划参数设置→MPS 计算方案设置→MPS 运算→MPS 计划订单→采购申请单和生产任务单。

【实验数据】

实验过程中使用的数据主要由以下几个表组成。

(1)产品预测情况如表 12-13 所示。

表 12-13 产品预测

预测开始时间	预测结束时间	物料代码	物料名称	数量
2017-2-7	2017-2-13	01.02	M100 电动自行车	300
2017-2-14	2017-2-20	01.02	M100 电动自行车	300
2017-2-21	2017-2-27	01.02	M100 电动自行车	300
2017-2-28	2017-3-6	01.02	M100 电动自行车	300

（2）相关需求情况如表 12-14 所示。

表 12-14 相关需求

订货日期	供应商	物料代码	物料名称	订货数量	已交数量	未交数量	不含税价
2017-2-6	东南电机	02.01	电动机	300	300		150
		02.05	油漆	360		350	4
		02.06	钢丝	3 000	3 000		1
2017-2-6	重庆力帆	02.02	车胎	1 000	1 000		40
		02.03	辐圈	1 000	1 000		15
		02.04	钢管	4 000	4 000		2

（3）计划展望期为 100 时区（1 天/时区）。

（4）计划参数情况如表 12-15 所示。

表 12-15 计划参数

代码	名称	计划策略	订货策略	安全库存	提前期	订货间隔期	最小订货量	最大订货量	批量增量
01.01	M120 电力车	MPS	批对批	100	2				
01.02	M100 电力车	MPS	批对批		2				
01.03	M120 车架	MPS	批对批		4				
01.04	M100 车架	MPS	批对批		4				
01.05	车轮	MPS	期间订货量		3	10		10 000	10
02.01	电动机	MPS	批对批		5				
02.02	车胎	MPS	批对批		2				
02.03	辐圈	MPS	批对批		1				
02.04	钢管	MPS	批对批		2				
02.05	油漆	MPS	期间订货量		1	10	100	10 000	100
02.06	钢丝	MPS	批对批		1				

【实验步骤】

主生产计划管理的实验步骤如图 12-5 所示。

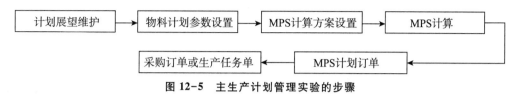

图 12-5　主生产计划管理实验的步骤

（1）产品预测。

K/3ERP 的 MPS 计算的需求来源有两个：一是产品预测，另一个是销售订单。产品预测是指企业为了满足市场和销售需要，根据企业的历史生产数据和市场、销售预测等资料，所制定的关于在未来一段时间内需要安排生产什么、生产多少、什么时候生产等的一种生产计划。它的主要作用在于指导生产部门进行生产，相当于企业的周、月或季生产计划。另一个途径是销售订单，是指企业同客户签订的在未来指定时间交付产品的契约。在进行 MPS 运算时，产品预测和销售订单是重要的计算毛需求的依据。销售订单主要在 K/3《销售管理系统》中实现。

进入 K/3ERP 的产品预测的步骤为：【计划管理】→【主生产计划】→【产品预测】。

（2）系统设置。

K/3ERP 主生产计划系统设置主要是对计划进行方案的设置，以及计划展望期的定义。它可以对 MPS（包括 MRP/项目 MRP）计划分别定义多种不同的计划方案。在实际执行时，选择确切的计划方案进行计算，是整个计划结果可行的前提。

计划展望期是一个时间段，用于销售订单与产品预测间的关系界定，以及实现对 MPS 或 MRP 运算结果的直观灵活的汇总显示。在展望期的维护中，用户定义每个时段序列所表示的时区数及每一时区所表示的长度（天数）。

每次 MPS 及 MRP 运算时，用户只需设定计划开始日期，系统即依据用户在展望期中设定的时间框架，以一张独立的表计算并保存相应的计划展望期，用户可以在 MPS/MRP 运算界面进行计划展望期查询，查看每一时段的起止日期。

K/3ERP 系统进入路径：【计划管理】→【主生产计划】→【系统设置】。

（3）MPS 计算。

主生产计划的计算是把需求转化为计划的过程，其过程主要由电脑自动完成。点击【计划管理】→【主生产计划】→【MPS 计算】，进入 MPS 运算向导界面。

如果相关的数据有问题（如 BOM 不完整，低位码有错误等），K/3 系统会进行提示。当出现 BOM 嵌套或低位码有问题时，请退出 MPS 计算，修改 BOM 或进行低位码维护后再进行计算。如果没有问题，系统显示正在进行 MPS 运算界面。

（4）MPS 维护。

K/3ERP 系统的 MPS 计算的结果是以计划订单的形式存在。用户可以通过对计划订单进行相应的维护、调整，计划计算的结果是基于无限能力的，必须经过能力的平衡后才能确定最终的计划。

点击【计划管理】→【主生产计划】→【MPS 维护】，进入 MPS 维护窗口。MPS 对计划订单的维护的业务操作包括新增、审核、修改、投放、删除、关闭等操作。

(5) MPS 查询。

K/3ERP 系统的主生产计划查询功能主要实现对主生产计划的结果进行各种相关查询，包括未来库存的变化情况（包括按日期汇总的每天的库存变化情况和每天每个单据对库存变化的影响）及每一天的需求明细、预计入库明细、已分配量明细，并可对单据进行连查，可查询对应某个销售订单有哪些生产任务单、重复计划单、委外加工任务单、受托加工任务单、采购申请单、计划订单，达到订单跟踪的目的。

系统进入路径：【计划管理】→【主生产计划】→【MPS 查询】。

(6) MPS 日志。

K/3ERP 设置 MPS 日志的目的是了解每次 MPS 运行时的参数设置、运行过程以及其他相关信息，并对运行结果里需要特别注意的信息进行跟踪处理。每次运行 MPS 时，系统将相关信息写进日志里，并提供一个日志编码（MPS 运算时的运算编号）。日志编码是每次 MPS 运行日志的唯一标示。

点击【计划管理】→【主生产计划】→【MPS 日志】→【MPS 日志—查询】，进入日志查询界面。有了 MPS 日志，用户可以对每次 MPS 运算的过程及结果进行查询。

【实验结果】

生成产品预测结果和相关需求数据；根据实验数据，进行物料计划参数的设置，形成各种物料的策略和订货量；按照案例内容完成 MPS 计算方案的设置，通过 MPS 计算形成生产任务单（见图 12-6）。

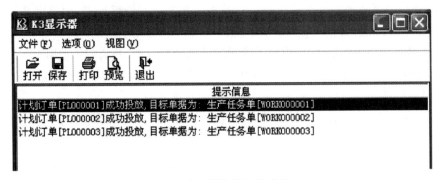

图 12-6　MPS 计划投放单

12.2.3　物料需求计划管理

K/3ERP 物料需求计划管理系统可以说是整个系统的核心部分，为指导企业正确的生产和采购起着决定性的作用。MRP 的计算过程是将需求转化为生产（采购）计划的过程，首先将每天的需求汇总，然后检查现有库存及预计入库是否满足需求，如不满足，就会产生新的计划订单，该计划订单就是物料需求计划。因此，要顺利运行、应用 K/3ERP

物料需求计划管理系统,需要物料基础资料、库存、BOM 等基础资料非常准确。

【实验内容】

本实验的主要内容有:物料需求计划设置→物料需求计划计算→计算结果检验→计划订单的生产投放。

【实验数据】

实验过程中使用的数据主要由以下两个表组成:

(1) MRP 计划参数情况如表 12-16 所示。

(2) MRP 计算数据情况如表 12-17 所示。

【实验步骤】

物料需求计划管理实验的主要步骤如图 12-7 所示。

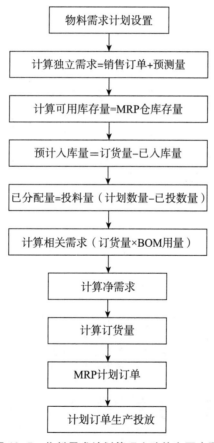

图 12-7　物料需求计划管理实验的主要步骤

(1)系统设置。

系统设置是对系统的必要的参数、控制进行设置和管理。点击【计划管理】→【物料需求计划】→【系统设置】→【MRP 计划方案维护】,进入计划方案维护的主界面。

① 物料基础资料中的"计划策略"设置,有"物料需求计划(MRP)""主生产计划

表 12-16 MRP 计划参数

代码	名称	计划策略	订货策略	安全库存	提前期	订货间隔期	最小订货量	最大订货量	批量增量	固定经济批量	单位用量	独立需求	相关需求
A	B	1	2	3	4	5	6	7	8	9	10	11:销售订单获得	12=11×10
01.01	M120 电力车	MPS	批对批	100	2						1	100	100
01.03	M120 车架	MRP	批对批		4						1		200
01.05	车轮	MPS	期间订货量		3		10	10 000	10				100
02.01	电动机	MRP	批对批		5						1		100
02.02	车胎	MRP	批对批		2						1		100
02.03	幅圈	MRP	批对批		1						1		1200
02.04	钢管	MRP	批对批		2						12		120
02.05	油漆	MRP	期间订货量		1	10	100	10 000	100		1.2		500
02.06	钢丝	MRP	批对批		1						1		200
01.02	M100 电力车	MPS	批对批		2						1	200	400
01.04	M100 车架	MRP	批对批		4						1		200
01.05	车轮	MPS	期间订货量		3		10	10 000	10				200
02.01	电动机	MRP	批对批		5						1		200
02.02	车胎	MRP	批对批		2						1		200
02.03	幅圈	MRP	批对批		1						1		200
02.04	钢管	MRP	批对批		2						10		2 000
02.05	油漆	MRP	期间订货量		1	10	100	10 000	100		1		200
02.06	钢丝	MRP	批对批		1						5		1000

第 12 章 ERP 电子化模拟实验

表 12-17 MRP 计划数据

代码	名称	可用库存量	预计入库量	毛需求	预计可用量	已分配量	净需求	订货倍数	建议订货量	计算说明
A	B	14:库存量	15:从订单获得	16=11+12	17=14+15	18:从投料单获得	19=16-17+18	20=(19-7)/8	21=7+8×20	
01.01	M120电力车			100	0		100		100	此项订货量可由净需求直接获得
01.03	M120车架			100	0		100		100	此项订货量可由净需求直接获得
01.02	M100电力车			200	0		200		200	此项订货量可由净需求直接获得
01.04	M100车架			200	0		200		200	此项订货量可由净需求直接获得
01.05	车轮			600	0		600		600	采用期间订货,先计算订货倍数,然后按公式计算订货量
02.01	电动机	300		300	300		0		0	净存量为0,所以不需订货
02.02	车胎	1000		300	1000		-700		0	库存量有剩余,不需订货
02.03	辐圈	1000		300	1000		-700		0	库存量有剩余,不需订货
02.04	钢管	4000	360	3 200	4 000		-800		0	库存量有剩余,不需订货
02.05	油漆		360	320	360		-40	-100.4	-40	采用期间订货,先计算订货倍数,然后按公式计算订货量
02.06	钢丝	3 000		1500	3 000		-1500		0	库存量有剩余,不需订货

(MPS)""总装配(PAS)""无"四个选项。计划策略为 MPS 的物料,其需求计算在主生产计划里进行;如果业务流程中不进行主生产计划计算,只运行 MRP,则 MPS 物料也在 MRP 里进行计算。计划策略为 MRP 的物料,其需求计算在物料需求计划里进行。但如果其下级物料为 MPS 物料,该物料也会在 MRP 里计算处理。可以将完成品、重要的半成品、提前期特别长的物料设为 MPS 物料,进行主生产计划运算;将一般的自制件、采购件设为 MRP 类物料;数量大、金额小的不重要的物料设为"无"。

② 最小、最大订货批量及批量增量、固定/经济批量。最小订货批量是指每次订货量不能低于此值;最大订货批量是指每次订货量不能大于此值;批量增量是指物料的最小包装单位或最少生产数量;固定/经济批量是指每次订货最佳的批量。

对于订货策略为批对批和期间订货法的物料,在进行批量调整时,会考虑最小订货量和批量增量的影响,计算公式为:计划订单量 = 最小订货量 + 取整数[(净需求 − 最小订货量)/批量增量] × 批量增量

对订货策略为固定批量法的物料,其计算公式同上,但最小订货量和批量增量都取固定批量的值。如果设定了这些值,系统在计算 MPS/MRP 时将把净需求进行调整,这可能会导致需求量的放大。

③ 订货策略及相关参数。"订货策略"设置,其值共有"期间订货量(POQ)"、"批对批(LFL)"、"固定批量(FOQ)"、"再订货点(ROP)"四个选项。该设置主要用于主生产计划(MPS)或物料需求计划(MRP)运算时对批量调整的不同处理。

④ 仓库属性。在仓库的基础资料中,对于属性为实仓的仓库,有一个属性"是否 MRP 可用量",表示该仓库的数量是否参与 MRP 计算(对虚仓,可以在 MPS/MRP 运算参数中指定是否参与计算)。

⑤ 工艺路线。系统对工艺路线实行分组管理。在建立工艺路线前,首先要建立工艺路线组。每一个工艺路线必须归属于某个工艺路线组。建立工艺路线清单前,首先要建立相关的部门、工作中心与工序,否则工艺路线无法建立。

⑥ 生产类型。系统提供五种类型,即普通订单、委外加工、返工、重复生产、受托加工。

⑦ 物料替代。实际工作中由于市场、设计或工艺更改、物料质量等诸多原因可能会使用一种物料代替另一种物料。

⑧ MRP 执行方案。MRP 运算的参数除了需求来源的参数以外其余参数与 MPS 的参数基本一致。

(2) MRP 计算。进入 K/3ERP 系统的路径为:【计划管理】→【物料需求计划】→【MRP 计算】。

(3) MRP 维护。

对于系统经 MRP 运算生成的物料需求计划,其结果不一定符合用户的实际需求。同时,在进行了粗能力计算后,可能需要根据企业的实际产能状况对物料需求计划进行调整,以达到能力的平衡和有效利用。为此,系统提供由用户对物料需求计划进行手工

调整和维护的功能,包括需求的新增、修改、审核或反审核、关闭、删除、立即投放、上查、下查、需求查询、明细查询、预计量调整建议信息表、投放报告等。同时,对于不运行 MPS 运算的客户,也可通过物料需求计划维护功能直接手工录入主生产计划,以作为系统进行 MRP 运算的依据。

进入 K/3ERP 系统的路径为:【计划管理】→【物料需求计划】→【MRP 维护】。

(4) MRP 查询。

物料需求计划查询功能主要实现在物料需求计划后,查看具体物料的期初库存、毛需求、已分配量、预计入库、锁单冲销量、净需求、计划订单及剩余库存的变化,帮助企业计划人员了解生产计划的产生来源,确定生产计划的准确性。系统有"需求反查""按销售订单查询计划订单""按物料查询计划订单"三种查询方式。

进入 K/3ERP 系统的路径为:【计划管理】→【物料需求计划】→【MRP 查询】。

【实验结果】

根据 MPS 和 MRP 设置要求,对物料需求计划进行计算,并得出相应的计算结果。将计划订单进行生产投放,如图 12-8 所示。

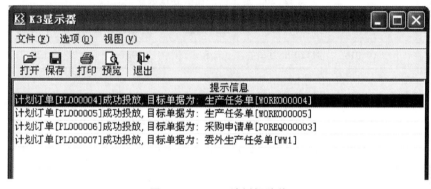

图 12-8　MRP 计划投放单

12.2.4　生产任务管理

K/3ERP 生产任务管理系统是以生产任务为核心,围绕生产任务的生命周期的各个阶段(生产任务的建立、下达、执行与业务关闭)展开业务处理:生产计划与下达、生产投料、领料与报废、工序计划与排程、工序汇报与任务单汇报、工序检验与产品检验、完工入库、任务关闭。进入系统的路径为【生产管理】→【生产任务管理】。

【实验内容】

本实验的主要内容有:普通生产任务处理→工序跟踪生产任务处理→返工生产任务处理→受托加工生产任务处理→生产投料处理。

【实验数据】

实验过程中使用的数据主要由以下几个表组成。

(1)普通生产任务管理数据情况如表 12-18 所示。

表 12-18　普通生产任务管理数据

单据来源	代码	物料代码	生产数量	计划开工日期	计划完工日期
普通订单	01.05	车轮	600	2017-2-11	2017-2-15
普通订单	01.04	M100 车架	200	2017-2-18	2017-2-23

（2）工序跟踪生产任务处理数据情况如表 12-19 所示。

表 12-19　工序跟踪生产任务处理数据

单据来源	代码	物料代码	生产数量	计划开工日期	计划完工日期
工序跟踪	01.01	M120 电力车	100	2017-2-14	2017-2-18
工序跟踪	01.03	M120 车架	100	2017-2-8	2017-2-14

（3）返工生产任务处理数据情况如表 12-20 所示。

表 12-20　返工生产任务处理数据

单据来源	代码	物料代码	生产数量	计划开工日期	计划完工日期
工序返工	01.01	M120 电力车	5	2017-2-14	2017-2-18

（4）受托加工生产任务处理数据情况如表 12-21 所示。

表 12-21　受托加工生产任务处理数据

交货日期	客户	产品代码	订货产品	订货数量	订货价格	摘要
2017-2-28	杭州电机	01.05	车轮	30	50	委托方提供材料——辐条

（5）生产投料处理数据情况如表 12-22 所示。

表 12-22　生产投料处理数据

领料部门	领料用途	发料仓库	物料名称	单位	实发数量
主装车间	M100 电力车	原料仓库	M100 车架	个	200
		原料仓库	车轮	个	400
		原料仓库	电动机	个	200
主装车间	M120 电力车	原料仓库	M120 车架	个	100
		原料仓库	车轮	个	200
		原料仓库	电动机	个	100

（续表）

领料部门	领料用途	发料仓库	物料名称	单位	实发数量
主装车间	M100 车架	原料仓库	钢管	千克	2 222
		原料仓库	油漆	千克	210.5
主装车间	M120 车架	原料仓库	钢管	千克	1 200
		原料仓库	油漆	千克	133.3
配件车间	车轮	原料仓库	车胎	个	600
		原料仓库	幅圈	个	600
		原料仓库	幅条	个	600

另外,由于生产误操作,在车轮生产时报废幅圈一个;工艺改进,M100 车架钢管退料 2 千克。

【实验步骤】生产任务管理实验的主要流程如图 12-9 所示。

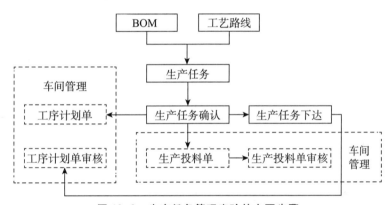

图 12-9 生产任务管理实验的主要步骤

【实验结果】

对普通生产任务进行编辑,形成完整的生产任务单,确认并下达生产任务单;将 M120 电力车和 M120 车架的生产任务单改为工序跟踪生产任务单,并确认和下达该任务;生成并下达 5 辆 M120 电力车的返工生产任务单;按照案例要求设置并下达受托加工生产任务单。

12.2.5 粗能力需求计划编制

粗能力需求计划是平衡主生产计划类物料产生的负荷与相关工作中心能力的过程。本过程包括以下几点:

（1）粗能力清单生成:将 MPS 物料在相关的工作中心的标准工时进行归集。

（2）粗能力清单正查:查看特定的 MPS 物料相关工艺路线的各工作中心标准工时。

（3）粗能力清单反查:查看某特定的工作中心有哪些 MPS 物料需在上面加工,对应的标准工时是多少。

(4)粗能力计算：计算在某个特定的期间内，特定的工作中心上的负荷和能力之间的差值。

(5)粗能力查询：对粗能力计算的结果进行查询。

【实验内容】

本实验的主要内容有：了解和熟悉企业进行粗能力需求计划编制和管理的主要内容和流程，对清单设置、能力计算、能力汇报分析等环节的业务的含义和操作方法进行学习，思考如果出现能力不足等情况的能力平衡措施和方法。

【实验数据】

实验过程中使用的粗能力计算数据如表12-23所示。

表12-23 粗能力计算数据

工艺路线	工作中心	加工批量	加工时间	每日能力	生产量	每周能力	总负荷
A	B	C:工艺路线生成	D:工艺路线生成	E:从资源清单	F:从生产任务单	G = E×3	H = F/C×D
001	压制线	10	4	8	105	24	42
002	成型线	10	2	8	105	24	21
003	焊接线	10	2	8	105	24	21
004	测试线	10	3	8	105	24	31.5
005	包装线	1	0.5	8	105	24	52.5

【实验步骤】

粗能力需求计划实验过程的步骤如图12-10所示。

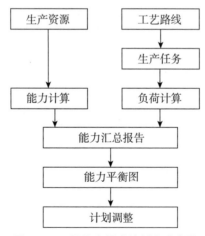

图12-10 粗能力需求计划实验步骤

(1)粗能力清单。

K/3ERP粗能力清单生成主要功能是收集MPS物料及其下级物料在相关的工作中心的标准工时信息并进行归集。生成的能力清单可以在后续的查询程序中进行查询。

系统进入路径为：【计划管理】→【粗能力需求计划】→【粗能力清单】→【粗能力清单生成】。在以下情况下需要重新生成粗能力清单：①MPS 物料工艺路线的变更；②MPS 物料工艺路线相关的工作中心的数据（标准工时等）变更；③MPS 主文件的改变；④和 MPS 相关的任一 BOM 的改变。

粗能力清单生成完成后就可以进行粗能力清单的查询。K/3ERP 查询有粗能力清单正查和粗能力清单反查两种方式。

（2）粗能力计算。

粗能力清单生成后，就可以进行粗能力计算。粗能力计算主要计算在某个指定的时区内，指定的工作中心上的负荷和能力及其差值。它为主生产计划的安排提供参考信息。

K/3ERP 粗能力计算需要设置的参数为"展望日期"和"计划订单状态"，"展望日期"的日期范围为计算的日期范围，计划订单状态为主生产计划结果的计划订单的状态，包括计划、确认、所有状态。单击【计划管理】→【粗能力需求计划】→【粗能力计算】，系统弹出相应的条件设置界面，设置完毕，点击【确定】，系统开始进行计算。

（3）粗能力查询。

粗能力查询实现对粗能力计算结果的查询，即在指定的时区内，指定的关键工作中心上的负荷和能力及其之间的差值，从而为主生产计划的安排提供参考信息。

粗能力查询一项重要的查询分析是汇总粗能力查询，该结果显示了在选定的期间相关工作中心的能力汇总数据。

进入 K/3ERP 系统的路径为：【计划管理】→【粗能力需求计划】→【粗能力查询】。

【实验结果】

在 M120 电力车生产任务单的基础上，对该产品生产进行粗能力需求计算，在计算过程中生成粗能力清单、粗能力汇总报告（见图 12-11）、能力平衡图，对粗能力分析结果进行明细查询，在这样的基础上，思考企业的生产能力能否满足生产需求，考虑进行能力平衡和调整的方法。

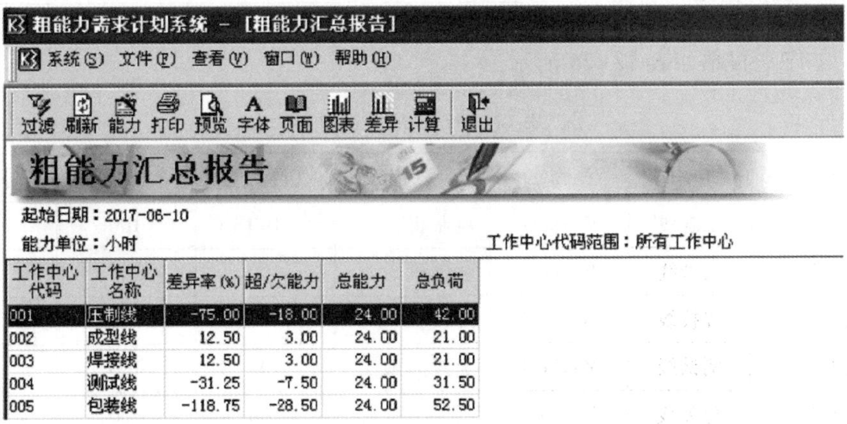

粗能力汇总报告

起始日期：2017-06-10
能力单位：小时   工作中心代码范围：所有工作中心

工作中心代码	工作中心名称	差异率(%)	超/欠能力	总能力	总负荷
001	压制线	-75.00	-18.00	24.00	42.00
002	成型线	12.50	3.00	24.00	21.00
003	焊接线	12.50	3.00	24.00	21.00
004	测试线	-31.25	-7.50	24.00	31.50
005	包装线	-118.75	-28.50	24.00	52.50

图 12-11　粗能力汇总报告模拟图

12.2.6 车间作业管理

车间作业管理主要是对加工工序进行任务的执行,对加工过程、工序数据进行收集。主要的工作内容有:工序汇报处理、工序派工处理、工序转移处理等内容。系统用工序计划单、派工单、工序移转单、工序汇报等多种单据进行工序计划、分派、在制品移转、产量统计,对前工序的生产指令,将其产出作为后工序的输入,推动后工序生产,进行推式生产,加强工序的监督和控制。

【实验内容】

本实验的主要内容有:编制工序计划→生成工序汇报单→设置工序派工单和工序转移单→生产领(退)料→产品入库→生产任务单结案。

【实验数据】

实验过程中使用的数据主要由以下几个表组成:

(1)工序计划单如表 12-24 所示。

表 12-24 工序计划单

产品名称	生产数量	开工日期	完工日期	工作中心	时间单位	加工时间	自动派工	自动转移
120 男式车架	100	2017-2-8	2017-2-14	压制线	小时	40	是	是
				成型线	小时	20	是	是
120 电力车	100	2017-2-14	2017-2-16	焊接线	小时	20	是	是
				测试线	小时	30	是	是
				包装线	小时	50	是	是
120 电力车	5	2017-2-14	2017-2-16	焊接线	小时	2	是	是
				测试线	小时	3	是	是
				包装线	小时	2.5	是	是

(2)工序汇报单如表 12-25 所示。

表 12-25 工序汇报单

产品名称	工作中心	操作工	设备	实际数量	合格数量	实际工时
M120 男式车架	压制线	Worker1	压制机	100	100	40
M120 男式车架	成型线	Worker1	注塑机	100	100	20
M120 电力车	焊接线	Worker1	焊接机	100	100	20
M120 电力车	测试线	Worker1	无线测试仪	100	100	30
M120 电力车	包装线	Worker1		100	100	50

（3）产品入库单如表 12-26 所示。

表 12-26　产品入库单

交货单位	收货仓库	物料名称	实收数量	验收	保管
配件车间	半成品一仓	车轮	30	Worker1	Worker2
主装车间	半成品一仓	车轮	600	Worker1	Worker2
主装车间	半成品一仓	M100 车架	200	Worker1	Worker2
主装车间	半成品一仓	M120 车架	100	Worker1	Worker2
主装车间	产品仓	M120 电力车	5	Worker1	Worker2
主装车间	天津办事处仓	M100 电力车	200	Saler1	Worker2
主装车间	天津办事处仓	M120 电力车	100	Saler1	Worker2

【实验步骤】

车间作业管理实验的步骤按派工单和转移单的产生方式，可分为两种类型：一种为派工方式；另一种是汇报方式。系统的路径为【生产管理】→【车间作业管理】。具体情况如图 12-12 所示。

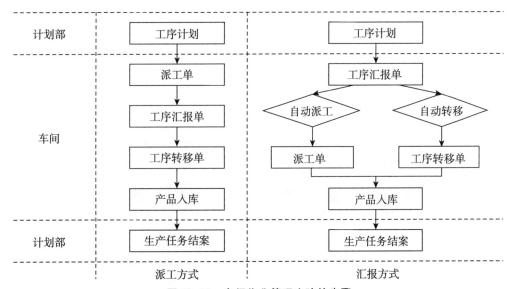

图 12-12　车间作业管理实验的步骤

（1）工序计划。选择一个工序计划单进行核对，如有数据的出入或要进行工序调整，则需对工序计划单进行反审核，将工序计划单中的"自动派工"和"自动转移"设为"是"。

（2）工序汇报处理。在【车间作业管理—工序计划单时序簿】界面中，选择 M120 车架的工序计划单，并单击【下推】菜单中的【生成工序汇报】一项，进行工序汇报录入，审核后系统将自动生成【派工单】和【工序转移单】。

（3）工序派工处理。工序派工单的作用是安排各工作中心加工任务的优先次序。

工序派工单的建立有两种方法：一种是由上面的工序汇报审核后自动生成；另一种是根据工序计划手工建立。前种方法具体操作【车间作业管理—工序派工—派工单—查询】进入查询界面。

(4) 工序转移处理。工序转移单用来记录首道工序接收、工序间在制品转移、末道工序移交的情况，包括数据、时间、移转人、接收人等信息。工序转移单的建立主要有两种方式：一种是由上面的工序汇报审核后自动生成；另一种是根据工序计划手工建立。

(5) 生产完工处理。产品生产完成后将进行入库处理，依次单击【供应链】→【仓库管理】—【验收入库】→【产品入库】。查看车间在制品，依次单击【生产管理】→【生产任务管理】—【在制品存量统计表】进入在制品存量统计界面。如果还存在在制品，则该产品生产还不能进行结案工作，否则可通过【参数设置】设置"自制生产任务结案条件"进行生产任务结案。

【实验结果】

按案例数据要求正确修改工序计划单；生成工序汇报单和工序转移单；产品生产完成后按要求将产品入库，并对生产任务进行结案操作(见图 12-13)。

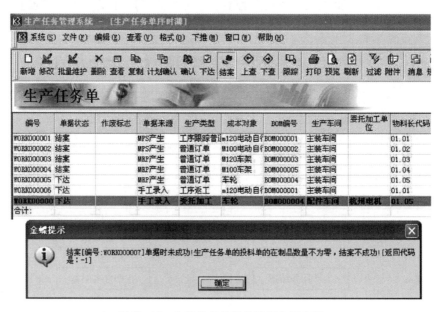

图 12-13　生产任务结案模拟操作示意图

12.2.7　委外加工管理

委外加工是企业将原材料或半成品发出，通过加工后再收回仓库的过程。在该过程中物料发生增值，其成本将会因加工费而增加。K/3 系统中委外加工业务有以下三个方面：

(1) 委外加工出库单。委外加工出库单是确认货物出库的书面证明，用于处理委外加工原材料的出库。委外加工出库确认后,也需要继续处理出库成本的计算,从而为正确进行成本核算和结账打下基础。

(2)委外加工入库单。委外加工入库单是处理委外加工产品入库的单据,委外加工入库单也是财务人员据以记账、核算成本的重要原始凭证,委外加工入库确认后,需要手工填入或引入入库成本,或从成本核算中自动取数。委外加工入库单在 GUI 中可以通过手工录入、订单确认和生产任务单关联等途径生成。

(3)委外加工入库核算。该功能主要用来核算委托加工入库实际成本,它由材料费和加工费两部分组成。进入采购系统后,单击【委外加工管理】子功能,在明细功能中单击【委外加工入库核算】进入该处理过程。

委外加工管理流程如图 12-14 所示。

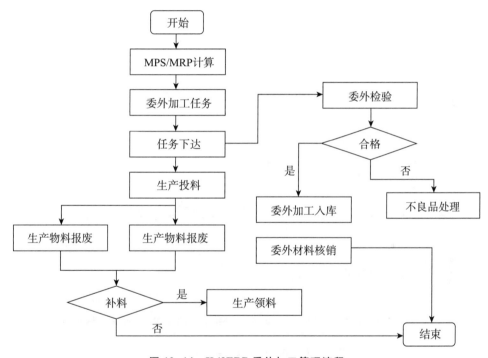

图 12-14 K/3ERP 委外加工管理流程

【实验内容】

本实验的主要内容有:根据采购订单和生产任务,生成和设置委外加工生产任务单,在此基础上进行委外加工出库、生产投料、委外加工入库的操作;利用委外加工管理的模块进行模拟发料的操作。

【实验数据】

(1)委外加工数据。2017 年 7 月,企业将 600 个辐条的生产任务委托给重庆力帆。

(2)模拟发料。2017 年 2 月 15 日接收到杭州电机公司 50 车轮的订单,企业为了保证自身生产任务,向电机公司委托生产这一产品。

【实验步骤】

委外加工管理实验的步骤如图 12-15 所示。单击【供应链】→【采购管理】→【委外加工管理】,进入系统委外加工处理主界面。

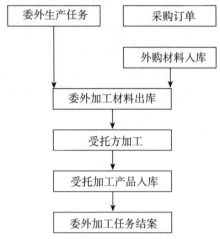

图 12-15 委外加工管理实验步骤

【实验结果】

按照案例要求,生成并设置 600 个幅条的委外加工生产任务单、委外加工出库单、生产投料单、委外加工入库单;生成模拟发料表及相应的生产投料单、入库单。图 12-16 为委外加工任务结案的模拟窗口。

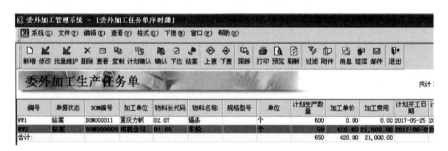

图 12-16 委外加工任务结案的模拟窗口

本章小结

模拟实验是帮助用户尽快熟悉 ERP 系统原理,实现快速培训的捷径。模拟实验有沙盘模拟和电子化模拟,两种实验方法各有特点。这些模拟都做了一些简化,与有些 ERP 软件的教学版本是不同的。

思考题

根据本章 ERP 电子化模拟中的背景资料,进行电子化情景模拟,理解和掌握企业生产制造管理的整个流程。

第 13 章

ERP 发展趋势

学习目标和要求

1. 了解物联网 ERP 的基本概念和技术基础；
2. 了解云计算 ERP 的基本概念和技术基础；
3. 了解商务智能的基本概念和技术基础；
4. 理解 ERP 在物联网、云计算和商务智能支撑下的功能扩展。

导入案例

某化工企业早在 2006 年就部署了一套由国外提供的先进的 ERP 系统，系统上线以后，在企业的日常管理过程中满足了企业大部分的需求；同时，ERP 系统的使用大大提高了企业的库存管理水平，也让企业的管理能力得到了提高。但在 2008 年以后，随着业务的发展，企业领导想了解哪些产品销售好、哪些产品销售一般的信息。在两年的数据积累过程中，该企业存有大量原始数据，但这些数据无法转化为企业有效的信息，这让企业 CIO 很是头痛。

为了应对这种数据转变为信息的需求，该企业的 CIO 建议在现有的 ERP 系统上进行深化应用，也就是通过 BI 系统来为企业提供信息化的依据，为了节省更多的成本，他们选择了自主开发 BI 系统，以区域和行业来划分作为决策的支持。初期开始开发 BI 系统时，该 CIO 认为，复杂的 ERP 系统都已经顺利实施了，那么 BI 的实施难道比 ERP 更难吗？

随着时间的推移，转眼间又过去了一年，该企业的 BI 虽然开发出来并且已经在企业中得到应用，但结果并不是很好。该 CIO 比较郁闷的是，为什么 BI 无法做得如 ERP 一样好？传统的 ERP 在步入"后 ERP"时期，究竟还有没有医治的良方？

资料来源：中国软件网，2012-07-30.

当前,中国制造正面临急迫的结构调整和转型升级。面向全球化竞争日益激烈的世界市场,未来信息化在帮助中国制造建立更强的核心能力上必将发挥更为强大的能量,ERP 产业无疑已处于新一轮的高速发展周期中。以物联网、云计算为代表的新兴 IT 技术的不断涌现能否帮助 ERP 产业抓住机遇、加速发展,已为越来越多有着雄厚研发实力和产业积淀的 ERP 厂商所思考和关注。

13.1 物联网 ERP

13.1.1 物联网 ERP 的基本概念

所谓物联网,顾名思义就是物与物之间的智能关联,它是企业信息化的新模式,是计算机、互联网与移动通信网之后的又一次信息产业浪潮。基本模式是通过射频识别、全球定位系统等信息传感设备,进行信息交换和通信,实现智能化识别、定位、跟踪、监控和管理。物品的详细信息将存放在云计算中心,RFID 芯片中只保留物品的 ID 号,云计算中心负责物品 ID 的解析。比尔·盖茨在 1995 年的《未来之路》一书中提到了物联网的潜力,Google 也推出了 PowerMeter 等物联网计划。国内外运营商推出的手机支付、路灯监控等应用都属于物联网。物联网是未来世界智能化的画卷。物联网的推广离不开运营商(如电信业)的支持。在技术层面上,IBM"智慧的地球"是物联网的行业解决方案之一。

物联网由云计算的分布式中央处理单元、传输网络和感应识别末梢组成。云计算是分布式计算(distributed computing)、并行计算(parallel computing)和网格计算(grid computing)的发展,它是指在远程的数据中心里,成千上万台电脑和服务器连接成电脑云,用户通过互联网将电脑、笔记本、手机等设备接入数据中心,可以在任何地方通过连接的设备访问其应用程序。

物联网有三个应用技术层次:一是传感网络,即以二维码、RFID、传感器为主,实现"物"的识别;二是传输网络,即通过现有的互联网、广电网络、通信网络等实现数据的传输与计算;三是应用网络,即输入/输出控制终端,可基于现有的手机、个人电脑、平板电脑等终端进行。RFID 标签中存储着规范而具有互用性的信息,通过无线数据通信网络把它们自动采集到中央信息系统,实现物品(商品)的识别,进而通过开放性的计算机网络实现信息交换和共享,实现对物品的信息管理。

物联网智能化处理需要通过不同功能的系统之间的信息链路共享,由中央处理单元协同各系统共同运作,将智能感应融入整个社会的运转之中。中央处理单元应建立在分布式云计算的基础上,以提供高速计算能力和容灾备份功能,保障整个物联网络的正常运转。基于云计算的物联网运营中心可以发挥商务智能数据分析优势,建立各系统的关联协同机制,逐步提升运营中心的数据分析处理能力,最终形成具备智能化处理功能的、未来的、由物联网组成的智能化社会系统。

物联网广泛应用于智能交通、环境保护等多个领域。物联网把感应器等芯片嵌入和装备到铁路、桥梁、隧道、公路、建筑、供水系统、电网、大坝、油气管道、钢筋混凝土、管线等各种物体中,然后将物联网与现有的互联网整合为统一的基础设施,实现人类社会与物理系统的整合,达到对网络内的人员、机器、设备和基础设施进行实时管理和控制的目的。物联网就是把物体数字化,基础设施是一块新的地球工地,世界的运转就在物联网中进行,其中包括经济管理、生产运行、社会管理乃至个人生活等方方面面。

物联网 ERP 是指将物联网技术应用于 ERP 中,传统 ERP 功能扩展为具有物联网特征,ERP 的管理范围也由企业内部扩展到与企业经营活动相关的物联网能感知的整个社会。物联网 ERP 将成为企业智能体,扮演企业在智能社会中的综合管理的角色。

13.1.2 物联网 ERP 技术的基础

射频识别(radio frequency identification,RFID)电子标签技术是 20 世纪 80 年代走向成熟的一项自动识别技术。目前盛行的条形码,人工读取一个需要 10 秒钟的时间,机器读取则为 2 秒,而采用 RFID 读取只需要 0.1 秒。它利用射频方式进行非接触式双向通信交换数据以达到识别的目的。和传统的磁卡、IC 卡相比,射频卡最大的优点就在于非接触,因此完成识别工作时无须人工干预,适合于实现系统的自动化,且不易损坏,可识别高速运动物体并可同时识别多个射频卡,操作快捷方便。射频卡不怕油渍、灰尘污染等恶劣的环境,短距离的射频卡可以在这样的环境下替代条码,用在工厂的流水线等场合跟踪物体。长距离的产品多用于交通上,距离可达几十米,可用在自动收费或识别车辆身份等场合。典型的射频识别系统包括两部分:射频卡、读写器。射频卡的几个主要模块集成到一块芯片中完成与读写器通信,芯片上的内存部分用来储存识别号码或其他数据:内存容量从几个比特到几十千比特。芯片外围仅需连接天线(和电池),可以作为人员身份识别卡或货物的标识卡。卡封装可以有不同形式,如常见的信用卡的形式及小圆片的形式等。在多数 RFID 系统中,读写器在一个区域发射能量形成电磁场的区域大小取决于工作频率和天线尺寸。射频卡经过这个区域时检测到读写器的信号就开始发送储存的信息及数据。读写器发送的信号通常提供时钟信号及射频卡所需的足够能量,其中的时钟信号使数据同步,从而简化了系统的设计。读写器接收到卡的数据后,解码并进行错误校验来决定数据的有效性,然后通过 RS232、RS422、RS485 或无线方式将数据传送到计算机网络。简单的 RFID 产品就是一种非接触的 IC 卡,而复杂的 RFID 产品能和外部传感器接口连接来测量、记录不同的参数,甚至与 GPS 系统连接用来跟踪物体。通过装置在各类物体上的 RFID、传感器、二维码等经过接口与无线网络相连,从而给物体赋予智能。

物联网传输标准是物联网的基础。互联网、通信网和广电网构成物联网的骨干传输网络,不同于互联网 TCP/IP 协议,物联网现有的 RFID 射频技术、短距离无线传输技术尚无统一的标准。物联网是一物一地址,万物皆在线,现有的 IPv4 协议的地址资源有限,IPv6 协议的应用将解决物联网地址容量受限的问题。

云计算是物联网的核心计算模式,被视为科技业的下一次革命,它将带来工作方式和商业模式的根本性改变。托马斯·沃森预测:世界只需 5 台电脑——谷歌、雅虎、微软、IBM 和亚马逊。云计算有多种表现模式,如网络就是计算机、无处不在的运算、瘦客户机、网络操作系统(WebOS)、网格计算及谷歌目标模式"梳理世界上的信息,使之在全球范围内可得"等。随着智能移动设备、高速无线连接以及基于浏览器的功能丰富的 Web2.0 接口的不断增加,云计算模型已切实可行,而且还有助于降低 IT 资源的复杂性。

软件是物联网的灵魂。中间件是物联网软件的核心。中间件可分为通用中间件、嵌入式中间件、数字电视中间件、RFID 中间件等。IBM、Oracle、微软等软件巨头都是引领潮流的中间件生产商。SAP 等大型(ERP)应用软件厂商的产品也是基于中间件构架的。物联网中间件处于物联网的集成服务器端和感知层、出书曾的嵌入式设备中。服务器端中间件称为物联网业务基础中间件,一般都是基于传统的中间件(应用服务器)构建。基于中央服务器的大集成是物联网应用系统的主要形式,大集成包括原有的消除信息孤岛的 EAI 信息集成和智能物件以及物联网监控子系统的集成。EAI、SOA、SaaS 等技术应用于物联网中,例如,面向互联网应用的三层架构的应用服务器中间件,包括基于 Java 技术的 IBM Webshpere 和 Oracle BEA Weblogic,以及基于.NET 技术的微软应用服务器等。嵌入式中间件是一些支持不同通信协议的模块和运行环境。

13.1.3 物联网 ERP 功能设计

1. RFID 供应链

手机将成为全球交流的新通道,并通过网络与家庭、工作紧密联系起来。冰箱能上网,可以自动从超市订货。物联网通过智能获取数据、自动分类等实现管理自动化,促使供应链环节整合更紧密。RFID 在供应链管理上得到了广泛应用。目前许多著名制造商和零售商普遍在物流管理系统中引入了 RFID。条码因其简单易用、成本效益高,而成为应用最广、最久的向企业提供精确数据的有力工具。精益生产对包括原材料、在制品、零件和最终产品等所有物料的跟踪和控制是关键。物料和质量的跟踪将是 ERP 系统的繁重任务。采用以条码等自动识别和数据采集手段,是信息识别和采集问题的有效方法。条码等先进自动识别技术与 ERP 集成,可实现 ERP 真正的物流、信息流的集成。新一代的 ERP 将集成物联网架构,在企业采购、生产、物流、分销等领域体现出快速响应能力。例如,德国宝马汽车公司在装配流水线上应用射频卡,以尽可能大量地生产用户定制的汽车。宝马汽车的生产是基于用户提出的要求式样的:用户可以从上万种内部和外部选项中选定自己所需车的颜色、引擎型号、轮胎式样等要求,汽车装配流水线上必须装配上百种式样的宝马汽车,没有一个高度组织的、复杂的控制系统是很难完成这样复杂的任务的。宝马公司就在其装配流水线上配有 RFID 系统,使用可重复使用的射频卡,该射频卡上带有详细的汽车所需的所有要求,在每个工作点处都有读写器,可以保证汽车在各个流水线位置处准确地完成装配任务。RFID 消除人工操作,能准确、快速、可靠地提供实时数据,对大批量、高速的制造企业特别重要。制造业与物流业联动化,实现制造业的上流、物流、信息流、资金流的全球协同。RFID 使企业能够实时、精确、高效地掌握整个供应链上的信息的流向和变化,提升企业信息化程度和竞争实力。中小型物流企业将是物联网的最大受益者。供应链是制约整体国际贸易效率提升的关键环节,例如在集装箱上使用共同标准的电子标签,装卸时可自动收集货物内容的信息,从而缩短作业时间,并时时掌握货物位置,提高运营效率,最终减少货物装卸、仓储等物流成本。基于感知的货物数据可建立全球范围内货物状态监控系统,提供全面的跨境贸易信息、货物信息和物流信息跟踪,帮助制造商、进出口商、货代等贸易参与方随时随地掌握货物及航运信息,提高国际贸易风险的控制能力。

2. 出入库管理

自动识别环节可包括进出厂区、仓库、通道、各车间、出厂、经销商销售的入库出库环节。通过出入库自动识别流程,用户能够获知标签物体目前存在于物流的哪个环节,以及厂区的哪个部分。

供货商确认发货后,RFID 标签包含的信息即确定。经运输到达厂区,安装在厂区、仓库进出门禁处的 RFID 唤醒周转电子标签,使其进入与门禁读写器通信的状态:RFID 标签发射自身 ID 号以及标签内存储的零部件信息至读写器,经中央数据采集器进入数据库,标签重新进入睡眠状态。SCM 系统便可调出供货商发货清单进行比对。在进入各车间及厂域间通道时,安装在门口的 RFID 和读写器即以同样的方式来获取信息,并更新该所处的位置及携带的零件信息。

3. 盘点管理

RFID 盘点方法使用手持读写机对集装箱、货柜、货品条码或者电子标签进行依次盘点。盘点仓库库区定点安装多个读写器,读写器可用无线或有线连接方式与中心控制计算机进行通信。中心计算机向 RFID 发出盘库指令,RFID 按该指令的需要唤醒物料上的电子标签,标签向读写器发送 ID 信息,确认该货品在盘点库区的范围内;也可发送标签内存储的货品清单,经数据库库位存放信息传送至管理信息系统进行比对。

4. 物料管理

物料 RFID 标签和读写器能让用户获知物料目前存在于车间或仓库的哪个库位。物料精细查找可不再依赖数据库查询或库管人员的寻找,实现精确定位的功能。在查找库位提取零件时,RFID 向目标标签发送唤醒信号,标签监听时收到指令,其自带的 RFID 开始工作,提示位置;在制造车间内,RFID 命令标签进入定位模式,标签与读写器协同工作,实时上传物料所在位置

5. 采购管理

在采购环节,供应商用厂区专用的 RFID 标签来识别装运零件,清点完毕零件,通过计算机直连的无线读写器或手持读写器,将零件清单写入标签,清单信息经网络 SCM 系

统发往厂区。在入库清点中,采用计算机直连的无线读写器或手持读写器,读取零件清单,用 RFID 信息清点完毕后,更新标签信息,确认收货。在零件分拣中,根据车间需要的零件清单进行零件拣选和分放,并采用 RFID 标签运送,分拣处可用库门处的无线读写器或手持读写器,对新的单位标签进行写入,注明接收车间、责任人等信息。在零件运送中,新写入信息的标签随零件运送至各个车间,在通道内、车间门口处均安装有无线读写器,实时追踪 RFID 标签的位置和更新信息。

6. 客户关系管理

RFID 自动识别技术的应用为一对一客户关系管理提供了可行性。

13.2　云计算 ERP

13.2.1　云计算 ERP 的基本概念

云计算的概念源于网格、公用计算和 SaaS 的概念。它是一种新兴的模型,利用该模型,用户可以在任何地方通过连接的设备访问其应用程序。ERP 应用程序迁移到云计算中是一个非常重要的趋势。云计算可降低 IT 成本,它正在成为 IT 业的重要发展趋势,亚马逊、IBM、英特尔、微软、谷歌等大型 IT 厂商都已涉足该领域。通过云计算,更多的应用领域以互联网服务的方式交付和运行,改变了互联网企业的运营模式。云计算改变了软硬件产品的应用模式。可将云计算模式比喻为发电厂集中供电的模式,通过云计算,用户不必购买新的服务器,更不用去部署软件,就可以得到应用环境或者应用本身。对于用户来说,软硬件产品也就不再需要部署在用户身边,这些产品也不再是专属于用户自己的产品,而是变成了一种可利用的、虚拟的资源。在云计算使用的初期,企业级用户会逐步尝试构建自己的云计算基础设施。消费级个人用户可以享受云计算的服务,诸如诸多网站正在推出价格合理的数据在线存储服务,甚至是免费的无容量限制的存储服务,如微软 Windows live skydrive、谷歌付费存储服务。相对于企业核心业务数据来说,消费者的一些普通个人文档、照片和视频等非机密文件对敏感性的要求要低得多,现在已经有了大量的个人用户正在享用云存储的服务。从云计算用户的角度来看,云计算 ERP 是指用户不用在自己机器上安装与部署 ERP,ERP 软件运行在服务器集群中,通过 Internet 获取所需 ERP 功能服务,每个客户只需浏览器就可以享受超级计算机提供的 ERP 服务。云计算 ERP 采用的是高可靠数据中心架构,系统具有均衡负载、实时备份、异地容灾备份的功能。云计算 ERP 的基本特征是分布式的计算和存储特性、高扩展性、用户友好性、良好的管理性、用时付费等。云计算 ERP 的基本要点可概括如下:

(1) 云计算 ERP 提供的是服务。ERP 服务的实现机制对用户透明,用户无须了解云计算的具体机制,就可以获得需要的 ERP 功能服务。

(2) 高可用性。云计算 ERP 安装部署在商用计算机组成集群上,向用户提供 ERP 数据处理服务。通过集成海量存储和高性能的计算能力,云计算 ERP 能提供高质量服务。它还可以自动检测失效节点,并将失效节点排除,不影响系统的正常运行。

(3) SOA 的 API 组件编程模型。云计算 ERP 提供大量 SOA 的组件编程模型。用户通过简单学习,就可以编写 SOA 云计算 ERP 功能扩展程序,在云计算系统上执行,满足 ERP 的个性化需求。

(4) 经济性。ERP 用户不用购置安装部署 ERP 的硬件与软件,只需按功能需求付费就能获得顶级 ERP 功能服务。用户可以支付不同的费用,以获得不同级别的服务。

13.2.2 云计算 ERP 技术的基础

融合云计算、物联网以及新一代集成技术是 ERP 行业未来技术创新应用的架构。云计算不仅支持网格,还支持非网格环境,如运行传统的或 Web 2.0 应用程序的三层 Web 架构。目前的云计算已经发展到 2.0 时代,不再停留在物理平台,已经延伸至开发平台,而 Visual Studio 2010 就在其中起到了重要的作用。公用计算将集群作为虚拟平台,采用可计量的业务模型进行计算。将软件作为服务(SaaS),将虚拟化提升到了应用程序的层次,它所使用的业务模型不是按消耗的资源收费,而是根据向用户提供的应用程序的价值收费。应用程序位于可大规模伸缩的数据中心,计算资源可在其中动态部署并进行共享,以便实现显著的经济规模。随着智能移动设备、高速无线连接以及基于浏览器的功能丰富的 Web2.0 接口的不断增加,基于网络的云计算模型不仅变得切实可行,而且有助于降低 IT 资源的复杂性。虚拟化技术使云计算能够通过自动部署、重新构建映像、重新均衡工作负载、监控并系统地处理变更请求,以便管理并更好地利用底层资源。云计算 ERP 通过 IaaS、PaaS、SaaS 技术架构支撑,由庞大的服务器集群、高可靠高可用的系统平台、云计算架构 ERP 组成的超级服务系统,能达到超级计算机的性能。Windows Azure 以云技术为核心,提供了软件+服务的计算方法。它是 Azure 服务平台的基础。Azure 用于帮助开发者开发可以跨越云端和专业数据中心的下一代应用程序。它能够将处于云端的开发者个人能力,同微软全球数据中心网络托管的服务(如存储、计算和网络基础设施服务)紧密结合起来。这样,开发者就可以在"云端"和"客户端"同时部署应用,使得企业与用户能共享资源。微软保证 Azure 服务平台自始至终的开放性和互操作性。企业的经营模式和用户从 Web 获取信息的体验将会因此而改变。最重要的是,这些技术将使用户有能力决定,是将应用程序部署在以云计算为基础的互联网服务上,还是将其部署在客户端,或者根据实际需要将两者结合起来。新一代 Visual Studio 2010 是微软云计算架构的重要组成部分之一,现在它不仅是一种开发编译工具,而且逐渐成为专业软件开发流程的重要工具,从而进一步丰富微软的云计算平台。此外,Visual Studio 还支持移动与嵌入式装置开发,可实现当前最热门的 Agile/Scrum 开发方法,大大提高团队竞争力,并将开发者的工作精力实现最佳分配。Visual Studio 2010 的强大功能不仅帮助开发人员完成诸多设计,而且它与 Windows 7、Silverlight 4 以及 Office SharePoint Server 可以实现无缝协作,并发挥多核并行运算威力。此外,Visual Studio 2010 支持最新 C++标准,增强了 IDE,切实提高了程序员开发效率。令开发者兴奋的是,在 Visual Studio 2010 中,微软利用 Windows Presentation Foundation 完全重建了编辑器,这为开发者提供了灵活、功能丰富的开发环境,并支持多显示器——开发者可以同时在多台显示器上查看代码、用户界面设计器和数据库结构。

13.2.3 云计算 ERP 的功能

1. 云计算 ERP 企业数据中心

企业数据中心将是虚拟化、高效管理的中心,它将使用以 Web 为中心的云计算所采用的某些工具和技术,并进行一般化以便可由范围更广的客户采用,另外还进行增强以支持安全的事务性工作负载。通过高效且共享的基础架构,企业能够对新的业务需求迅速做出反应,实时解析大量信息,而且还能根据实时数据做出明智的业务决策。目前网络带宽的扩增使数据中心更加集中化,不需要在每个地方都安排很多人来维护整个计算机网络和应用系统,大大降低了用户的网络建设成本。虚拟化技术的广泛应用,使大部分企业的 IT 维护人员基本上都集中在总部,如容灾中心,而外面的机构则不需要投入太多的人力维护。数据中心的集中化不仅是数据的集中,计算机中心建设变成大计算机中心。网络设备和终端设备连接时可以自动获取用户的应用种类,以及该设备享受的服务类型,并用标签标注所有的物品,实现自动匹配。新企业数据中心是一种演进的新模型,它能提供有助于使 IT 和业务目标保持一致的高效且动态的新方法。计算是指通过先进的网络技术以按需、易扩展的方式为用户提供各类 IT 服务,可以看出云计算从诞生的那一天起就包含了两层含义:创新的商务模式和创新的技术。云计算继承 IaaS、PaaS、SaaS 模式,将 ERP 服务像传统行业的水、电、燃气那样为企业提供企业运营计算使用。云计算是网格计算(grid computing)、虚拟化(virtualization)、效用计算(utility computing)、并行计算(parallel computing)、分布式计算(distributed computing)等概念混合演进并跃升的结果,云计算数据中心要保证云计算中的资源是可以无限扩展的,用户可以随时获取,低成本按需使用;要保证可以通过并行计算、均衡负载、宕机切换等技术使运行在服务器集群中的 ERP 达到超高性能。数据的安全性要求数据中心要具有容错、容灾、容候的能力,用户的数据要进行加密传输、加密存储及实时备份。实现 ERP 模块可管理、可组装是云计算 ERP 技术上成功的关键。

2. 云计算 ERP 企业资源配置中心

如图 13-1 所示,云计算 ERP 企业资源配置中心集成数以千计的功能模块,可以解决大规模并发应用、群集管理、海量存储、复杂功能等问题,例如集成生产、供应链、客户关系、人力资源、财务、办公、电子商务等全部系统功能,企业可以通过模板进行业务功能组合,可以随时使用、随时扩展,按使用付费,一般通过 SaaS 模式为用户提供服务。云计算 ERP 可以根据不同行业实现模块的任意可视化授权组合,并根据权限动态生成个性化菜单、个性化界面、个性化工作台,支持自定义表单、自定义计算精度、自定义审核工作流、自定义计量单位等多种灵活自定义设置,以及可视化界面定义业务流程,满足客户的个性化应用需求。云计算一般允许企业修改应用程序以满足自己的具体需求。云计算使客户定制开发的应用,可以和其他人所使用的套装应用产生差异化。

云计算能实现客户服务、产品管理、供应商服务的有效协同和解决方案通过网络的实时交付。云服务可促进 ERP 产品和服务比传统交付模式更加简便和实惠,降低企业实施 ERP 的成本,简化和加速访问过程,极大地丰富可用服务的数量和种类,激发这些服务整合的潜力等。云计算 ERP 是由一系列实现云服务的技术和企业流程模板构成的,包括基础架构系统(如生成器、存储、网络)、业务流程管理器、协同管理工具、应用软件、系统软件、IP 网络和价格协议等。企业客户无须建设基础架构、系统平台,节省了传统 ERP 项目实施的时间。用户可以通过在线培训了解系统,并结合企业自身因素开始使用服务。

3. 云计算 ERP 安全管理中心

云计算 ERP 安全管理中心通过用户许可证管理、用户管理对企业员工注册、使用 ERP 系统实现严格、灵活的管理;通过在线监控、访问查询实时监控系统用户的状态、操作,一旦发现问题可以及时禁止用户;通过数据备份和恢复可以实现实时备份、浏览器中数据备份,保证数据安全。系统安全的基本功能有客户化设置、用户管理、用户许可证管理、在线监控、访问查询、数据备份、数据恢复。云计算 ERP 采用的是服务器集群加上高可靠数据的中心架构,系统具有均衡负荷、实施备份、异地容灾备份的功能,同时还采用了严格的权限控制,未授权功能不可见,支持 SSL 套接层加密传输,防止信息被截获泄密,关键数据采用领先的加密存储技术,支持 CA 数字认证和远程安全身份校验。

13.3　商务智能 ERP

13.3.1　ERP 的商务智能

目前,很多 ERP 系统集成了商务智能的部分功能,这无疑向知识管理迈进了一步。

商务智能(business intelligence,BI)指利用数据仓库、数据挖掘技术对客户数据进行系统地储存和管理,并通过各种数据统计分析工具对客户数据进行分析,提供各种分析报告,如客户价值评价、客户满意度评价、服务质量评价、营销效果评价、未来市场需求等,为企业的各种经营活动提供决策信息。

商务智能作为一个工具,可用来处理组织中现有数据,并将其转换成知识、分析和结论,辅助决策者做出正确且明智的决定。它是帮助组织更好地利用数据提高决策质量的技术,包含了从数据仓库到分析型系统等。能够看到海量数据中的商业、管理及决策模式,并提取实用的有价值信息,是利用整合的企业数据为决策提供更好支持的能力并把数据变成实用信息的一个重要因素。ERP 与商务智能之间的协同效应关系是决定性的。

ERP 应用程序正在逐渐把分析功能嵌入应用程序本身的环境中,而不是必须离开应用程序,运用独立的报告工具和分析工具,比如,IBM 正在大举进军分析工具市场,结合运用它收购的 SPSS 及硬件、软件和服务等业务系列。如今的企业充满着 TB 级数据——

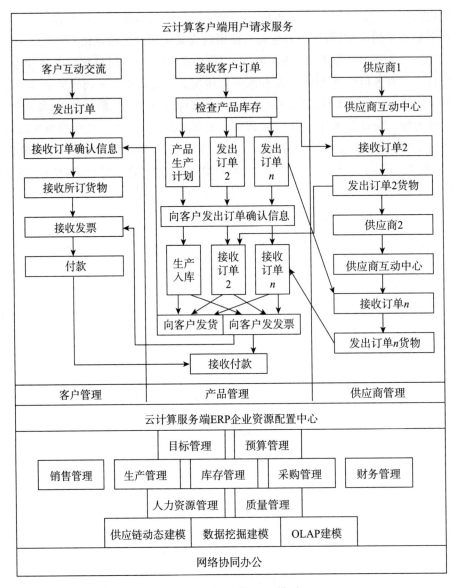

图 13-1　云计算 ERP 模型

自己的数据、客户和合作伙伴的数据,还有来自网上社交网络和移动设备的"非结构化"数据,用户却没有真正看清有价值数据。商务智能软件产品与 ERP 软件、数据库软件或者其他的行业应用结合在一起,形成商务智能 ERP。

　　近年来,ERP 正朝具备商务智能的信息系统方向发展,以便使决策者能在更短的时间内得到有效的协同信息,即时协同回应市场的变化。高科技行销泰斗麦肯纳(Regis McKenna)在其著作《即时行销革命》中指出,信息技术促使时间与空间瓦解,企业必须采用即时管理,以满足客户需求;而实现即时管理的企业,又必须以获得即时信息为根基。即时信息加工后成为企业经营的"知识",把即时信息知识进一步与企业的经营目标相结合,即可实现商务智能。要达成即时商务智能的目标,信息系统必须跨组织整合最新资料,计算关键绩效指标。这些即时绩效指标可与企业计划目标比较,当差距过大时,负责的主管需采取适当对策。过去传统的做法不是依赖主管或他人的经验,就是交由幕僚人员完成评估报告。前者过于草率,后者又旷费时日,这都不是即时企业所能接受的解决方案。让企业主管轻易获取第一手即时信息,快速解决棘手的商业问题,是商务智能系统的根本目的。

企业要能维持竞争优势,持续改进流程与精确的商业决策是相辅相成的两把利剑。正确的信息才能引导合理而高效率的企业流程。整合企业流程与商业决策的关键在于信息系统。过去,ERP 系统专注于引进所谓实务以带动流程改造,却往往因试图以一种模式硬套在不同的企业身上而失败。以国内的状况而言,引入信息系统以合理化流程固然刻不容缓,但也不能因此丧失原有的弹性。企业资源计划系统如能以提供商务智能为前提,则其流程与信息将形成回路,系统因此更具有弹性。

13.3.2 商务智能技术基础

数据仓库、在线分析处理和数据挖掘是商务智能系统的三大核心技术。

1. 数据仓库

1992 年,著名的数据仓库专家 W. H. Inmon 在其里程碑式的著作 *Building the Data Warehouse* 中提出了"数据仓库"(data warehouse)的概念:数据仓库是一个面向主题的、集成的、相对稳定的、反映历史变化的数据集合,用于支持管理层决策。对于数据仓库的概念可以从两个层次予以理解:首先,数据仓库用于支持决策,面向分析型数据处理,它不同于企业现有的操作型数据库;其次,数据仓库用于对多个异构的数据源有效集成,集成后按照主题进行重组,并包含历史数据,而且存放在数据仓库中的数据一般不再修改。数据仓库是一种管理技术,它将分布在企业网络中不同网站的企业数据综合在一起,把支持决策分析的数据事先收集、归纳、处理,使企业的业务工作环境和信息分析环境相分离,从而有效地为决策者提供各种类型的有效的数据分析,发挥决策支持的功能。数据仓库系统是一个包含四个层次的体系结构,如图 13-2 所示。

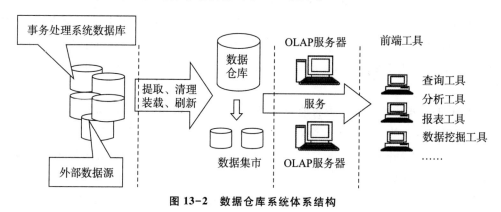

图 13-2 数据仓库系统体系结构

（1）数据源。数据源是指企业来自不同业务系统的、以不同形式存储的数据,包括企业数据库、业务文件和其他数据来源。数据源是数据仓库系统的基础,是整个系统的数据源泉。

（2）数据的存储与管理。数据仓库要从各种数据源中获得数据,必须具备有效的输入工具,对这些原始"粗数据"进行必要的处理工作。这些粗数据源中的很多信息并不需要,因此,必须有选择地抽取需要的字段。除此之外,对一些必要的但原始数据中缺乏的信息,也必须提供"默认值"。总之,由于数据仓库有自己的独立数据库系统,字段长度、字段类型、索引定义等与源数据库有很大的不同,数据在导入之前,各种转换工作是必然的。企业的所有数据经汇集整理后,集中到中央数据仓库,形成企业级的一致和完整的数据仓库,根据不同主题需要可以进一步将中央数据仓库划分为不同数据集市(当然也可以将不同数据集市统一成为中央数据仓库)。

（3）OLAP 服务器。它对分析需要的数据进行有效集成,按多维模型予以组织,以便进行多角度、多层次的分析,并发现趋势。

（4）前端工具。主要包括各种报表工具、查询工具、数据分析工具、数据挖掘工具以及各种基于数据仓库或数据集市的应用开发工具。其中,数据分析工具主要针对 OLAP 服务器,报表工具、数据挖掘工具主要针对数据仓库。

通过数据仓库,商业智能系统可撷取并载入原始资料,并以 Web 界面为企业主管提供分析与查询信息。数据分析与查询可应用各种先进技术,如随意查询(ad-hoc query)、多维度分析(multidimensional analysis)、假设性问题分析(what-if analysis)等。除此之外,系统还需要建立安全机制,赋予不同职务者不同的权限,以获得不同程度的信息。

2. OLAP

在线分析处理(on-line analytical processing,OLAP)是一种软件技术,是数据仓库的重要的数据查询与分析工具,它允许用户以交互方式浏览数据仓库内容,并对其中数据进行多维分析,且能及时地从变化和不太完整的数据中提取出与企业经营活动密切相关的信息。OLAP 能对不同时期、不同地域的管理信息数据中的变化趋势进行对比分析,尤其适用于对大量数据进行快速的分析。

OLAP 是数据分析手段的一大进步,以往的分析工具所得到的报告结果只能回答"什么"(what),而 OLAP 的分析结果能回答"为什么"(why),但 OLAP 分析过程是建立在用户对深藏在数据中的某种知识有预感和假设的前提下,由用户指导的信息分析与知识发现过程。

OLAP 的基本思想是使决策者能灵活地操纵企业的数据,从多方面和多角度以多维的形式来观察企业的状态和了解企业的变化。OLAP 的目标是满足决策支持或多维环境特定的查询和报表需求,它的技术核心是"维"这个概念,因此 OLAP 也可以说是多维数据分析工具的集合。

OLAP 的功能结构是三层客户服务器结构,此结构由三个服务器组件组成:数据仓库服务器、OLAP 服务器及用户描述服务器。其物理结构有多维数据仓库及关系型数据仓库。因而,OLAP 也就形成了面向多维数据库的 MOLAP 和面向关系型数据库的 ROLAP。

MOLAP 多维数据库是重点,它使用多维数据库管理系统来管理所需的数据或数据仓库。各个 OLTP(联机交易处理系统)数据库中的数据,通过筛选、过滤、转换与综合等步骤后,提交给多维数据库。多维数据库依靠"维"来形成超立方体结构,并产生旋转、切片、成块、上翻、下查等操作。用户通过客户端的应用软件接口向 OLAP 服务器提交分析要求,由 MOLAP 服务器检索 MDDB 数据库,然后将得到的结果显示给用户。

面向关系型数据库的 ROLAP 以关系型数据库为重心,而不是多维数据库。在 ROLAP 结构中,用 RDBMS 来代替 MDBMS。ROLAP 将多维数据库的多维结构划分为两种列表:一种是事实数据表,用来存储数据和维关键词;另一种是维表,即对每个维至少使用一个表来存放维的阶层、成员类别等维的描述信息。它是一种有组织的分类(或层级)阶层结构,例如地理维可能包含国家、区域、州或省以及市层级。两者通过主键和外键结合起来,用户可通过客户端的工具向 OLAP 服务器提交分析要求,OLAP 服务器动态地将这些要求转换成"结构化查询语言"来执行,结果以多维窗口方式显示给客户。

3. 数据挖掘

数据挖掘(data mining,DM),又称为数据库中的知识发现(knowledge discovery in database,KDD),是从大量数据中提取出可信、新颖、有效并能被人理解的模式的高级处理过程。所谓知识,是人们通过实践得到的关于客观世界的有规律性的事实、方法、规则。它是经过加工的信息,包括陈述性知识、过程性知识与控制性知识。

DM 是决策支持工具中的重要组成部分。它是数据分析的发现模式,通过对详细数据的分析,发掘出意料之外或未知但潜在的关系和模式,如产品和客户的关系、产品和客户购买模式的关系等,其目的是发现"富有战略性和竞争性的问题"。DM 要发挥功能,首先必须在企业中执行数据仓库,同时还必须具备执行 DM 的技术和工具,如此才能具体执行 DM。

DM 技术和工具可分为以下三大类:

(1)统计分析。统计分析又称为数据分析,用于检查异常数据,运用统计模型和数学模型来解释这些数据。通常使用的模型有线性分析和非线性分析、连续型回归分析、逻辑型回归分析、单变量分析、多变量分析以及时间序列分析。在运用统计分析工具时,用户必须从数据仓库或数据库中筛选适当的数据,然后利用统计分析工具中所提供的可视化功能和分析功能来寻找数据之间的关系,并且构造统计和数学模型来解释数据。交互式过程和迭代过程可用来将模型具体化,其目的是开发出最具适应性的模型,以便将数据转化为信息。

(2)知识发现。知识发现是指从大量的数据中提取出可靠的、新颖的、有效的信息的高级处理过程。知识发现是为了从数据仓库的大量数据中筛选信息,寻找经常出现的模式,检查趋势并发掘出潜藏的事实,进行模式识别和关联性识别的算法,它是知识发现中的关键性技术。此项技术从规则方法的角度可分为关系型规则发现、序列模式发现、分类发现和群集分析。

关系型规则发现是指搜索业务系统中的所有细节或事务，从中寻找重复出现概率很高的模式，用于关系型规则发现的主要对象是事务型数据库，其中每个事务都被定义为一系列相关数据项，要求找出所有能把一组事件或数据项与另一组事件或数据项结合起来的规则。以超市的零售部门为例，"在购买面包和红酒的客户中，90%的客户同时也买了牛奶"，在购物篮分析中，运用关联性规则，可以协助零售部门更好地摆放货架上的商品及搭配进货。

序列模式发现是指从业务数据中的所有细节性数据和业务的历史性数据中搜索出重复发生概率较高的模式。主要用于企业的模式分析。因为客户在购买物品时，通常有时间上和序列上的规则可循，例如，客户常常这次买这些东西，下次买和这次有关的另一些东西，接着又买相关的一些东西。

分类在知识发现中是非常重要的一项任务。分类的目的是利用一个分类函数或分类模型，把数据库中的数据项映射给特定类别中的某一个。这里需要发现某商品或事件是属于某一特定数据子集的规则。

群集是把个体按照相似性归纳成若干类别，即所谓"物以类聚，人以群分"。其目的是使属于同一类的个体之间的距离尽可能地小，而不同类别的个体之间的距离尽可能大。群集分析包括统计方法、机器学习、类神经网络方法及面向数据库法。

(3) 其他工具与技术。其他的工具与技术包括文本数据挖掘、Web 数据挖掘、可视化系统、空间数据挖掘等。

文本数据挖掘和 Web 数据挖掘是近几年发展起来的崭新数据挖掘技术。前者主要为了满足对非结构化信息的挖掘的需要，后者则是针对日益发展的因特网技术所带来的大批量网络信息的挖掘。

可视化系统则是为使数据挖掘能以图形或图像的方式在屏幕上显示出来，且能交互处理。这样，可以很清楚地发现隐含的和有用的知识。可视化技术可分为两类：表示空间数据的可视化技术和表示非空间数据的信息可视化。可视化数据挖掘可以分为数据可视化、数据挖掘结果可视化、数据挖掘过程可视化和交互式数据可视化等。

空间数据挖掘是基于地理信息系统的数据挖掘技术。地理信息系统（GIS）的应用领域现已扩展到航天、电信、电力、交通运输、商业、市政基础设施管理、公共卫生及安全、油气等其他矿产资源的勘测等诸多领域。在这些领域中的数据挖掘技术可用于地图、预处理后的遥感数据、医学图像数据和 VLSI 芯片设计空间数据库中非显式的知识、空间关系和其他有意义的模式的提取。空间数据挖掘方法目前主要有空间数据分类、空间数据关联分析和空间趋势分析等。

13.3.3　商务智能 ERP 的功能

商务智能通过对业务系统的支持，达到充分利用企业信息资源、辅助决策的目的。

典型的 ERP 系统所需的商务智能功能如下：

1. 销售分析

把握市场动向、提高销售利润是企业的最终目标。在企业管理日趋科学化的今天，如何准确、及时地进行生产经营决策是企业老总面临的严峻问题。这要求决策者能够准确及时地捕捉到销售信息，分析销售情况，随时根据历史的销售情况，对下一步的生产经营科学地进行决策。销售分析需要的基础数据涉及的模块有销售、库存、财务和人事，能够围绕销售合同，从人员绩效、应收款、财务、库存等多角度进行分析，并给出（如销售趋势、产品需求趋势等）辅助决策信息。

具体地说，采用商业智能系统进行销售分析可以帮助企业解决的问题如下：

①某段时间内的产品销售流向情况分析；②某产品在某段时间内的情况分析；③同一种产品如何根据不同情况制定不同的价格策略；④产品退货情况分析，何种退货最多；⑤产品销售收入及获利情况分析，何种产品在给定的分析条件下的销售量最大；⑥何种产品被哪个客户订购多少；⑦何种产品哪类客户购买的最多；⑧销售员销售绩效分析，销售员收回款分析；⑨仓库某一批产品销售给哪些客户；⑩多角度分析销售成绩。

商务智能系统根据企业需要解决的问题，帮助企业建立相应的分析主题和分析指标，从业务系统的基础数据库中抽取需要的数据，按预先建立的业务模型进行分析决策，分析结果显示直观、形象。决策者只需要简单地点取操作，便可以从商业智能强大的销售分析工具中获得所需的决策信息。

2. 库存分析

良好的库存管理是企业正常运作的基础之一。一方面保证了生产所需原材料的及时供应，生产半成品的合理周转；另一方面保证了产品销售的及时供给，同时要求资金占用少、资金周转快捷，即达到最优库存。基于商业智能系统构建的库存分析，既能满足一般用户的对库存物品的数量、库存成本和资金占用等情况，从级别、类别、货位、批次、单件、ABC 分类等不同角度的查询，又能辅助决策解决企业深层次的相关问题，如呆滞物品分析和处理，根据盘点结果及时进行库存调整及优化等。库存分析的基础数据取自采购、销售、生产、财务等业务模块。

商业智能的库存分析帮助企业实现的功能如下：

①发现呆滞物品，提供处理建议；②查询某物料在各货位的储量情况；③某物料在某时间的收入、发生和结存情况分析；④物品占用库存资金分析；⑤何种物品处于短缺或超储；⑦物品周转率分析，哪种处在积压状态；⑧查询历史各阶段的库存物品和成本情况；⑨多角度、多条件组合查询库存情况。

3. 采购分析

生产原材料采购是企业生产的基础，采购物品的价格以及质量问题直接影响到产品的质量与成本。采取正确的采购策略是企业不容忽视的问题，一个好的全面的采购分析对于领导制定下一步采购策略至关重要。基于数据仓库技术的商务智能系统可实现供

应商信用评价、业务员业绩考核等决策分析,具体包括:

①供应信用等级分析,从交付日期、质量、数据和价格等方面评估供应商的表现;②采购价格变动分析;③物品拖期交货情况及原因分析;④某种物料下一时期需求分析;⑤某种物料的供应商情况分析,并比较价格和质量;⑥某供应商供应物料情况分析;⑦采购员业绩分析;⑧从某供应商采购量和采购金额分析;⑨供应商的物料检验后被拒收分析;⑩到货物料存储仓库及货位查询;⑪供应商报价查询;⑫多角度查询物品的请购、订购及收货入库的情况;⑬采购成本差异分析。

供应商信用分析是采购分析中很重要的一部分,往往作为采购分析的主题之一。采购分析的基础数据来自财务、生产、库存部门。商业智能的采购分析决策支持系统辅助企业选择最佳的供应商及采购策略,确保采购工作的高质量、高效率、低成本。

4. 财务分析

商务智能基于数据仓库技术的财务分析满足企业领导对各业务部门费用支出情况查询的要求,并实现了对应收款、应付款的决策分析。企业决策层通过使用这一功能,进一步提高了从现金流量、资产负债、资金回收率等多个角度决策企业运营的科学化水平。具体的实现功能如下:

(1) 账务分析。包括各部门费用支出情况分析,辅助决策进一步的预算;多角度、多层次、多条件立体账务查询;跨科目级别明细账务查询;财务历史数据查询。

(2) 应收账分析。包括客户欠款时间及细节查询;欠款的时间段分析;客户购货金额及付款情况查询;客户现金折扣分析;多条件、多角度查询收款及欠款情况;客户信用等级分析。

(3) 应付款分析。包括:企业对供应商欠款时间及细节查询;企业对供应商欠款的时间段分析;从各供应商采购情况分析;多条件、多角度查询付款及欠款情况。

5. 成本分析

成本分析可以进一步加强成本的事前控制,同时有助于通过盈亏平衡分析,辅助产品进行科学的报价。影响成本的因素有多种,也有多种类型的发生费用。企业关心这些费用在总成本中的重要程度,尤其是管理费用占总成本的比重,辅助发现生产与管理环节的不足,辅助决策改进措施。商务智能的产品成本分析突出成本与库存、生产、账务等 ERP 功能模块的集成。从成本 BOM 的分析出发,对库存管理和生产过程的发生费用进行监控,并且与销售过程的发生费用和销售收入一起进行量本利分析,并得出诸如保本成本、保本价格、目标成本、目标价格等决策信息,以指导以后的成本控制和定价。具体体现在:

①成本 BOM 查询与分析;②多角度成本分析;③各种费用查询,各种费用在产品的总成本中的比重分析;④各种材料的成本在产品的总成本中的比重分析;⑤生产成本与定额成本或计划成本的比较分析;⑥分摊在产品中的管理费用分析;⑦量本利分析;⑧给定产量和给定售价下的利润分析。

6. 人力资源规划分析

国内 ERP 系统受大环境的影响,人力资源模块加入 ERP 系统较之其他几个功能模块最晚,大多现行的 ERP 系统人力资源模块都是因便于与企业外部交往而存在的,真正能实现企业内部人力资源管理与系统的集成的很少。基于数据仓库技术的商务智能系统解决方案提供的劳动规划应用,应在企业翔实的人力资源数据的基础上,完成决策者多视角的人力资源统计分析,并通过对现有的人力资源的使用状况,预测劳动满员和紧缺,分析超时和工作量,鉴别无效的工作和优秀的雇员,计算出某段时间内劳动的收益率等,使劳动资源得到最大的利用。商务智能的人力规划分析也可以实现不同角度的员工工资查询和分析,结合完成的工作量,提高员工利益分配的科学性。具体功能包括:

①按部门、职称、专业、学历、性别等方面进行职工统计和查询;②从职称、学历、工作量等方面进行人才能力综合评价;③多角度职工工资查询,按不同视角进行职工工资统计分析;④实际完成工作量和工时对比分析;⑤人力工作量负荷分析;⑥分析各类员工所获奖励、惩罚等个人特性与共性之间的关系。

本章小结

ERP 已经发展成为当今企业管理方面的主流软件,是实现企业资源管理信息化的得力工具之一。ERP 系统发展呈现三个趋势:一是将物联网技术应用于 ERP 系统中,使传统 ERP 功能扩展为具有物联网特征;二是 ERP 应用程序迁移到云计算中,使客户"像用电一样使用计算资源",提升了用户使用自由度,让开源 ERP 在互联网时代有了更实际的意义;三是 ERP 系统集成了商务智能的部分功能,使决策者能够即时协同回应市场的变化,提高企业竞争力。

思考题

1. 什么是物联网 ERP?物联网 ERP 运用了哪些主要技术?
2. 什么是云计算 ERP?简要说明云计算 ERP 的特点。
3. 试描述云计算 ERP 的主要功能。
4. 什么叫商务智能?商务智能运用了哪些主要技术?
5. 简要说明商务智能 ERP 的功能。

物联网在集装箱运输中的应用

一、案例背景

台湾经济以贸易为主轴,进出口货物的 99% 依靠货柜运送,部分货柜在转口程序中须经市区道路运送,或暂存于内陆货柜场,易产生控管风险。海关为防止转口柜在运送途中遭掉包走私，多年来均采用人工方式押运，不仅增加人力及航商成本，也给相关从业者造成诸多不便。

其中，高雄港作为台湾最大港口，颇具代表性。整个港区有五个货柜中心，转口柜卸船进口或装船出口须运出港警查验登记站时，然后从课税区分别运往这五个货柜中心。在导入 EPC/RFID 应用前，是由其货柜动态查核系统自动执行抽押。每年在高雄港停留的转口柜达 120 万只以上，其中必须抽 4 万—5 万只货柜进行检查，由运输企业向海关申请派员押运，押运费用由航商自行负担；同时，押运一只货柜所耗费的时间和人力也相当可观，转运时间甚长，达 4—10 小时，高雄港务局以滴水不漏的方式严格控制货柜进出的时间，目的即是降低非法走私的情形发生，这无疑加大了海关人员的工作量。具体问题如下：

（1）10 大航商每天约 20 000 车次货柜车通行跨五个货柜中心与市区，安全监控十分关键。

（2）高雄港每年 1 000 万只货柜进出港区，约 50% 为转口柜。

（3）每年海关在转口柜中抽中 5% 进行人工押运，影响航商作业效率及增加营运成本。

鉴于 RFID 技术导入货运作业流程的国际成功应用案例，以及改善转口货柜处理效能，台湾各部门积极推动"高雄港转口柜免押运计划"，以 EPC/RFID 的科技设施取代人工押运，建设"电子封条监控系统"。

二、技术手段分析

应国际发展趋势，货柜封条的设计从传统机械式封条演进至电子封条（电子印章）。电子封条的构想来自在机械式封条的设计里增加的 RFID 标签，两者合二为一即为所谓的电子封条标签。目前国际上不管是主动式或被动式的电子标签，所采用的机械式封条部分皆是遵循标准 17712 封条机械锁的标准。电子封条与传统机械式封条的不同之处在于封条内晶片存有记忆体，可记录相关货柜资料，且被动式的电子封条一旦解开便遭破坏无法再加封与读取。因此，透过电子封条加封在货柜上，可完整记录起点至目的地间，点与点间货柜运送资讯，且电子封条安全无损表示货柜安全抵达，中途没有遭到破坏。货柜能够被监控、定位、确认状况，甚至可以分析全球供应链中的运输状况，这些资料透过 RFID 技术的网络进行搜集、储存并分享。另外，也有助于供应链中验证程序自动化发展的趋势，其中在绿色通道清关时，电子印章即发挥其效用，简化检查程序。

为与国际接轨和解决转口柜押运海关人力不足的问题，海关决议以 EPC/RFID 应用取代人工押运，使用 ISO17712 机械封条锁和 EPC 二代标签结合而成的被动式电子封条，在货柜运送前加装，属于一次性使用的封条锁，不管供应链中不同的角色经手以及多个地点的停留，货柜卸货时，都可立即判别货柜的完整性，承运方即可办理交运手续完成业务。

三、解决方案

以远距离超高频的 RFID 技术结合影像识别与报关资料库，对高雄港 20 个自动化车道及 10 家航商的转口柜货柜车进行移动安全侦测与管理。

港口中与集装箱有关的重要节点是储运中心、集装箱堆场、码头前沿及海关等。这些重要的节点应共同联合起来试点实施集装箱电子化管理,形成区域范围内对集装箱信息的协作化管理。例如,在集装箱储运中心设置一组 RFID 读写器,当带有电子标签的集装箱离场时,REID 读写器将读取的集装箱信息通过网络通信系统传给现场的服务器。

堆场内 RFID 监控阅读器。港口控制中心设置的 RFID 进场读取器,主动读取装有电子标签的集装箱进场信息,场内的 RFID 监控阅读器可配合跨运机对场内的集装箱实施安全监控。在海关卡口设置阅读器,卡口主机对装有电子标签的集装箱读取电子车牌、司机卡、前箱电子箱号标签的数据、后箱的电子关锁数据;通过电子地磅仪表获取重量数据;通过箱号识别模块获得集装箱图像信息并进行箱号识别。这些数据由卡口主机通过网络传输至海关物流监控平台。在港口范围内实施电子化集装箱管理,可提高集装箱物流信息采集的准确性、便利性,提高海关通关的效率;为提高港口作业自动化水平提供有力条件;也为提高集装箱物流供应链信息化、透明化提供了基础。

四、效果评价

(1) 平均读取率为 97.42%(读取距离超过 7 公尺),全自动化高安全性作业,货柜走私率明显下降,提高了货柜运输安全。

(2) 每年可节省约 3 300 小时的通关时间及 1 000 万元以上的押运费,降低了航商成本。

(3) 每年可节省约一万人次的押运人力,提高了海关行政效率和服务质量。

(4) 减少了押运柜的通关流程,平均每车缩短 0.8 天,提高了高雄港的竞争力。

资料来源:http://wenku.baidu.com/view/a9123fec856a561252d36f3e.html。

案例思考题:
1. 结合本案例谈谈物联网给交通运输行业,特别是港口运输业带来的变革。
2. 本案例中,实施基于 RFID 技术的物联网系统的目标是什么?

参考文献

[1] 孙滨丽:《ERP 原理与应用》,北京:电子工业出版社,2008。
[2] 周玉清、刘伯莹、周强:《ERP 原理与应用教程》,北京:清华大学出版社,2010。
[3] 杨建华:《ERP 原理与应用》,北京:电子工业出版社,2011。
[4] 李震:《ERP 原理、应用与实践》,北京:清华大学出版社,2012。
[5] 罗鸿:《企业资源计划(ERP)教程》,北京:电子工业出版社,2006。
[6] 伊辉勇、吕奇光:《生产制造管理实验教程》,北京:北京交通大学出版社,2008。
[7] 闪四清:《ERP 系统原理和实施》,北京:清华大学出版社,2012。
[8] 曹晓山、夏秋:《生产总监实战手册》,广州:广东经济出版社,2012。
[9] 陆安生:《ERP 原理与应用》,北京:清华大学出版社,2010。
[10] 刘仲英:《管理信息系统》,北京:高等教育出版社,2006。
[11] 刘翔、施文:《ERP 原理与应用》,北京:清华大学出版社,2011。
[12] 王汉新:《物流信息管理》,北京:北京大学出版社,2010。
[13] 冯根尧:《生产与运作管理》,重庆:重庆大学出版社,2003。
[14] 于忠民、赵树宽、王朝华:《企业基层管理实务》,济南:山东大学出版社,2004。
[15] 闵庆飞、郭伟:《深圳 XY 电子有限公司 ERP 系统实施》,中国管理案例共享中心。
[16] 金蝶软件(中国)有限公司:《金蝶 K/3V11.0 生产制造培训教材》,北京:机械工业出版社,2009。
[17] 金蝶软件(中国)有限公司:《金蝶 K/3 供应链培训教材》,北京:机械工业出版社,2009。
[18] 张涛:《企业资源计划(ERP)原理与实践》,北京:机械工业出版社,2015。
[19] 田军:《ERP 制造系统原理》,北京:机械工业出版社,2013。

北京大学出版社教师反馈及教辅申请表

　　北京大学出版社本着"教材优先、学术为本"的出版宗旨,竭诚为广大高等院校师生服务。为更有针对性地提供服务,请您按照以下步骤在微信后台提交教辅申请,我们会在 1～2 个工作日内将配套教辅资料,发送到您的邮箱。

◎ 手机扫描下方二维码,或直接微信搜索公众号"北京大学经管书苑",进行关注;

◎ 点击菜单栏"在线申请"—"教辅申请",出现如右下界面:

◎ 将表格上的信息填写准确、完整后,点击提交;

◎ 信息核对无误后,教辅资源会及时发送给您;如果填写有问题,工作人员会同您联系。

温馨提示:如果您不使用微信,您可以通过下方的联系方式(任选其一),将您的姓名、院校、邮箱及教材使用信息反馈给我们,工作人员会同您进一步联系。

我们的联系方式:

通信地址:北京大学出版社经济与管理图书事业部 北京市海淀区成府路 205 号,100871
联 系 人:周莹
电　　话:010-62767312 / 62757146
电子邮件:em@pup.cn
Q　　 Q:5520 63295(推荐使用)
微　　信:北京大学经管书苑(pupembook)
网　　址:www.pup.cn